Handbuch für Wellensittich- freunde

Georg A. Radtke

Handbuch für Wellensittich- freunde

Farbe, Zucht und Farbspielarten

Kosmos
Gesellschaft der Naturfreunde
Franckh'sche Verlagshandlung
Stuttgart

Mit 63 Farbfotos von T. Vins (44), H. Bielfeld (13), H. Müller (1), W. Kelldorfner (2), H. Escherhausen (1), G. A. Radtke (2) und 15 Schwarzweißzeichnungen von M. Golte-Bechtle (5), A. Bauer (3), S. Kolar (5) und dem Archiv (2).
Die Vorlagen für die Zuchtanlagen auf S. 19, 20, 30 wurden uns freundlicherweise vom „Wellensittichmagazin", Theo Vins, zur Verfügung gestellt.

Umschlaggestaltung von Kaselow Design unter Verwendung eines Farbfotos von H. Bielfeld.

CIP-Titelaufnahme der Deutschen Bibliothek

Radtke, Georg A.:
Handbuch für Wellensittich-Freunde: Pflege, Zucht u. Farbspielarten / Georg A. Radtke. [Mit 63 Farbfotos von T. Vins . . . u. 15 Schwarzweißzeichn. von M. Golte-Bechtle . . .].-
4. Aufl.-Stuttgart : Franckh, 1988
   (Kosmos-Handbücher für die praktische naturwissenschaftliche Arbeit)
   ISBN 3-440-05842-5

Für die neue und erweiterte Bebilderung danke ich dem Verlag und nicht zuletzt den Fotografen Horst Bielfeld und Theo Vins, für die Überlassung weiterer Unterlagen dem Horst Müller Verlag, Walsrode und der AZ!

Printed in Italy by Printer Trento s.r.l.
Satz: Typoservice, Achern
Herstellung: Konrad Triltsch, Graph. Betrieb, Würzburg

Handbuch für Wellensittichfreunde

**Der Wellensittich — Pflege, Zucht und
Farbspielarten** 11

Pflege und Zucht 12
Wildlebende Wellensittiche in Australien 12
Der Wellensittich in der Obhut
des Menschen .15
Haltung — Pflege — Lebenserwartung . . 17
Käfige 19
Zuchtanlagen 21
Volieren 26
Nistkästen 31
Naturgemäße Fütterung 32
Das Grundfutter — Samen grasartiger
Pflanzen 33
Ölhaltige Sämereien — ja oder nein? . . 35
Grünfutter und Obst 36
Mineralien und Vitamine 38
Keim- und Weichfutter zur Aufzucht
der Jungen 40
Die Zucht 43
Die Zucht in Volieren 43
Die Zucht in Einzelkäfigen 53
Zuchtgenehmigung — Beringungszwang —
Buchführung 57
Wellensittiche im Freiflug 59
Krankheiten — Vorbeugung
und Bekämpfung 61
Psittacose — Schreckgespenst aller
Sittichfreunde 62
Weitere Krankheiten 64
Kropfseuche 64

Bronchialkatarrh und Lungen-
entzündung 65
Verdauung 65
Legenot 65
Rennerkrankheit und Papova-Virose . . . 66
Magersucht 68
Tuberkulose 69
Gicht 69
Tumoren 69
Bindehautentzündung 69
Pilzbefall 69
Herzschlag 70
Knochenbrüche 70
Parasiten 70
Federrupfen 71
Krätzmilbe 71
Doppeleier und Schlüpfschwierigkeiten . 72

**Pflege und Erziehung zahmer Haus-
genossen** 74
Einen oder mehrere Wellensittiche? . . . 76
Nachahmungstalent und
Sprachbegabung 77

Rassenbildung durch Selektion 80
Zucht nach Form und Gefiederstruktur 80
Zucht nach der Gefiederfärbung 84
Der englische Schau-Wellensittich und
sein Standard als Schönheitsideal . . . 85
Eigenschaften des idealen Schau-
Wellensittichs 86
Schauklasseneinteilung des DWV 87

Fehler und Richtlinien für die Wertung
von Schau-Wellensittichen 90

**Die Farbspielarten des Wellensittichs —
ihre Entstehung und Entwicklung** . 98
Vererbungslehre — die wissenschaftliche
Basis der Wellensittich-Zucht 99
Die Farbschläge 106
Wellensittiche mit normaler
Zeichnung 106
Normal-Hellgrüne (Wildfarbe) 106
Normal-Hellblaue 106
Normal-Dunkelgrüne und
-Dunkelblaue 108
Normal-Olivgrüne und -Mauve 110
Normal-Graugrüne und -Graue 112
Normal-Violette 114
Normal-Gelbgesicht-Blaue 117
Zusammenfassung 119
Wellensittiche mit verdünnter
Zeichnung 120
Normale Grauflügel 120
Normal-Gelbe mit grünem und
Normal-Weiße mit blauem Anflug . . 121
Normal-Hellflügel 124
Partiell aufgehellte Wellensittiche —
Schecken 127
Rezessive („Dänische") Schecken —
Harlekine 130
Australische Schecken
(„Band"-Schecken) 135
Vollständig aufgehellte Wellensittiche
mit schwarzen und mit roten Augen 138
Gelbe und Weiße mit schwarzen Augen 138
Lutinos — Gelbe mit roten Augen 140

Albinos — Weiße mit roten Augen . . . 144
Wellensittiche mit roten Augen und
brauner Zeichnung 146
Lacewings 146
Falbe 148
Wellensittiche mit dunklen Augen und
brauner Zeichnung 150
Zimter 150
Wellensittiche mit andersartiger
Zeichnung 153
Gesäumte — „Spangles" 153
Opaline 157
Wellensittiche mit veränderter
Gefiederstruktur 170
Hauben 170
Federfüßige Wellensittiche 173
Wellensittiche mit abartig verlängertem
Gefieder — „Federputzer" 173
Modifikationen und bisher ungeklärte
Farbvarianten 175
Halbseiter 175
„Hellbäuche" 175
„Rote" Wellensittiche 176
Schwarze Wellensittiche 176
Braune Wellensittiche 177
Ausgestorbene Mutationen 177

Fachausdrücke 178

Literaturhinweise 180
Bücher und Spezialarbeiten 180
Zeitschriften 181

Sachregister 182

Der Wellensittich – Pflege, Zucht und Farbspielarten

Vorwort zur 1. Auflage

Melopsittacus undulatus, unser Wellensittich, war noch vor 200 Jahren fast nur den australischen Buschleuten bekannt. Sie nannten ihn in ihrer Sprache *bedgerigah*, das bedeutet: „Gut zum Essen". Sie holten sich die nackten Jungen aus den Baumhöhlen und brieten sie am Spieß (von dem einheimischen Namen bedgerigah leitet sich übrigens die englische Bezeichnung für den Wellensittich, budgerigar, ab).

Heute gehört der kleine Papagei mit dem gewellten Rückengefieder zu den in aller Welt bekanntesten Tieren, und er ist der beliebteste Stubenvogel geworden. Als Nahrungsquelle allerdings hat er seine Bedeutung verloren. Die meisten Wellensittiche leben als zahme Stubenvögel bei uns, manche, die in ihrer Jugend speziell dazu ausgebildet worden sind, erfreuen uns durch ihr Nachahmungstalent. Daneben aber gibt es die Schauwellensittiche und die vielen Farbschläge, die den Züchter reizen, immer neue Varianten herauszuzüchten. In der Vererbungsforschung dient der Wellensittich als Versuchsobjekt.

Ich habe hier versucht, in einem praktischen Handbuch alles zusammenzufassen, was den Wellensittichfreund, den Züchter wie den Pfleger, interessiert.

Wohltorf 1979   *Georg A. Radtke*

Vorwort zur 4., völlig neu bearbeiteten Auflage

Etliche Jahre sind seit der ersten und den beiden weiteren, jeweils ergänzten Auflagen vergangen. Im Gegensatz zur toten Materie sind lebende Tiere und alles, was mit ihnen zusammenhängt, Veränderungen unterworfen. Diese Veränderungen müssen von Zeit zu Zeit in einem Handbuch berücksichtigt werden, damit es wieder auf dem neuesten Stand ist. In der vorliegenden, völlig neu bearbeiten 4. Auflage wurde all das aufgenommen, was sich im Wellensittich-Hobby weiterentwickelt hat: neue Farbschläge, neue Wege in der Kombinationszucht von Mutationen, in der Bekämpfung und Vorbeugung von alten und leider auch neu entstandenen Krankheiten, nicht zuletzt neue Erfahrungen bei Pflege und Fütterung. Im Ausstellungswesen haben sich Standardideal, Bewertungsrichtlinien und Schauklasseneinteilung geändert und fanden hier ebenfalls Berücksichtigung. Die Musterbeschreibungen aus dem DWV-Standard wurden zugunsten eines erweiterten Textes über die einzelnen Farbschläge weggelassen.

Berücksichtigt wurde neben der altbewährten die neueste nationale und internationale Literatur, vor allem das Buch des Australiers Scoble aus der Heimat des Wellensittichs.

Wohltorf 1988   *Georg A. Radtke*

11

Pflege und Zucht

Wildlebende Wellensittiche in Australien

Unser kleiner Wellenpapagei kommt als Strichvogel auf dem ganzen australischen Kontinent vor und brütet vorzugsweise in den australischen Provinzen Neu-Südwales und Victoria in der Grenzzone von Grassteppe und Eukalyptushainen; dort führen Flußläufe und Viehtränken wenigstens zur Regenzeit regelmäßig Wasser. Der Wellensittich ist ein Koloniebrüter, ähnlich wie bei uns Saatkrähe, Graureiher und die meisten Möwen. In den Wellensittichkolonien tun sich viele Pärchen zusammen, verzichten auf ein eigenes Brutrevier und richten sich auf engem Raum, oft nur wenige Zentimeter voneinander entfernt, „Tür an Tür" häuslich ein. Eine solche Siedlungsdichte mag dem Schutz vor Feinden dienen, denn viele Augen- und Ohrenpaare nehmen eine Gefahr eher wahr als ein noch so wachsames Männchen. Voraussetzungen sind allerdings ein spezialisiertes soziales Verhalten mit rascher Verständigung untereinander durch besondere Verhaltensweisen und Lautäußerungen. Tatsächlich verfügt der Wellensittich über ein reichhaltiges stimmliches Repertoire, über eine ganz besondere Mimik und über ein sehr rasches Reaktionsvermögen. All diese Merkmale zeigt der Kulturvogel noch heute, und sie sind es, die die Pflege und Zucht des Wellensittichs so interessant, zugleich aber auch ein wenig problematisch machen. Von geringfügigen Zänkereien abgesehen, halten die Bewohner einer Kolonie fest zusammen. Die Weibchen sind kräftiger, vor allem haben sie kräftigere Schnäbel. (Man nehme nur einmal ein nichtzahmes Weibchen in die bloße Hand. So klein der Vogel ist – man wird eine recht schmerzhafte Erfahrung machen.) Die Weibchen sind es nämlich, die aus dem weichen Holz der Eukalyptusbäume passende Nisthöhlen herausmeißeln, sofern kein geeignetes Astloch zur Verfügung steht.

Mit wenigen Ausnahmen sind alle Papageien Höhlenbrüter, auch der Wellensittich. Die Eier des Wellensittichs sind reinweiß (sie bedürfen keiner besonderen Schutzfärbung); sie werden zu vier bis sechs einfach in eine Mulde gelegt, die in den Mulm von Astlöchern oder in die vom Weibchen herausgeschälten Holzspäne gedreht wird. Die Eiablage erfolgt nur jeden zweiten Tag, aber vom zweiten Ei an wird fest gebrütet. So schlüpfen die Jungen nach 18tägiger Brutzeit in etwa zweitägigem Abstand, so daß bei fünf Jungen das „Nesthäkchen" neun Tage jünger ist als der zuerst geschlüpfte Vogel. Es ist daher auch nur halb so groß, denn gut gefütterte Wellensittiche wachsen schnell. Die Gesamtbrut gedeiht dennoch recht gut, denn das Weibchen versorgt auch das kleinste Junge mit dem passenden Futter.

Während der ersten Lebenstage erhalten die Jungen nur ein eiweißreiches Sekret, das im Vormagen des Weibchens aus besonderen Drüsen abgesondert wird. Dies entspricht der Kropfmilch der Tauben, doch müssen wir beim Wellensittich korrekterweise von „Vormagenmilch" sprechen. Der Vormagen der Männchen enthält (nach TAYLOR) keine milchabsondernden Drüsen. Das Weibchen verläßt von Brutbeginn an bis zum Befiedern der Jungen die Nisthöhle fast nur zum Entleeren und zu kleinen Bewegungsflügen; das

Männchen versorgt während der ganzen Brutzeit seine Familie eifrig mit Futter. Auch das Weibchen wird vom Männchen gefüttert, und zwar aus dem Kropf mit vorverdauten Sämereien, Grünpflanzenteilen und wahrscheinlich auch mit Insekten.

Sind die Jungen einige Tage alt, so schlüpft auch das Männchen in die Nisthöhle und beteiligt sich direkt am Füttern der Jungen. Fliegen die Jungtiere nach etwa vier Wochen aus, werden sie sogar vom Männchen allein gefüttert, bis sie nach spätestens weiteren 14 Tagen selbständig sind. In der Zwischenzeit hat das Weibchen meist schon ein neues Gelege begonnen.

Von etwa 8 Tagen an können die Jungen bereits von den Alten vorverdaute Nahrung erschließen. Zu dieser Zeit beginnt auch das Federkleid zu sprießen, zunächst in Form der weißlich-grauen Unterdaunen und des Großgefieders (Schwingen und Schwanzfedern), die aber bis zu einem Alter von etwa drei Wochen durch blutgefüllte Schäfte geschützt sind. Die Schäfte platzen schließlich auf, trocknen ein und fallen ab; jetzt erst ist die Feder vollständig verhornt und gebrauchsfähig. Während dieser Zeit ähneln junge Sittiche eher jungen Falken als Papageien, denn ihr farbiges Kleingefieder entwickelt sich erst relativ spät.

Verläßt der junge Sittich die Bruthöhle, ist er bereits voll flugfähig und ähnelt den Alttieren. Nur die Farben sind noch etwas stumpfer, und das Schwänzchen ist kürzer. Die Augen des Jungvogels sind reinschwarz; es fehlt ihnen noch der helle Irisring des erwachsenen Vogels, und daher wirken sie größer.

Haben die Jungen einmal die Bruthöhle verlassen, kehren sie nie wieder dorthin zurück. Sie fliegen den alten Männchen bettelnd hinterher und lernen auf diese Weise schon bald, in der offenen Grassteppe Grassamen aus den Rispen und vom Boden aufzupicken. Grassamen bildet die Hauptnahrung der Sittiche in ihrer Heimat.

Der Schwarm der Jungvögel und der nichtbrütenden Männchen fliegt in den frühen Morgenstunden zur Nahrungsaufnahme und kehrt um die heiße Mittagszeit in den Schatten der Baumkronen zurück. Von dort aus versorgen dann die Männchen ihre Familien und halten mit den erwachsenen Jungen ihre ,,Sozialstunden" (IMMELMANN) ab.

Die Eigenart der ,,Sozialstunden" teilen die Wellensittiche mit manchen anderen australischen Sittichen und mit Prachtfinken. Die kleinen Vögel sitzen dicht nebeneinander, wobei sie sich mit ihrer grünen Unterseite und der schwarz-gelben Zeichnung von Kopf und Oberseite kaum vom Grün der Eukalyptusbäume abheben. Da in den Zweigen gelbe Sonnenkringel ihr Spiel von Licht und Schatten treiben, ist auch dieser uns so bunt erscheinende Vogel seiner Umgebung glänzend angepaßt. Zur Tränke müssen die Vögel je nach Wasserstand und Trockenheit oft weite Flüge unternehmen. Die langen, spitzen Flügel und der schnittige Körperbau machen den Wellensittich zu einem gewandten und ausdauernden Flieger. Sein Flug erinnert etwas an den der Schwalben, und er kann notfalls binnen kurzer Zeit weite Strecken überwinden. Wird der Wellensittich von Greifvögeln – seinen Hauptfeinden – verfolgt, kann er elegante Wendungen ausführen und Höhenunterschiede ausgleichen. Ja, er kann notfalls im Flug niedrig über der Wasseroberfläche trinken und durch flaches Eintauchen baden, um den an den Wasserstellen lauernden Feinden zu entgehen. In der Not kann der Wellensittich länger unabhängig von Wasserstellen leben; er trinkt dann in den frühen Morgenstunden Tautropfen, die an den Gräsern haften, und badet durch Wälzen im feuchten Gras. Auch dieses Verhalten hat der domestizierte Wellensittich bis heute beibehalten.

Während der ,,Sozialstunden" kraulen sich die Vögel gegenseitig im Gefieder (soziale Gefiederpflege). Die Gefiederpflege erfolgt unabhängig von Alter und Geschlecht, und dabei ertönt ein fortgesetztes plätscherndes Geplauder aus krächzenden und zwitschernden Tönen. Das bedeutet, daß die Umwelt in Ordnung und keine Gefahr im Anzug ist. Die Tiere, die müde sind, können während dieser Zeit auch beruhigt schlafen, wobei sie auf einem Bein ruhen (das andere ist im Bauchgefieder eingezogen), das Köpfchen zurücklegen und es teilweise unter dem Flügel verbergen. Es bleiben genügend Augen wachsam, und erscheint irgendwo am Horizont das Bild eines Greifvogels, so genügen kurze Warnrufe, um die ganze Gesellschaft schlagartig zum Verstummen zu bringen. Wenige Sekunden später stiebt die Schar nach allen Richtungen auseinander. Ist die Gefahr vorüber, so dienen die weithin hörbaren scharfen Lockrufe – sie klingen ähnlich wie die unserer Sperlinge – der Zusammenführung des Schwarmes einschließlich der unerfahrenen Jungvögel.

Auch während der Nacht stürmt der Wellensittich bei Gefahr in die Weite, in der es keine Hindernisse gibt, und später finden sich die Tiere auch ohne Sichtkontakt auf die gleiche Weise wieder zusammen. Dieses Verhalten wird, wie wir noch sehen werden, dem Volierenvogel oft zum Verhängnis.

Der Wellensittich ist nahrungsökologisch wie brutbiologisch von den klimatischen Verhältnissen in Australien abhängig. Um die Weihnachtszeit herrscht dort die größte sommerliche Hitze, der Juli dagegen ist der kälteste Monat. Im Süden mißt man dann zuweilen einige Kältegrade, und in den Bergen fällt sogar Schnee. Im zentralen, mehr noch im nördlichen Australien besteht der „Winter" aus der Regenzeit mit täglichen heftigen Regenfällen und feucht-schwülen Zwischenperioden. Die ausgedörrte Steppe erwacht dann zu neuem Leben, und beim Wellensittich wird der Brutrieb ausgelöst. Bis dann die Jungen geschlüpft sind, reifen die ersten Grassamen heran – die Basis für die Aufzucht. Solange es Grassamen in allen Reifestadien gibt, folgt Brut auf Brut, bis mit der fortschreitenden sommerlichen Hitze und Trockenheit das Gras wieder verdorrt und alle Samen aufgezehrt sind.

In unseren Breiten wird die Brutzeit der meisten Vogelarten von Temperatur und Tagesdauer gesteuert. In der australischen Vogelwelt dagegen bestimmt allein das Nahrungsangebot die Brutzeit, denn die Temperaturschwankungen sind nicht so groß, und in den tropischen Ländern herrscht eine Tag- und Nachtgleiche von 12 Stunden. Dies zu wissen ist wichtig für die Zucht australischer Vögel.

Aus Nahrungsgründen sind die Wellensittiche Zugvögel, genauer gesagt: Strichvögel, die in Dürrezeiten auf der Suche nach Nahrung oft weite Strecken zurücklegen müssen. Noch unerforschte Instinkte leiten sie dabei, denn im weiten Landesinnern gibt es Gebiete, in denen plötzlich und mitunter nach mehrjähriger Pause unerwartet Regen fällt, der die Pflanzen ergrünen läßt. In solchen Gebieten tauchen nach jahrelangem Ausbleiben plötzlich Wellensittiche auf. Versiegt die Wasser- und Nahrungsquelle, so ziehen sie weiter, wobei sie sich auch nach Regenwolken und Wetterleuchten richten sollen.

Freilich fordern die monatelangen Wanderungen zahlreiche Opfer, und nur die stärksten Tiere überleben. Es gibt katastrophale Dürrejahre, denen Wellensittiche und andere Vögel zu Tausenden zum Opfer fallen – ganz abgesehen von Greifvögeln, Schlangen und Menschen als natürliche Feinde. So bedarf es der enormen Fruchtbarkeit und Vermehrung in guten Jahren, damit die Art erhalten bleibt.

Der freilebende Wellensittich mißt von der Schnabel- bis zur Schwanzspitze etwa 16 Zentimeter. Die Unterseite sowie der Unterrücken bis zu den Schwanzdecken sind leuchtend grasgrün. Hinterkopf, Hals, Rücken und Flügeldecken sind schwarz und gelb quergewellt. Der Schwanz ist lang und stufenförmig angeordnet, die beiden längsten Federn sitzen in der Mitte und sind dunkelblau gefärbt, die kürzeren äußeren Federn sind bläulich mit breiter, gelblicher Querbinde. Die gleichfalls stufenförmig wachsenden Schwingen, von denen die äußeren Handschwingen die längsten sind, zeigen eine olivgraue Farbe mit gelblichgrünen Säumen. Das „Gesicht" oder die „Maske" ist leuchtend gelb vom Scheitel bis zur Kehle. Die Halsseiten werden von länglichen, violett schillernden Wangenflecken anderer Gefiederstruktur geziert; verbunden sind diese Wangenflecken durch eine kleine Halskette aus sechs schwarzen, stecknadelkopfgroßen Tupfen.

Der typische Papageienschnabel ist gebogen, wobei der Oberschnabel konisch zugespitzt über den kurzen, schaufelförmigen Unterschnabel reicht. Die Zunge ist, gemessen an der Körpergröße, sehr wulstig und dick. Der Schnabel ist beim erwachsenen Vogel gelblich, beim Jungvogel schwärzlich. Beine und Füße sind schieferbläulich gefärbt. Die Kletterzehen sind fleischig und gut durchblutet, mit mäßig langen, gebogenen Nägeln versehen; je zwei sind nach vorne, zwei nach hinten gerichtet. Die Nasenlöcher sitzen oberhalb des Oberschnabels in einem wachsartigen, federlosen Nasenwulst, der beim erwachsenen Männchen leuchtend blau, beim erwachsenen Weibchen dagegen weißlich-bläulich-grau bis tief kaffeebraun gefärbt ist. Dieses deutliche Geschlechtsmerkmal ist in der Tönung individuell verschieden. Erschöpfte, mausernde oder kranke Männchen haben eine blassere Nasenhaut, die bei sehr kranken oder alten Vögeln sogar runzelig-bräunlich werden kann. Beim Männchen im besten Alter und in voller Brutkondition dagegen ist die Nasenhaut glatt und tiefblau. Umgekehrt beim Weibchen: Tiere mit tiefbrauner, runzeliger Nasenhaut sind in voller Brutkondition; alte, abgebrütete oder kranke Weibchen dagegen zeigen eine kalkweiße bis bläuliche Nasenhaut. (Man könnte das mit der Hahnenfiedrigkeit älterer Hennen vergleichen.) Bei Jungvögeln ist dieses Unterscheidungsmerkmal noch nicht so ausgeprägt, doch können wir auch die jungen Männchen an ihrer reinen, rosavioletten Nasenhaut erkennen, wogegen junge Weibchen wiederum eine weißlich-bläuliche Wachshaut zeigen, die in ihrer Tönung variiert, bei der aber die Nasenlochränder stets weißlich sind. Man erkennt diese Merkmale am besten, wenn man den Vogel in die Hand nimmt und ihn von oben über den Kopf hinweg betrachtet. Die erstaunliche Variabilität der Farben des heutigen Hausvogels ist bereits im Wildvogel begründet: Schon alte Berichte sprechen davon, daß man in großen Schwärmen naturgrüner Wellensittiche einzelne Exemplare fand, die gelb, dunkelgrün, sogar blau oder mit Opalinzeichnung versehen waren. Solche Formen werden in der Natur selten alt, weil sie auffälliger sind und daher leichter ihren natürlichen Feinden zum Opfer fallen. Außerdem stoßen sie bei ihren natürlich gefärbten Artgenossen auf Ablehnung bei der Partnerwahl, so daß sie nur selten zur Fortpflanzung kommen.

Der Wellensittich in der Obhut des Menschen

Als der britische Forscher JOHN GOULD um das Jahr 1840 die kleinen Wellenpapageien im australischen Busch entdeckte, war er so fasziniert, daß er eine Menge Bälge sammelte, die er mit nach England brachte. Daraus entstand der verständliche Wunsch, diese niedlichen Tiere auch lebend kennenzulernen. So wurden Fangexpeditionen ausgerüstet, und in den folgenden Jahren erreichten ganze Schiffsladungen lebender Wellensittiche die Britischen Inseln. Viele Tiere starben bereits auf dem Transport, und eigentlich ist es erstaunlich, daß überhaupt einige überlebten, wenn man die damaligen wochenlangen Schiffsreisen und die Unkenntnis der Lebensweise der Vögelchen bedenkt.

Allmählich kam man dahinter, daß den Tieren, die von Natur aus Grassamen verzehren, Glanz und Hirse gut bekommen, die ja im Grunde nichts anderes als kultivierte Gräser sind. Langsam ließen sich die Vögel auch an das europäische Klima gewöhnen.

Nur durch Zufall und erst nach langer Zeit hat man herausbekommen, daß Wellensittiche Höhlenbrüter sind. Zunächst bot man ihnen alle möglichen offenen Nistgelegenheiten an und wunderte sich, daß die Vögel damit nichts anzufangen wußten. Das erste Weibchen soll auf dem Käfigboden gebrütet haben, indem es die Papierunterlage zerkleinerte und aus den Schnitzeln eine Mulde drehte. Damals war es üblich, Prachtfinken ausgehöhlte Kokosnüsse mit einem seitlich eingestanzten Schlupfloch anzubieten. Da manche Liebhaber zusammen mit Prachtfinken auch einige Wellensittichpärchen hielten – in größeren Volieren ging das einigermaßen gut –, bot man ganz unbewußt auch den Wellensittichen eine annähernd natürliche Nistgelegenheit.

So zwängten sich denn die Wellensittichweibchen, wenn sie in Brutstimmung kamen, mit Vehemenz in die für sie viel zu kleinen Kokosschalen, und man fand das ganz in Ordnung. Der Erfolg heiligt die Mittel – die ersten Jungvögel wurden in Gefangenschaft groß, ein Zei-

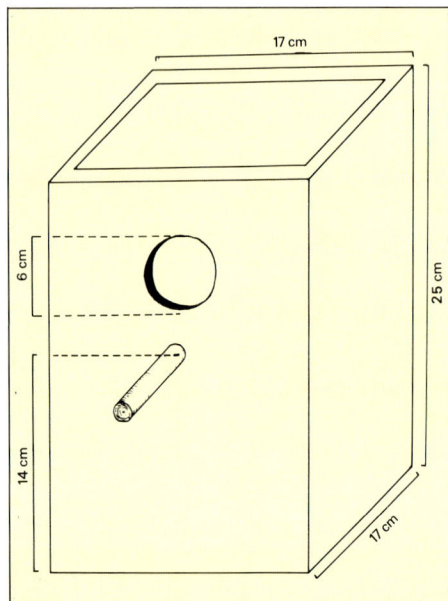

Bild 1: *Wellensittichnistkasten im Hochformat.*

berichtet AF ENEHJELM, die ersten Wellensittiche 1855 in Berlin erbrütet.

Allmählich erkannte man in allen Ländern, in denen Wellensittiche gepflegt und gezüchtet wurden, daß die Bruterfolge in größeren Nistkästen weitaus besser sind. Zuerst bemühte man sich noch, ausgehöhlte Naturstämme mit Außenrinde anzubieten; bald jedoch erkannte man, daß der anspruchslose Wellensittich in einfachen Bretterkästen genausogut brütet – Hauptsache, sie sind geräumig und innen mit einer gleichmäßig flachen Mulde versehen. Unsere Skizzen zeigen zwei gut geeignete Modelle.

Damit war die Voraussetzung zur Domestikation gegeben, der Wellensittich konnte zum Haustier werden. Aber auch heute noch ist der Wellensittich ein recht junges ,,Haustier'', das fast alle seine natürlichen Instinkte bewahrt hat. Mit ihnen muß der Pfleger und Züchter rechnen, und sie wirken sich, wie wir noch sehen werden, nicht nur positiv aus. Domestikation, die ,,Haustierwerdung'', bedeutet auch äußere Veränderungen, zu denen gerade der Wellensittich besonders neigt. In der Obhut

chen für die große Anpassungsfähigkeit des kleinen Australiers. Jahrelang galt die Kokosschale als allein geeignete Nistgelegenheit für Wellensittiche. Waren auch die Zuchterfolge zu Anfang nicht sehr groß, so erschien dies nicht weiter schlimm, denn bis zum Beginn des 20. Jahrhunderts wurden die Bestände im wesentlichen aus Importen gedeckt. Mit wachsenden Erfahrungen der Pfleger verringerten sich die Verluste, und die Preise blieben erschwinglich.

Allmählich führte man Wellensittiche auch in andere Länder aus, besonders nach Frankreich und Deutschland. Im milden Klima Südfrankreichs gediehen die Vögel so gut, daß im Raum von Toulouse die ersten kommerziellen Massenzuchten entstanden. Damit wurde man vom Import allmählich unabhängig, der durch eine Schutzbestimmung der australischen Regierung in den 20er Jahren ohnedies zum Erliegen kam. In Deutschland wurden,

Bild 2: *Wellensittichnistkasten im Querformat mit Inneneinrichtung.*

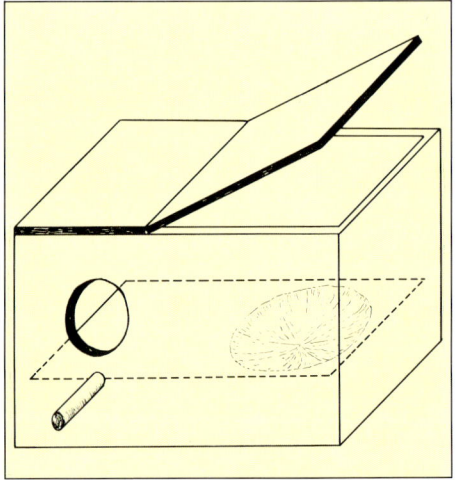

des Menschen hat es ein Tier nicht mehr nötig, eine Schutzfärbung zu tragen, und es braucht nicht mehr so wendig zu sein. So hellen sich bald Fell- und Gefiederfarben auf, und das Tier wird größer und behäbiger. Zunächst kann man diese Merkmale nur bei einzelnen Individuen erkennen, mit denen der Mensch dann planmäßig weiterzüchtet. Dank seiner raschen Generationsfolge, seiner Anpassungsfähigkeit und Anspruchslosigkeit ist der Wellensittich ein besonders dankbares Objekt für Zuchtversuche. Es ergaben sich in der Wellensittichzucht zwei Hauptrichtungen:

In Deutschland befaßte man sich vor allem mit der Veränderung der Gefiederfarben und mit der Erforschung der dieser Veränderung zugrundeliegenden Erbgesetze. In England dagegen legte man besonderen Wert auf die Verbesserung harmonischer Formen und auf die Größe. Die Engländer haben seit Jahrhunderten in der Herauszüchtung edler Rasse- und Leistungstiere besonderes Geschick bewiesen. Wir brauchen nur an Rennpferde und Hunde zu denken.

So ist unser Wellensittich in knapp 150 Jahren zum farbenfrohen Hausgenossen, zum wissenschaftlichen Versuchstier und zu einem schönen Rasse-Schauvogel geworden. Prämierungswettbewerbe, bei denen die Vögel nach einem festgelegten Standard beurteilt werden, gehören heute zu einem der beliebtesten Hobbys. Zur Verbreitung des Wellensittichs haben auch die leichte Zähmbarkeit, das drollige Wesen und die erstaunliche Fähigkeit, die menschliche Stimme und andere Laute nachzuahmen, beigetragen.

Haltung – Pflege – Lebenserwartung

Im letzten Jahrhundert war man der Meinung, Wellensittiche könnten nur paarweise gehalten werden. Man nannte sie daher in Frankreich inséparables, die „Unzertrennlichen" – eine Bezeichnung, die erst später auf die in mancher Hinsicht ähnlichen Afrikanischen Kleinpapageien der Gattung *Agapornis* überging. Man glaubte, daß ein Partner dem anderen bald in den Tod folgte und daß ein Einzelvogel überhaupt nicht zu halten sei. Daran ist

ein wahrer Kern. Im kleinsten Rahmen – das ist für diese Vögel der Käfig in der Wohnstube – entfaltet erst ein Pärchen den ganzen Charme seines natürlichen Verhaltens. Schöner ist natürlich noch ein ganzer Schwarm in der Voliere. Inzwischen hat die erfolgreiche Aufzucht verwaister Nestlinge erwiesen, daß ein Einzelvogel nicht nur gedeiht, sondern sich – als soziales Wesen – in diesem Falle sogar ganz besonders eng an die Menschen anschließt. Der Jungvogel betrachtet den Menschen dann zunächst als Vater bzw. Mutter, später als Kumpan und schenkt ihm seine ganze Zuneigung. Heute wissen wir, daß auch ein bereits selbständiger Jungvogel unter verständnisvoller Pflege noch vollständig zahm und vertraut werden kann. Sogar Wellensittiche bis zu einem Alter von sechs Monaten kann man noch zähmen, ältere dagegen gewöhnen sich nur schwer an eine Trennung von Artgenossen und bleiben immer mißtrauisch. Da ist es dann schon besser, von Beginn an ein Pärchen zu halten (oder auch zwei Männchen; zwei Weibchen kommen gewöhnlich nicht so gut miteinander aus).

In jedem Falle aber ist es wichtig, möglichst junge Vögel zu beschaffen. Woran man den Jungvogel erkennen kann, wurde schon auf Seite 13 beschrieben. Reelle Händler und Züchter werden überdies bemüht sein, ihre Kunden nicht zu täuschen. Viele bieten ohnehin inzwischen Vögel mit geschlossenen Züchterringen an, auf denen das Geburtsjahr quer eingestanzt ist.

Neben einer sachkundigen, möglichst vielseitigen Fütterung sind der Standort des Käfigs und die Zimmertemperatur wichtig. Der Käfig soll sich möglichst in Augenhöhe befinden. Steht oder hängt er tiefer, fühlen sich die Vögel durch den sie überragenden Menschen bedroht: Sie „wissen" von Geburt an, daß die Gefahr von oben kommt (Greifvögel!). Hängt der Käfig dagegen zu hoch, so bleibt der rechte Kontakt zum Menschen aus.

Ungünstig für Wellensittiche sind rauchige Luft und zu hohe Zimmertemperaturen sowie zu trockene Luft. Die Tiere reagieren darauf mit fast ständiger Mauser und geringerer Lebenserwartung. Abhilfe schaffen häufiges Lüften, Zimmerpflanzen, Wasserspender an Heizungen. Wie alle Vögel sind Wellensittiche gegen Zugluft empfindlich. Der Käfig darf überdies nicht den ganzen Tag der Sonne ausgesetzt sein. So gut den Wellensittichen regelmäßige Sonneneinstrahlung bekommt, so negativ wirkt sie sich aus, wenn die Tiere nicht jederzeit ein schattiges Plätzchen aufsuchen können.

Das Fernsehen soll sich auf Käfigvögel negativ auswirken. Sicher ist da – auch in der Fachpresse – in den letzten Jahren manches übertrieben worden. In unmittelbarer Nachbarschaft oder im direkten Strahlungsbereich eines Fernsehapparates jedoch sollte kein Vogelkäfig stehen. Es sind weniger die Lichtstrahlen, die die Vögel nervös machen, als vielmehr die hohen Töne, die wir gar nicht mehr hören können. Wellensittichen und anderen Stubenvögeln schadet es auch, wenn sie in Zimmern gehalten werden, in denen nachts noch sehr lange das Licht brennt. Abhilfe schafft hier ein dunkles, luftdurchlässiges Tuch, mit dem der Käfig abgedeckt wird. Ideal für Wellensittiche sind sommers wie winters zwölf Tagesstunden. Andererseits ist gerade der Wellensittich schon so weit Haustier, daß er in tagsüber unbewohnten und daher stillen Räumen auch während des Tages manches Nickerchen macht, um dann abends um so munterer zu sein, wenn sein Besitzer nach Hause kommt. In solchen Fällen kann der Tag ruhig um ein paar Stunden länger ausgedehnt werden, vor allem im Winter.

Wellensittiche sind ausgesprochene Steppenvögel, und daher ist es ihnen nicht angeboren, im offenen Wasser zu baden. Meist lernen sie nur am Beispiel anderer Vogelarten – mit denen sie die Voliere teilen –, ein Badehäuschen oder ein Badebecken zu benutzen. Andernfalls leisten den Wellensittichen feuchte Salatblätter oder nasses Gras die besten Badedienste. Darin wälzen sich schon ganz junge Vögel, bis das Gefieder ganz durchfeuchtet ist. Anschließend treiben sie die gleiche Gefiederpflege wie Vögel, die im offenen Wasser gebadet haben: Sie entnehmen der Bürzeldrüse Fett und ziehen jede einzelne Feder durch den Schnabel. Wer eine Freivoliere besitzt, wird

darüber hinaus feststellen, daß die Wellensittiche jeden nicht zu kalten Regenguß zu einem regelrechten Brausebad ausnutzen. Sie sträuben dann das ganze Gefieder, damit das Wasser bis auf die Haut dringt; die Flügel werden angehoben, damit das Wasser auch an die Flanken gelangen kann. Zahme Stubenvögel duschen gerne unter einem leicht laufenden Wasserhahn, wenn man ihnen das ein paarmal gezeigt hat. (Man trägt sie dazu vorsichtig auf der Hand unter den Hahn oder bringt dort einen passenden Podest an.) Vor und während der Dämmerung geben wir den Tieren keine Badegelegenheit mehr, weil sie dann ihr Gefieder nicht mehr trocknen können und sich leicht erkälten.

Bei gesunden, lebhaften Wellensittichen ist es meist nicht nötig, die Fußnägel und den Schnabel zu beschneiden. Das Horn wird durch Klettern und Nagen auf natürliche Weise abgenutzt. Alten Vögeln, die sich nicht mehr genügend bewegen, schneidet man zu lang geratene Nägel mit einer scharfen Schere ein wenig zurück. Dabei hält man den Fuß gegen das Licht, um die Blutader zu erkennen, die natürlich nicht verletzt werden darf. Es ist besser, die Nägel etwas länger zu lassen, als zu nahe an diese Ader zu kommen. Die gebogenen Nägel werden in Wuchsrichtung geschnitten, damit keine scharfen Kanten überstehen. Noch mehr gilt dies für den gekrümmten, dreieckigen Oberschnabel. Wächst er zu lang, so sollte keinesfalls die Spitze unten gerade abgeschnitten werden. In solchen Fällen müssen wir uns schon die Mühe machen, den Schnabel seitlich zu beiden Seiten gleichmäßig zu verkürzen. Wegen des recht starken Schnabelhorns empfiehlt es sich, dafür eine Nagelzange zu verwenden.

Wellensittiche können mehr als 15 Jahre alt werden. Zuchtvögel kommen mit vier bis sechs Jahren in die Wechseljahre, die Weibchen ein bis zwei Jahre früher als die Hähne. Das ist eine kritische Periode, in der viele der Tiere an irgendeiner Krankheit sterben, und zwar auch zahme, nicht zur Zucht verwendete. Ist das siebte Lebensjahr einmal erreicht, so können Wellensittiche noch doppelt so alt werden und bis ins hohe Alter munter bleiben.

Bild 3: Wellensittich-Einzelkäfig.

Käfige

Für einzelne Tiere und für ein Pärchen finden wir im Zoohandel eine Vielzahl verschiedener Käfige. Sie werden heute vor allem aus Messing und Plastik gefertigt, wobei der vermessingte Draht so behandelt wird, daß er keinen Grünspan ansetzen kann. Wellensittich-Einzelkäfige sollten Horizontalgitter haben, an denen die Tiere mit Hilfe von Schnabel und Füßen auf und ab klettern können. Das ist sehr gut für Vögel, die ihr Leben vorwiegend in einem relativ engen Käfig verbringen müssen. Auch die Ausrüstung der handelsüblichen Käfige mit Sitzstangen und allerlei Turngerät läßt meist nichts zu wünschen übrig. Alle besseren Modelle sind mit einem leicht herausnehmbaren, genügend hohen Plastikunterbau versehen, der das Herausfallen von Federn und Futterhülsen weitgehend verhindert und so den Käfig „pflegeleicht" macht. Wer sich nicht die Zeit nehmen möchte, Vogelsand einzustreuen und ihn häufig zu wechseln, dem liefert der Handel heute sogar passende Sandpapierunterlagen. Der Vogel kann davon sowohl Sandkörnchen aufnehmen – die er für seine Verdauung benötigt – als auch die Nägel abschleifen, ohne Schaden zu nehmen. Im allgemeinen kann man sich auf den Zoofachhandel verlassen, was die individuelle Beratung betrifft. Vor einigen Dingen sei jedoch gewarnt: Wir ziehen nach Möglichkeit eine rechteckige Käfigform vor, die möglichst länger als hoch sein soll. Gegen ein aufklappbares Dach, das dem Vogel – geöffnet – weitere Turn- und Sitzmöglichkeiten für den Freiflug bietet, ist nichts einzuwenden. Im Zimmer freifliegende Wellensittiche werden dorthin immer gern zurückkehren, und wenn sie zu den Futternäpfen hinabsteigen, braucht man

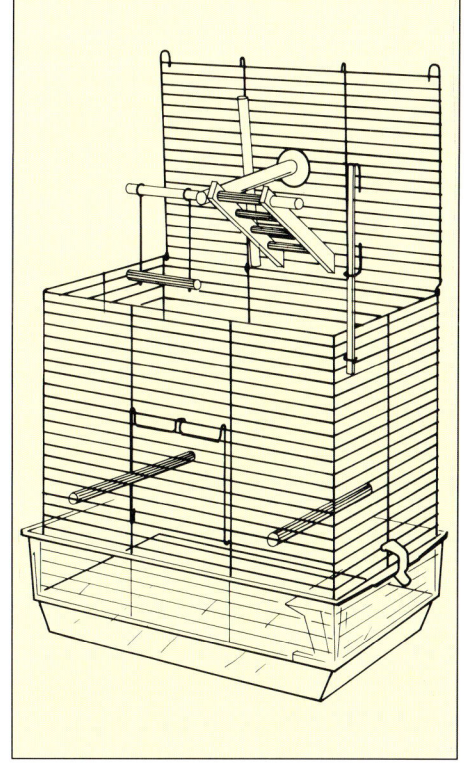

Bild 4: Oben aufklappbarer Wellensittich-Einzelkäfig.

das Dach nur zu schließen, um sie wieder auf Nummer Sicher zu wissen. Wegen der Vorliebe für moderne, bizarre Formen für Möbel und Hausgerät werden aber auch runde Turmkäfige oder Käfige in Pagodenform angeboten. Darin kann sich ein Wellensittich nur dann wohl fühlen, wenn er häufig ausgedehnten Freiflug erhält. Andernfalls trauern die Tiere, die in solchen Käfigen weder fliegen noch laufen, sondern nur klettern können; sie neigen mit der Zeit zu Gleichgewichtsstörungen („Drehkrankheit"). Baldachinartige Futternäpfe, die wegen ihrer geringen Grundfläche gerne zu Turmkäfigen geliefert werden, mögen gut gemeint sein und ganz nett aussehen (sie sollen das Verschmutzen des Futters von oben verhindern). Sie haben aber schon manchen Jungvogel vor vollen Näpfen verhungern lassen. Der Züchter verwendet nämlich solche Näpfe nicht, sondern meist einfache offene Näpfe oder Futterautomaten. So ist der Jungvogel gewohnt, das Futter von oben zu sehen; in einem Baldachinnapf findet er es einfach nicht. Wer also unbedingt solche Käfige und Näpfe benutzen will, muß so lange Futter auf den Boden streuen, bis die neuen Insassen das Futter im Napf eindeutig gefunden haben.

Weitere böse Fallen für unerfahrene Jungvögel sind Glöckchen und Spiegel, die mit Schnur oder Kettchen aufgehängt werden und bei vielen Käfigmodellen zur serienmäßigen Ausrüstung gehören. An ihnen hängen sich die Vögel leicht auf oder brechen ein Bein, wenn sie sich mit dem Ringfuß daran festhängen. Manches hoffnungsvolle Jungtier ist auf diese Weise schon elend zugrunde gegangen. Wer sich viel mit seinen Vögeln beschäftigt, kann auf derlei Spielzeug überhaupt verzichten. Die Vögel entbehren es nicht, wenn sie es erst gar nicht kennenlernen. Für den Wellensittich, der viel allein sein muß, mag es allerdings ein Trost sein, wenn er im Spiegel einen vermeintlichen Kumpan erkennt oder wenn er mit einem Glöckchen spielen kann, das sogar Antwort gibt. Er sollte aber bereits etwas älter, geschickter und erfahrener sein, bevor er solches Spielzeug bekommt.

Plastikautomaten haben sich für Futter und Wasser sehr bewährt. Es ist nur darauf zu achten, daß sie von den Sitzstangen aus leicht erreichbar sind. Bei neu erworbenen Vögeln muß man beobachten, ob die Plastikautomaten auch angenommen werden. Bis dies feststeht, müssen Futter und Wasser in offenen Näpfen zusätzlich gereicht werden. Erst später kann man dann getrost einige Tage verreisen – die Vögel sind versorgt. Wasser hält sich in den Automaten länger frisch und sauber, die Futtermenge kann man ausrechnen, wenn man zugrunde legt, daß ein gesunder Wellensittich täglich etwa zwei gehäufte Teelöffel Samenfutter benötigt (im Zweifel etwas mehr).

Zuchtanlagen

Ein Zuchtkäfig für ein Pärchen sollte mindestens 50 Zentimeter lang sein, besser noch länger (60 bis 80 Zentimeter); Höhe und Tiefe dagegen sind nicht so wichtig. Es genügt, wenn der Käfig 40 bis 60 Zentimeter hoch und tief ist, sofern der Nistkasten außen angebracht ist (was sich bei so kleinen Boxen für eine praktische Nestkontrolle ohnehin empfiehlt).

Wer nur mit einem oder zwei Pärchen züchten will, wählt zweckmäßig einen Ganzmetallkäfig, der gut aussieht und leicht zu säubern ist. Diese Käfige kann man auch mit einer herausnehmbaren Trennwand kaufen, mittels der zwei Brutabteile in einem Käfig geschaffen werden. So vermeidet man von vornherein Beißereien.

Für größere Zuchtanlagen verwendet man – sofern man nicht in Volieren züchtet – vor allem Zuchtbatterien in Form von Einbaukäfigen, die in langen Reihen und in mehreren Etagen übereinander an einer Wand stehen. Die Käfige sind hier in Kistenform aus Holz oder Kunststoff gefertigt, mit Vorsatzgittern, die es im Spezialhandel in verschiedenen Größen zu kaufen gibt. Sie haben im unteren Drittel eine größere Futter- und Fangtür, im oberen zwei weitere Türen, an die von außen Nistkästen angehängt werden können. Die inneren Trennwände sind zweckmäßigerweise herausnehmbar; sie werden aus Gitterwerk in Holzrahmen gefertigt. So kann man außerhalb der Brutzeit lange Flugkäfige schaffen; während der Brut können sich die Pärchen nicht

Bild 5: Wellensittich-Zuchtanlage mit außen am Käfig angebrachten Nistkästen.

stören, wohl aber sehen, was sie – als Koloniebrüter – zu besseren Leistungen anregt.

Die Käfigböden unterscheiden sich in modernen Zuchtanlagen sehr voneinander. Beliebt sind Schubfächer aus Preßstoff oder Blech über hölzernen Zwischenböden mit einer Zwischenschiene in der Größe eines Zuchtab-teils, auf der die Trennwand läuft. Andere Züchter verwenden einfach lange Kunststoffplatten oder Bleche über die ganze Länge einer Batteriereihe, die herausnehmbar und auswechselbar sind. Das vereinfacht die Reinigungsarbeit und beugt der Ungeziefergefahr vor. Eine durch Scharniere aufklappbare Leiste zwischen Vorsatzgitter und Kotbrett vermeidet, daß zuviel Unrat in die darunterliegende Käfigreihe fällt oder daß Vögel durch den offenen Spalt entkommen.

In Amerika werden sogar Ganzmetallhecken

mit Drahtrosten als Käfigböden verwendet. Die unterste Käfigreihe steht hier auf einem genügend hohen Sockel, so daß Kot, Federn und Hülsen aus sämtlichen Käfigen bequem beseitigt werden können. In einer solchen Anlage nämlich fällt der Unrat von Rost zu Rost und sammelt sich schließlich auf dem Boden. Für solche Hecken sollte der Zuchtraumboden aus glattem Beton sein. Jedes Zuchtabteil muß mit aufgehängten Futterautomaten und mit Gefäßen für zusätzliche Futtermittel versehen sein, die den Vögeln durch eine davor angebrachte Stange leicht zugänglich sind. Unerläßlich sind bei dieser Anlage auch Gefäße für Sand und Grit; diese Substanzen werden gern von den Sittichen am liebsten vom Käfigboden aufgenommen. Sie sind für Verdauung und Mineralhaushalt unentbehrlich. Eine solche Zuchtanlage mag zwar steril und pflegeleicht sein, dem natürlichen Bedürfnis der Wellensittiche, die gern und oft auch auf dem Boden herumlaufen, entspricht sie nicht. Hinzu kommt, daß etwas früh ausgeflogene Jungsittiche sich zunächst überwiegend auf dem Boden aufhalten, wobei sie sich auf einem kalten, groben Drahtrost leicht erkälten oder verletzen können. So sind die modernsten Methoden nicht immer die besten, besonders nicht für den Liebhaberzüchter. Sehr bewährt haben sich bei uns die allerdings nicht gerade billigen Plastik-Fertigboxen mit durchgehenden Seitentüren und Halteborden im oberen Drittel zum Aufstellen der Nistkästen innen. Das ermöglicht rasche und einfache Nestkontrollen. Mindestmaß für solche Boxen ist 80 cm Länge, Optimalmaß 1,20 m Länge bei 60 cm Höhe. Wer ganz sparsam sein will, kann anstelle käuflicher Vorsatzgitter auch Maschendraht in Kükengröße verwenden. Er muß jedoch am Stück verzinkt und mehrfach verstrebt sein, um Vergiftungen, Verletzungen und Entfliegen vorzubeugen. Am besten wird der Draht mit einem schwarzen Schutzanstrich versehen, der natürlich ganz trocken sein muß, ehe man die Vögel einfliegen läßt. Schöner sehen in jedem Falle Vorsatzgitter aus.

Der moderne, plastiküberzogene Volierendraht eignet sich für Sittiche leider nicht: Mit ihren geschickten und kräftigen Schnäbeln entfernen die Vögel rasch den Plastiküberzug; Plastikteilchen gelangen dann leicht in Magen und Darm, was sich fatal auswirken kann. Überdies rostet der nicht mehr geschützte Draht sehr rasch.

Können die Vögel täglich versorgt werden – dies ist stets anzustreben –, so genügen für Körnerfutter und Zusatzfuttermittel einfache, offene, runde oder ovale Näpfe aus Porzellan oder Steingut. Plastiknäpfe sind so leicht, daß sie oft umgeworfen werden. Trinkwasser reicht man auch in Zuchtbatterien am besten in automatischen Tränken aus Plastik, die bequem in das Gitter zu klemmen sind. Wenn es nicht zu heiß ist, genügt es meist, das Wasser in den automatischen Tränken alle zwei Tage zu wechseln – sofern nicht Paare mit zahlreicher Nachkommenschaft mehr Wasser als gewöhnlich verbrauchen. Wellensittiche trinken nämlich dann am meisten, wenn sie viele kleine Junge im Nest haben; sonst ist ihr Wasserverbrauch außerordentlich gering. Automatische Tränksäulen eignen sich für Zuchtkäfige auch deshalb so gut, weil wasserlösliche Zusätze (Vitamine!) sich darin recht lange halten. Im Handel gibt es auch für Zuchtkäfige kleine, meist mit drei Löchern versehene Futterautomaten. Manche Fabrikate sind gut, andere weniger, und am besten ist der Wellensittichfreund dran, der sich solche Automaten selbst basteln kann. Wichtig ist, daß das Futter immer richtig nachläuft und daß der Hülsenfang auch wirklich Hülsen fängt. Andernfalls verhungern die Vögel vor dem gefüllten Automaten, oder der Futterständer ist so mit Hülsen blockiert, daß nicht mehr ausreichend ganze Körner nachlaufen. Auf gar keinen Fall darf in einem Automaten Körnerfutter gereicht werden, das mit Lebertran oder einem anderen ölhaltigen Zusatz versetzt ist. Die Körner kleben dann aneinander und blockieren den besten Schütter binnen kurzer Zeit. Lebertranfutter muß also immer in einem ganz sauberen Extranapf gereicht werden.

Für Futterkalk haben sich die kleinen Einstecknäpfchen sehr bewährt, die der Handel zum Einschieben ins Gitter anbietet. Man kann sie leicht neben einer Sitzstange von außen in das Gitter klemmen.

Manche handelsüblichen Sitzstangen sind zu dünn und zu glatt, besonders für die schweren Zuchtvögel der englischen Rasse. Die Vögel können sich darauf nicht gut halten, fühlen sich nicht wohl, und darunter leidet dann auch das Befruchtungsergebnis. Geeignete Sitzstangen sollten einen Durchmesser von 2,5 bis 3 Zentimeter haben. Sie müssen nicht unbedingt rund sein. Heute verwenden viele Züchter kantige Sitzhölzer, die sich sehr bewährt haben. Man kann sie in einer Schreinerei anfertigen lassen oder sie selber zurechtstutzen.

Für ein Zuchtabteil genügen zwei Sitzstangen, die einerseits so weit voneinander entfernt sein sollten, daß die Tiere wenigstens etwas fliegen, zumindest die Flügel lüften müssen, die andererseits aber nicht so nahe an den Käfigwänden befestigt sein sollten, daß die Schwänze beschädigt werden.

Geschlossene Zuchträume sollen möglichst hell, luftig und trocken sein, aber auch nicht zu trocken, damit die Embryonen nicht absterben. Besonders bewährt hat sich Oberlicht, das den Zuchtraum gleichmäßig anleuchtet, und zwar auch die untersten Käfigreihen. Die Oberfenster sollen jedoch nicht unmittelbar über der Brutbatterie angeordnet sein. Kellerräume eignen sich nur dann, wenn sie den genannten Voraussetzungen entsprechen. Die behördliche Zuchtgenehmigung ist seit dem 1.1.1970 unter anderem von geeigneten Zuchträumen abhängig, und dunkle Kellerlöcher werden bei der Überprüfung von vornherein verworfen.

Vögel benötigen sehr viel Sauerstoff, was bei der Besetzung zu berücksichtigen ist. Vor einer Überbesetzung von Käfigen und Volieren sei grundsätzlich gewarnt. Wohl können in einem geschlossenen Raum bei genügender zugfreier Belüftung die Wände völlig mit Zuchtbatterien verbaut werden; untragbar aber ist es, Zuchtbatterien auch noch in der Mitte des Raumes aufzustellen. Das behindert nicht nur die Pflegearbeit, es erschwert den Vögeln auch das Leben, leistet der Ausbreitung von Krankheiten Vorschub und verhindert gute Zuchterfolge. Ideal ist es, wenn in einem rechteckigen Raum nur die Längswände mit Zuchtkäfigen besetzt sind; die kurzen Seitenwände können

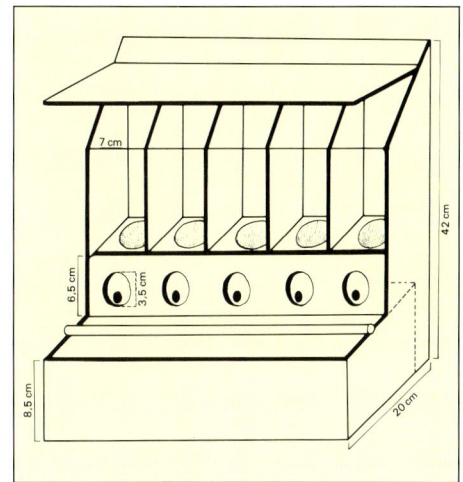

Bild 6: Futterautomat. Futterautomaten sind in verschiedenen Größen im Fachhandel erhältlich. Die Futterabteile für die Einzelsaaten sind mit durchsichtigen Glasscheiben versehen, damit man auf einen Blick erkennt, wann Futter nachgefüllt werden muß. Es lohnt sich, die einzelnen Fächer mit Einzelsaaten zu füllen, da Wellensittiche bei Mischfutter dazu neigen, einen Teil des Futters herauszuschleudern, um an besonders begehrte Futtersorten zu kommen. Als Hülsenfang dient eine herausziehbare Schublade, die auch leicht zu reinigen ist.

dann für Trainings- und Krankenkäfige, Futter und Zubehör ausgespart bleiben. Fortschrittliche Züchter der britischen Schaurasse sparen an allen äußeren Seiten ihrer Zuchtbatterien so viel Raum aus, daß außen Trainingskäfige angebracht werden können, in die die Wellensittiche über ein Verbindungstürchen überspringen können. So gewöhnen sich die Tiere schon in der Jugend an die Schaukäfige. Während der sogenannten Trainingszeit werden hier alle Trennwände entfernt. Die für die Ausstellung vorgesehenen Jungvögel befinden sich alle zusammen in dem so entstandenen Flugkäfig und können nun einzeln oder zunächst

Bild 7: Seitlich an den Zuchtkäfigen ange-brachte Ausstellungs-Trainingskäfige.

fig zu zeigen, wo die Vor- und Nachteile (im Sinne des Standards) am besten zur Geltung kommen.

Als Käfigeinstreu wird in Deutschland fast nur Sand verwendet, wobei sich grober, sauberer Bausand am besten eignet (an der Küste wegen der Mineralien auch Seesand). Die Sittiche, die ja vorwiegend Körnerfresser sind, nehmen daraus vor allem kleine Steinchen auf, die in ihrem Magen regelrecht als Mühlsteine fungieren. Sie zerreiben die Körner und helfen so, das Futter zur Verdauung vorzubereiten. Dabei werden sie mit der Zeit selbst so fein zerrieben, daß sie auf natürlichem Wege mit abgehen und die Vögel Ersatz brauchen. Daher muß immer frischer Sand zur Verfügung stehen, auch wenn man – was immer mehr in Gebrauch kommt – grobes Sägemehl als eigentliche Einstreu reicht. Sägemehl bindet die flüssigen Abfallstoffe besser und hält den Käfigboden trockner. Manche Züchter verwenden auch synthetische Katzenstreu, die für die Vögel gefahrlos ist. In beiden Fällen genügt für den erforderlichen Sand ein kleiner Extranapf. Wellensittiche können ohne Heizung auskommen, sofern ihre Behausung frostfrei gehalten werden kann. Zwar vertragen sie in der Freivoliere auch einige Frostgrade ohne Schaden, müssen dann aber wenigstens in der Nacht einen frostfreien, zug- und regensicheren Schutzraum aufsuchen können.

Wer im Winter züchten will, kann weder auf Heizung noch auf Beleuchtung verzichten. Zunehmend züchten die Aussteller im Winter, damit die Nachzucht bei den frühen Schauterminen möglichst vollentwickelt vorgestellt werden kann. Auch die kommerziellen Züchter, die das ganze Jahr über den Markt mit Nachwuchs an zahmen Sprechern beliefern, können auf Heizung und Beleuchtung nicht verzichten. Für sie läuft in der Weihnachtszeit das Hauptgeschäft. In zentralbeheizten Häusern ist es am einfachsten, die Zuchträume an die Heizung anzuschließen. Dafür reichen kleine oder flache Heizkörper aus, denn eine Temperatur von 10 bis 14 °C genügt durchaus; sie ist den Vögeln sogar am bekömmlichsten. Die Beleuchtung winterlicher Zuchträume wird am besten dem australischen Zwölfstun-

auch zu mehreren mit Hilfe von Leckerbissen (Kolbenhirse oder Grünfutter) in den Trainingskäfig gelockt werden. Hier bleiben sie anfangs nur kurz, später länger, schließlich für einige Zeit allein. So gewöhnen sich die Tiere schon zu Hause an das Ausstellen. Als Trainingskäfige dienen alte Schaukäfige. Diese Käfiganlage ermöglicht es dem Züchter, Interessenten in kurzer Zeit jeden Vogel im Schaukä-

dentag angeglichen. Elektrische Schaltuhren schalten die Beleuchtung automatisch an und ab, Thermostaten dienen zur Einregelung einer konstanten Temperatur.

Truelite-Leuchtstoffröhren kommen dem Tageslicht am nächsten und bieten noch dazu ein wenig Sonnenlicht ersetzende UV-Strahlung. Unbedingt nötig sind Dämmerungsleuchten, die sich automatisch beim Erlöschen der Leuchtstoffröhren für etwa 10 Minuten einschalten. Während dieser Zeit können Weibchen, die sich zufällig außerhalb der Nistkästen befinden, die Nistkästen aufsuchen; andernfalls bestünde die Gefahr, daß Eier und kleine Junge erkalten bzw. erfrieren. Während der Dämmerzeit suchen auch die Hähne und die bereits flüggen Jungen ihre Schlafplätze auf den obersten Stangen auf. Die Dämmerungsleuchten vermeiden daher auch späteres Geflatter im Dunkeln, wozu Wellensittiche leider häufig neigen. Schon der kleinste ungewöhnliche Laut – zum Beispiel wenn ein Vogel nicht rechtzeitig seinen Schlafplatz gefunden hat und nun im Dunkeln umherkrabbelt oder flattert – kann die ganze Gesellschaft in tobende Panik versetzen. Die geringste Folge einer langandauernden Panik sind müde, nervöse Vögel am nächsten Morgen. Oft aber gibt es böse Verletzungen, ja Todesfälle durch hartes Anfliegen, auf alle Fälle zerstoßenes Gefieder. Nur die brütenden Weibchen verlassen ihre Kästen selbst bei solchen Störungen selten. Leider kommen aber bei unseren schweren Zuchtvögeln zertretene Eier oder plattgedrückte Junge häufig vor. Das zeternde Warngeschrei, das brütende oder hudernde Weibchen ständig hören lassen, während draußen die anderen Vögel toben, trägt dazu bei, daß sich die Schar nicht beruhigen kann.

Daher sollten wir, wenn irgend möglich, eine Dämmerungsleuchte die ganze Nacht über brennen lassen. Eine ganz schwache Beleuchtung genügt schon, um das nächtliche Toben fast auszuschließen und die Vögel doch zur Ruhe kommen zu lassen. In Elektrogeschäften gibt es kleine Kontrollampen, die für die Industrie hergestellt werden und die kaum Strom verbrauchen. Man kann sich auch einen Zeitschalter einbauen lassen, der normale Lampen

ganz allmählich dunkeln läßt, bis sie zuletzt nur mehr ganz schwach brennen oder ganz verlöschen.

Auf Elektroheizer verzichten wir am besten, da sie viel Strom verbrauchen. Sie sind jedoch nützlich für stundenweise Beheizung bei sehr starker Kälte, wenn auf Winterzucht verzichtet wird.

Kleine Grude- oder Ölöfen, mit denen man früher freistehende Vogelhäuser bei starker Kälte beheizt hat, sind ein nicht ungefährlicher Notbehelf. Erstens besteht bei ihnen stets Feuergefahr, zweitens können sie Gase bilden, die die Vögel schädigen. Gerade Vögel sind in dieser Hinsicht sehr empfindlich.

Volieren

Auf die Dauer läßt sich mit Käfigen noch so günstiger Ausmaße keine erfolgreiche Wellensittichzucht in größerem Maßstab betreiben. Während der Ruhezeit zwischen den Zuchtperioden benötigen die lebhaften Vögel Flugräume, damit sie sich körperlich gut entwickeln und gesund bleiben. Weitaus am besten sind Freivolieren, die den Wellensittichen genügend Bewegung unter dem günstigen Einfluß von Licht, Luft, Sonne und Regen ermöglichen. Ist der Bau von Freivolieren nicht möglich, so müssen zumindest genügend große Innenflugräume vorgesehen werden. Ob drinnen oder draußen: Am wichtigsten ist die Länge eines solchen Flugraumes, wogegen Höhe und Breite weniger bedeutsam sind. Sittiche wollen und sollen möglichst weite Strecken fliegen. Gegen Flüge von nur 1 m Breite ist nichts einzuwenden, wenn sie dafür 3–6 m lang sind, oder noch länger, wenn der Platz dies gestattet. Freilich sollte der Flugraum auch nicht niedriger als 1,80 m sein, damit sich der Pfleger darin aufrecht bewegen kann; sonst wird der Fang der Vögel erschwert. Damit die Sittiche den Flugraum richtig ausnutzen, bringt man im oberen Drittel nur wenige, möglichst weit voneinander entfernte Sitzstangen an. Im unteren Drittel sind öfter auszuwechselnde Naturäste zu empfehlen, die von den Sittichen auf mehrfache Weise genutzt werden. Sie klettern gerne darauf herum und

nagen die Rinde ab, wodurch für die natürliche Abnützung von Krallen und Schnäbeln gesorgt wird. Außerdem finden sich in der Rinde

ste. Die Eisenteile sollten von Anfang an mit einem guten Rostschutzanstrich versehen werden. Hartholz leistet auch gute Dienste und sieht im Garten schöner aus; es wird durch einen sorgfältigen Anstrich mit schwarzem oder grünem Karbolineum geschützt. Weichholz wird von den Wellensittichen binnen kurzer Zeit zerstört, sofern man nicht sämtliche Kanten mit Blech ausschlägt – was sehr viel zusätzliche Arbeit und weitere Kosten verursacht.

Über Drahtsorten wurde schon auf Seite 22 berichtet. Es empfiehlt sich, das Freivolieren-

frischer Laubäste (vorzugsweise Obstbäume, Weide, Buche, Birke) natürliche Wirkstoffe, die den Vögeln sehr bekömmlich sind.

Zum Rasten und für die „Sozialstunden" hat sich bei stärker besetzten Volieren die stufenförmige Anordnung einer Reihe nahe beieinandersitzender Stangen sehr bewährt; man verwendet dafür die überdachte Freiflugecke, besser noch den angrenzenden Schutzraum. Hier kann die ganze Gesellschaft nahe beieinandersitzen, ohne sich zu stören.

Eisenrohre oder Eisenrahmen sind für den Bau von Freivolieren zweifellos das beste und haltbarste Material, allerdings auch das teuer-

dach mit doppeltem Maschendraht zu überspannen, um der von Katzen und Greifvögeln drohenden Gefahr vorzubeugen.

Heute gibt es auch vorfabrizierte Volierenrahmen zu kaufen, die aus Metall bestehen und mit eckigem Drahtgeflecht bespannt sind. Manche Fabrikate sind allerdings für Sittiche zu schwach. Sonst sind diese Fertigvolieren sehr praktisch und leicht zusammenzusetzen. Vor dem Bau einer Freivolierenanlage sollte man sich gründlich überlegen, welchen Untergrund man wählt. Naturboden ist für die Vögel gesund und sieht schön aus. Betonboden ist praktischer; er ist leichter sauberzuhalten und beugt der Ausbreitung ansteckender Krankheiten vor, da er sehr leicht desinfiziert werden kann. Bei Ausbruch von Ornithose (siehe Seite 62 f.) verbieten die Gesundheitsbehörden

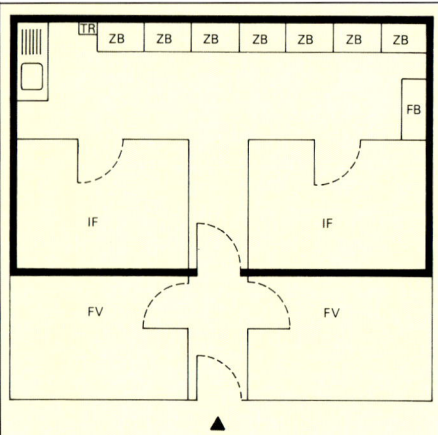

Bild 11: Vogelhaus mit kleiner bis mittlerer Zuchtanlage. Wenn man von einer Doppelreihe von Zuchtboxen ausgeht, finden 14 Zuchtpaare Platz, bei einer Dreierreihe können 21 Paare untergebracht werden. Die beiden Innen- und Außenflüge sind durch verschließbare Ein- und Ausfluglöcher miteinander verbunden. Hier kann man die Vögel z. B. nach Alter und Geschlecht getrennt halten.

Erläuterungen zu den Abkürzungen: AF = Außenflug, AR = Arbeitsraum, F = Fenster, FV = Freivoliere, FB = Futterbehälter, FG = Futtergang, IF = Innenflug, HZ = Heizung, TR = Trainingskäfige, VR = Vorratsraum, ZB = Zuchtbox

die Haltung auf Naturboden, so daß betroffene Züchter zusätzliche Drahtroste einbauen müssen, was umständlich und kostspielig ist.

In jedem Fall ist zunächst die Anlage eines Fundamentes zu empfehlen, das 30–60 cm tief in die Erde versenkt wird, damit die Volieren ratten- und mäusesicher sind. Die Anlage ist um so wertvoller und sicherer, je höher der Betonsockel, in den die Aufbauten einzulassen sind, aus der Erde herausragt. Mindestmaß sind 30 cm. Man kann dann den ganzen Boden mit Beton ausgießen oder eine Schicht Naturboden belassen. Auf Naturboden laufen

die Vögel sehr gerne herum und können aus der Erde direkt Mineralien entnehmen. In der Erde natürlich gekeimte Körner bekommen den Wellensittichen sehr gut. Dem kann man nachhelfen, indem man von Zeit zu Zeit ein paar Handvoll Körnerfutter einfach ausstreut; in der feuchten Erde werden die Körner binnen 2–3 Tagen keimen, und die Sittiche lassen kaum ein keimendes Korn liegen. Die Suche danach beschäftigt sie auf eine Weise, die dem Freileben nahekommt. Ähnlich gute Dienste leistet das Aussäen von Gras- und Salatsamen, doch darf man in Sittichvolieren nicht erwarten, daß sich der Boden dadurch begrünt. Spätestens die jungen Schößlinge werden von den Vögeln, die in der Natur einen Großteil ihrer Nahrung am Boden suchen, abgeweidet. Ebenso zwecklos ist es, Sittichvolieren mit lebenden Büschen und Bäumen zu bepflanzen. Deren Laub, Triebe und Rinde werden so abgefressen, daß sie in Kürze eingehen.

Ideal ist ein massives Vogelhaus aus Stein oder doppeltem Holz- bzw. Preßstoffwänden, die mit Glaswolle oder Styropor isoliert werden. Solch ein Vogelhaus kann im Hof oder im Garten mit angrenzenden Freivolieren stehen. Dort werden Besitzer und Anwohner am wenigsten durch den Lärm gestört, und auch die Gefahr einer Ansteckung mit Ornithose ist am geringsten. Wer die Wahl hat, richtet die Anlage so ein, daß die Freivolieren nach Süden oder Südosten gerichtet sind. So erhalten sie ein Höchstmaß an Sonne, und die naßkalten Winde werden abgehalten. Wir sehen mindestens zwei Freivolieren vor, damit wir Alt- und Jungvögel in der Ruhezeit trennen können, und auch um erkrankte Vögel wirksam zu isolieren.

Außenvolieren sollten in Innenflugräume übergehen. Man trennt Außenvolieren und Innenflugraum durch schließbare Fenster oder Türen aus Holz- oder Metallrahmen mit Drahtglasfüllung. Drahtglas ist undurchsichtig und verhindert so das Anfliegen unerfahrener Vögel, läßt zugleich aber genügend Licht in den Innenflugraum gelangen, wenn die Fenster bei schlechtem Wetter geschlossen sind. Zwischen Fenster und Dach sparen wir für jeden Volierenanteil in der Wand ein schließbares, nicht zu kleines Flugloch aus. Wellensittiche gewöhnen sich rasch daran, solche Löcher zum Ein- und Ausfliegen zu benützen, wenn die Fenster geschlossen sind. Außerdem sorgen Löcher für eine zusätzliche Belüftung. Die Innenflugräume sollten je nach geographischer Lage im Norden größer, im Süden kleiner als die Außenflugräume sein. Ideal ist es, wenn beide etwa gleich groß sind, weil sich die Wellensittiche nicht nur bei nasser Kälte, sondern auch bei starker Sonneneinstrahlung im Sommer tagsüber vor allem innen aufhalten. Die Freivolieren werden dann in der Hauptsache in den Morgen- und Abendstunden benutzt.

In der Mitte des Vogelhauses wird ein Futter-gang angelegt, von dem aus man die Innenvolieren und – durch die türartigen Fenster – die Außenvolieren betreten kann. Es ist günstig, auch die Innentüren klein, vor allem niedrig zu halten – es ist immer noch besser, man muß sich bücken, als daß die sehr flinken Sittiche entfliegen. Dies gilt vor allem, wenn auch die Außenvolieren durch Türen zugänglich sein sollen, was nicht unbedingt notwendig ist. Bei genügend Platz und Geld ist ein verdrahteter Schleusengang vor den Außenvolieren sehr zu empfehlen; er erschwert zugleich Diebstähle. Zur Fütterung muß man jedesmal von innen die Flugräume betreten, um entweder dort aufgehängte, große Automaten zu versorgen oder eine Anzahl von auf den Boden gestellten

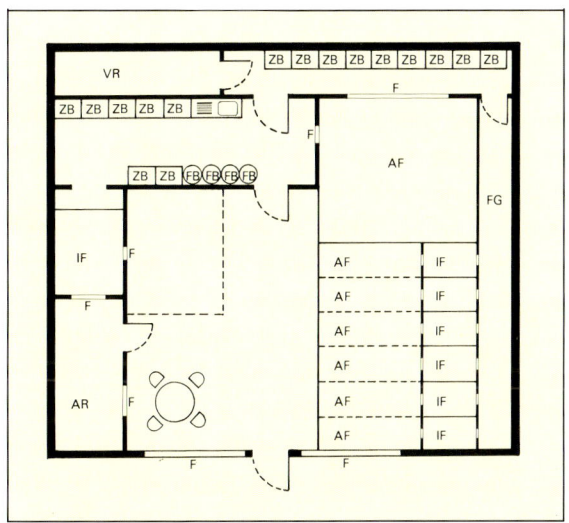

Bild 12: Größeres Vogelhaus mit einem Beobachtungsplatz im Innenhof und angeschlossenem Arbeitsraum. Wenn man von einer Doppelreihe übereinander angebrachter Zuchtboxen ausgeht, bietet es 28 Zuchtpaaren Platz, bei einer Dreierreihe 42. Bei sechs kombinierten Innen- und Außenflügen mit einem zusätzlichen größeren Innenflugraum kann man während der Ruhe- und Trainingszeit weitere Unterteilungen nach Abstammung, Alter, Kondition und Ausbildungsstand vornehmen. Der geräumige Vorratsraum bietet Platz für Zubehör und Futter.

Erläuterungen zu den Abkürzungen: AF = Außenflug, AR = Arbeitsraum, F = Fenster, FV = Freivoliere, FB = Futterbehälter, FG = Futtergang, IF = Innenflug, HZ = Heizung, TR = Trainingskäfige, VR = Vorratsraum, ZB = Zuchtbox

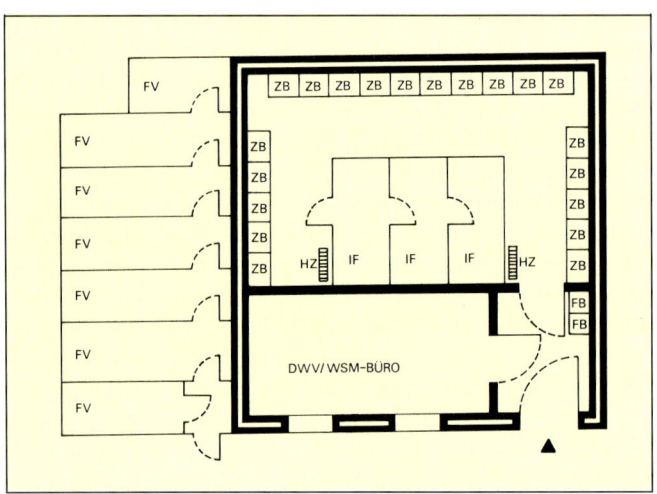

Bild 13: Zuchtanlage von DWV-Obmann Theo Vins mit einbezogenem Büro. Die Zuchtboxen in Dreierreihe bieten 60 Zuchtpaaren Platz. Die drei geheizten Innenflugräume sind ideal für die Ausstellungsvorbereitung der Wellensittiche. Im Sommer stehen den Vögeln zur Erholung sieben Freivolieren zur Verfügung!

Erläuterungen zu den Abkürzungen: AF = Außenflug, AR = Arbeitsraum, F = Fenster, FV = Freivoliere, FB = Futterbehälter, FG = Futtergang, IF = Innenflug, HZ = Heizung, TR = Trainingskäfige, VR = Vorratsraum, ZB = Zuchtbox

Näpfen zu füllen. Viel praktischer ist eine Kombination von Automaten und Näpfen auf andere Weise: Wir hängen einen oder mehrere große Automaten in leicht erreichbarer Höhe an den Innenwänden auf. Sie sollen genügend Futterlöcher besitzen, damit möglichst viele Vögel gleichzeitig Nahrung aufnehmen können, und ihr Fassungsvermögen für Körnerfutter soll für mehrere Tage ausreichen. Da das Futter hinter Glas liegt, ist nur eine tägliche Sichtkontrolle notwendig. Die Automaten sollen so aufgehängt sein, daß sie nicht verschmutzt werden können – was sehr leicht eintritt, wenn direkt über ihnen Sitzstangen angebracht sind. Zugleich hängen wir an der Drahtwand zum Futtergang innen Futterbretter auf, die durch eine nach außen hochziehbare Klappe leicht und ohne Bücken erreichbar sind. So können wir die Vögel täglich mit Trinkwasser, Keimfutter und anderen leicht verderblichen Futtermitteln versorgen, ohne die Voliere betreten zu müssen.

Oberhalb des Futterganges werden im Dach Oberlichtfenster eingebaut, die für zusätzliche Beleuchtung und vor allem für Belüftung sorgen.

Heizkörper können entweder an der Stirnseite des Hauses stehen oder als Flachkörper in den Innenvolieren eingebaut werden.

An der Wand der gegenüberliegenden Seite

befinden sich dann die schon beschriebenen Zucht- und Trainingskäfige (siehe Seite 24), darunter Regale für Futter und Zubehör. So hat man alles in einem Raum. Eine solche Anlage kann ebenso für 10 wie für 200 Zuchtpaare und ihren Nachwuchs gebaut werden. In manchen Ländern sind nach diesem Schema gebaute Wellensittichfarmen für 1000 Paare und mehr entstanden.

Nistkästen

Bei den Nistkästen sind Form, Größe und Material von Bedeutung. Es gibt eine vertikale und eine horizontale Form, die beide Vor- und Nachteile besitzen. Die hohe (vertikale) Form spart unter Umständen Platz und verhindert ein zu frühes Ausfliegen der Jungen, die ziemlich viel Kraft benötigen, bis sie es schaffen, das im oberen Drittel befindliche Schlupfloch zu erreichen (vgl. Bild 1). Die hohe Form bietet aber den Vögeln weniger Bodenfläche, wodurch Eier oder Junge leichter zu Schaden kommen können. Beim horizontalen Nistkasten liegt das eigentliche Nest an der dem Schlupfloch entgegengesetzten Seite. Die Altvögel springen beim Betreten des Kastens nicht unmittelbar auf das Gelege, sondern erreichen es vorsichtig „zu Fuß". Der Hahn kann während des Brütens neben dem Weibchen sitzen – was manche Hähne gerne tun –, ohne es zu stören. Ein Nachteil: In horizontalen Kästen brütende Weibchen haben durch das Drehen auf dem Nest meist einen verbogenen Schwanz. In hohen Kästen stellen sie den Schwanz, weil der Platz nicht reicht, gleich hoch und lehnen ihn so an die Wände an. Die ältesten und neugierigsten Jungen klettern in horizontalen Kästen schon im Alter von drei Wochen aus der Nestmulde nach vorn, um sich die Welt aus dem Schlupfloch anzuschauen. Dabei stürzen sie sehr leicht ab, bevor sie fliegen können, erkälten sich oder werden nicht mehr ausreichend gefüttert, wenn der Züchter einmal länger abwesend ist.

Die Bodenfläche eines Wellensittich-Nistkastens sollte eine Kantenlänge von mindestens 17 cm haben, die Höhe sollte 25 cm betragen (bei horizontalen Kästen gelten die umgekehrten Maße). Bei beiden Nistkastenformen darf das Schlupfloch einen Durchmesser von 5 cm haben. Ist es ein wenig größer, so spielt das keine Rolle, aber kleiner sollte das Schlupfloch nicht sein, weil sonst ältere, dicke Weibchen – vor allem der großen britischen Rasse – nicht mehr hindurchschlüpfen können.

Das eigentliche Nest muß aus einer gleichmäßig ausgestanzten Mulde mit einem Durchmesser von etwa 12 cm und einer größten Tiefe von 2 cm bestehen. Zu empfehlen sind auswechselbare quadratische Brutblocks mit gut ausgehöhlten Mulden, damit die Eier nicht in die Ecken oder überhaupt aus dem Nest rollen.

Am besten kauft man sie im Spezialhandel oder läßt sie nach eigenen Angaben herstellen. Bewährt haben sich Nistkästen mit eingebauten Brutblocks in Form herausziehbarer Schubladen, die man leicht von außen kontrollieren kann. Andere haben aufklappbare Türchen im unteren Drittel neben der Nestmulde. Der obere Deckel, das Nistkastendach, sollte abnehmbar sein.

Die Auffassungen der Züchter, welche Form die beste sei, gehen weit auseinander. Entscheidend ist der Erfolg. Den Wellensittichen selbst ist es ziemlich gleichgültig, wie ihr Nistkasten beschaffen ist und wie er kontrolliert wird. Wenn sie wirklich brutlustig sind, brüten sie fast überall. Der Züchter muß nur einige Grundregeln beachten, damit der Bruterfolg nicht durch die Auswahl der Niststätte beeinträchtigt wird. Dazu gehört die Möglichkeit einer gewissen Luftzirkulation durch einige kleine Luftlöcher im oberen Drittel des Nistkastens. Schließt der Nistkastendeckel nicht ganz, so genügt auch das. Fällt jedoch durch den nicht schließenden Deckel zuviel Licht in den Kasten, so wird er von den Wellensittichen nicht oder nur sehr schwer angenommen, und wenn sie einen solchen Kasten annehmen, brüten sie unruhig, daher oft auch mit vermindertem Erfolg. Das Schlupfloch soll ein wenig, aber nicht zu viel Licht erhalten. Kästen mit zu starkem Lichteinfall vom Schlupfloch her werden nicht so gern angenommen; dasselbe gilt für zu dunkel hängende

Kästen. Die Nistkästen sollen im oberen Drittel der Volieren oder Käfige aufgehängt werden. Wellensittiche mögen es gern, wenn sie auf dem Nistkastendach herumlaufen können. Viele Züchter glauben, die Weibchen brüteten besser, wenn sie ihre Männchen vom Nistkastendach herabtrommeln oder schwatzen hörten. Andererseits sei nicht verschwiegen, daß viele Züchter den Nistkasten auch einfach auf den Käfigboden stellen – die Vögel brüten auch dort mit Erfolg.

Nach meiner Erfahrung ist eine kleine Anflugstange zweckmäßig, die man mit einer Bohrung unterhalb des Schlupfloches anbringt und die auch noch einige Zentimeter in das Kasteninnere hineinreicht. Vor allem gilt dies für Kästen im Hochformat. Die Zuchtvögel können dann bequem anfliegen und vorsichtig einschlüpfen, das Männchen kann auch von außen das Weibchen und später die aus dem Kasten herausschauenden Jungen füttern, ohne in den Kasten kriechen zu müssen, in dem es Schaden anrichten könnte. Die Weibchen, vor allem die schweren und älteren, später auch die ältesten Jungen, erreichen auf die gleiche Weise besser den Nestausgang von innen. Übervorsichtige Züchter bringen innen im Kasten unterhalb des Schlupfloches noch angerauhte Baumrinde oder ein wenig Drahtgeflecht an.

Als Baumaterial für Wellensittich-Nistkästen hat sich Hartholz am besten bewährt. Die Vögel selbst ziehen allerdings Weichholzkästen vor, an denen sie herumpicken können. Nistkästen aus Weichholz halten daher nur wenige Jahre. Ebenso gute Dienste leisten Kästen aus Hartfaserplatten, die zudem den Vorzug haben, billiger zu sein. Nicht zu empfehlen ist Sperrholz, das sich durch Feuchtigkeit verzieht, bzw. aufplatzt und dem Ungeziefer zusätzliche Schlupfwinkel bietet. Plastik sieht gut aus und mag auch besonders hygienisch sein, ist aber zu kalt und glatt und vor allem luftundurchlässig. Außerdem besteht bei Plastikkästen immer die Gefahr, daß sie plötzlich auseinanderfallen. Mir sind keine Erfahrungen bekannt, ob die Sittiche solche Kästen überhaupt annehmen. Nett und praktisch dagegen sind in Freivolieren leicht in den Boden eingelassene Trink- und Badebecken aus Plastik. Sie bieten dazu noch den Vorteil, daß man sie einfach reinigen kann. Vor allem in Volieren, in denen noch andere Vogelarten mitfliegen sollen, die ein größeres Trink- und Badebedürfnis haben als Wellensittiche, macht sich dieser Vorzug bemerkbar. Im Handel erhalten wir solche Becken in den verschiedensten Größen und Farben als Vogeltränken. Schöner, aber auch kostspieliger sind gemauerte Tränken mit direktem Wasseranschluß. Hier kann auch ein kleiner Springbrunnen installiert werden, der in Trockenzeiten und an heißen Sommertagen den Wellensittichen besonders behagt. So ein plötzlicher künstlicher Regen veranlaßt sie zu ausgiebigen Duschbädern, ja sie werden dadurch angeregt, unterhalb des Springbrunnens auch Vollbäder zu nehmen. Die gemeinsam badende, bunte Gesellschaft bietet ergötzliche Bilder; das Baden in dieser Form trägt zur Gesunderhaltung und Schönheit des Gefieders bei; nicht zuletzt wird der Staub gebunden, und die erhöhte Luftfeuchtigkeit verbessert die Schlupfergebnisse.

Naturgemäße Fütterung

Das Futter entscheidet über Wohlbefinden, Langlebigkeit und Zuchterfolg. Für alle Nutz- und viele Heimtiere hat die Futtermittelindustrie Kunstfuttersorten entwickelt, die – als Ergänzung zu den natürlichen Futterstoffen – sämtliche notwendigen Nährstoffe enthalten. Sie überbieten vielfach darin das Naturfutter und werden gerne aufgenommen. Für Wellensittiche gibt es solche Futtermittel leider noch nicht. Diese Vögel sind, was das Futter anbelangt, ausgesprochen konservativ. An Versuchen, Kunstfutter für Wellensittiche herzustellen, hat es nicht gefehlt. Namhafte und große Futtermittelfabriken haben sich darum bemüht und brachten auch zeitweise Preßfutter heraus, das nach Analyse und Aussagen allen zusagte, die versuchsweise damit zu tun hatten – nur nicht den Wellensittichen. So müssen wir nach wie vor auf Gramineensamen, also auf Samen grasartiger Pflanzen, als Grundfutter zurückgreifen. Der Wellensittich ist nun einmal vorwiegend Grassamenfresser. Es handelt sich durchweg um mehlhaltige Sämereien, zu denen auch unsere Brotgetreidesorten zählen. Auch Hirse und Glanz sind nichts anderes als kultivierte Gräser. Sie sind das „Brot" unseres Wellensittichs, und auf die Sortenwahl nach Qualität, Herkunftsland und Keimfähigkeit müssen wir größten Wert legen.

Das Grundfutter – Samen grasartiger Pflanzen

Freilebende Wellensittiche nehmen nur relativ kurze Zeit im Jahr voll ausgereifte Samen zu sich. In der übrigen Zeit fressen sie Keimlinge, junge Gräser, Grasblüten und heranreifende Samen. Hier nun liegt ein wesentlicher Angelpunkt für die biologisch richtige Ernährung. Ist ein Korn einmal ausgereift, so beginnt es langsam abzusterben – ein Prozeß, der von einer feucht eingebrachten Ernte oder von falscher Lagerung beschleunigt werden kann. Ein gesundes Korn ist voll keim- und damit lebensfähig, solange es noch in der Ähre (Rispe) sitzt. Mit dem Ausdreschen beginnt es selbst bei besten Witterungsverhältnissen schon an Nährstoffen zu verlieren. Eine feucht eingebrachte Ernte wird heute mit modernen Maschinen heißluftgetrocknet, wodurch der Verlust an Nährstoffen beschleunigt und die Keimfähigkeit vermindert wird. Ist die Ware durch diesen Prozeß unansehnlich geworden, so wird sie oft poliert und womöglich chemisch manipuliert, wie es in manchen Ländern leider üblich ist. Die Hauptanbaugebiete für Hirse und Glanz sind Afrika, das südliche Nordamerika, Südamerika, Australien, in geringem Umfang auch der Osten von der Ukraine bis Südostasien. Kolbenhirse kommt heute hauptsächlich aus China. Spanien und Italien sind weitere Lieferungsländer. Neuerdings wurden in Holland und England positiv verlaufende Versuche unternommen, klimatisch beständigeren Glanz anzubauen. Der Anbau in diesen Ländern deckt jedoch noch keineswegs die Nachfrage, und nicht in jedem Jahr ist die Ernte gut. Von je weiter her diese Futtersorten importiert werden müssen, um so älter sind sie bereits, wenn sie bei uns in den

Handel gelangen, und um so geringer ist oft ihre Qualität. Wir Wellensittichhalter haben auf diese Dinge nur einen sehr begrenzten Einfluß, und auch die Importeure müssen oft nehmen, was angeboten wird, um den riesigen Bedarf der vielen Vogelhalter zu decken.

Der Einzelvogelhalter wird dem guten Ruf renommierter Firmen vertrauen und abgepackte Futtermischungen kaufen. Der Züchter, der Großeinkäufe tätigt, wird die Ware zuvor auf ihre Keimfähigkeit prüfen. Man zählt dazu 100 Körner aus und legt sie auf ein feuchtwarmes Tuch. Bei feuchtwarmer Lagerung zeigen sich dann innerhalb von 24–36 Stunden die Keimansätze. Eine Keimfähigkeit von über 50% gilt noch als gut, was darüber liegt als sehr gut, wogegen das Futter bei einer Keimfähigkeit von unter 50% nicht mehr vollwertig ist.

Glanz und Hirse sind hinsichtlich ihres Eiweiß- und sonstigen Nährstoffgehaltes etwa gleichwertig. Die Engländer – führend in der Wellensittichzucht – reichen 80% und mehr Glanz. Ehrgeizige deutsche Züchter ahmen dies nach. Sie vergessen jedoch, daß die Engländer auf den besten Glanz der Welt – er kommt aus Spanien und Marokko – seit Jahren ein Monopol besitzen. Andere Länder müssen sich mit minderen Qualitäten begnügen. Für unsere Verhältnisse genügt es durchaus, wenn wir bis 50% Glanz füttern; wir können ja zum Ausgleich aus allen Ländern die besten verfügbaren Hirsesorten beziehen. Bezeichnenderweise fressen die meisten unserer Wellensittiche im Mischfutter nicht mehr als 30–40% Glanz. Wird mehr gereicht, so bleibt er bis zuletzt liegen, und der aufmerksame Pfleger bemerkt, daß die Vögel in der Regel Glanz und Hirse zu etwa gleichen Teilen aufnehmen. Bei Zuchtpaaren in Einzelkäfigen gibt es individuelle wie auch zeitliche Unterschiede. Ein Paar zieht den Glanz vor, ein anderes nimmt lieber Hirse. Sind jedoch Junge vorhanden, wird man im allgemeinen feststellen, daß mehr Glanz gefressen wird, weil er weicher und daher leichter zu enthülsen ist. Das gilt auch für die Jungen in den ersten Tagen ihres Selbständigwerdens, solange die Schnäbel noch weich und ungeübt sind.

Glanz hat ovale, längliche Körner und sieht wie polierte Miniaturgerste aus. Hirse hat mehr runde Körner verschiedener Größe und Farbe, je nach Sorte. Die beste und bekömmlichste Hirse für Wellensittiche ist die Silberhirse, die aus großen, silberweißen Körnern besteht. Hauptanbaugebiet für Silberhirse sind die USA. Eine gute Ergänzung zur Silberhirse ist Platahirse, die aus ovalen, hellgelben Körnern besteht. Sie kommt aus Südamerika, soll aber auch in weniger entfernten Regionen schon angebaut werden. Platahirse ist die preiswerteste, sehr bekömmlich und nahrhaft. Sie wird von den Wellensittichen gerne angenommen und sollte in keiner Mischung fehlen.

Der Einzelhandel zieht die teuere, vor allem aber recht harte Goldhirse aus Marokko (runde, goldgelbe, ziemlich dicke Körner) vor. Sie sieht in der ,,bunten Mischung'' hübscher aus. Der Züchter jedoch kann auf Goldhirse durchaus verzichten. Goldhirse keimt im allgemeinen recht langsam, und Jungvögel schaffen es längere Zeit gar nicht, die harten Körner aufzuknacken. Das gilt noch mehr für die ,,rote Dakotahirse'' aus den USA (dicke, rostrote Körner). Sie ist in keiner Weise gesundheitsfördernd für Wellensittiche, wird aber – obgleich ziemlich teuer – vom Handel immer wieder angeboten. Der Laienkunde kauft eben mit dem Auge, die Vögel werden nicht gefragt.

Umgekehrt ist die unansehnliche graue Japanhirse, die einen hohen Nährwert besitzt und sehr gern gefressen wird, nur bei einigen Spezialfirmen zu haben, und auch dort nicht immer. Japanhirse ist leider recht teuer, weil nur kleine Mengen eingeführt werden. Sie ähnelt entfernt Buchweizen, ist aber im Gegensatz zu diesem weicher und nicht immer ganz frei von leeren Hülsen, die sich leicht vom Korn lösen. Das sollte aber den Züchter nicht abhalten zuzugreifen, wenn Japanhirse angeboten wird. Sie ist eine wertvolle Ergänzung der übrigen Körnersorten.

Die kleinsten im Handel erhältlichen Hirsesorten sind Mohairhirse aus Indien und rote und gelbe Senegalhirse aus Afrika. Die Vögel haben mit dem Enthülsen dieser kleinen Körner zwar mehr zu tun und benötigen daher längere Zeit, um satt zu werden, dennoch sind ihnen die kleinen Hirsesorten sehr bekömmlich, und wenigstens die am weitesten verbreitete, fast immer verfügbare Senegalhirse sollte in keiner Mischung für Wellensittiche fehlen. Der Züchter gibt sie vorzugsweise rein in Extranäpfen, sofern er nicht ohnehin Einzelsaaten in Automaten verfüttert, damit nicht so viel von den kleinen Körnern verstreut wird. Auch Senegalhirse ist nicht immer ganz sauber, was aber nicht schadet, sofern die Keimprobe positiv ausfällt.

Kolbenhirse ist im wesentlichen nichts anderes als Senegalhirse in Ähren, die wegen ihrer beachtlichen Länge und Dicke Kolben genannt werden. Die kleinen Körner sind in den Kolben traubenartig angeordnet und sitzen auch ausgereift ziemlich fest darin. Deshalb kann Kolbenhirse ungedroschen verschickt werden. Die sperrige Ware macht den Versand natürlich teuer, die Verpackung ist umständlich, aber dennoch hat dieses Naturfutter seinen besonderen Wert. Die Vögel beschäftigen sich sehr gern mit dem Ausklauben der Kolben, und es sieht hübsch aus, wenn die bunten Sittiche an den aufgehängten Kolben herumturnen. Die Körner in den Kolben sind lebensfrischer als ausgedroschene und daher ein hochwertiges Naturprodukt und Kraftfutter für heranwachsende Jungvögel während der Brutzeit und Mauser. Auch für kranke Vögel ist Kolbenhirse zu empfehlen.

Zoohandlungen halten abgepackte Tüten mit 3–4 Kolben als Leckerbissen für zahme Wellensittiche bereit. Erfolgreiche Züchter kaufen Kolbenhirse kartonweise als Zusatzfutter. Die beste kommt aus China. In Österreich und in der DDR wird jetzt eine unserem Klima besser angepaßte rötliche Kolbenhirse angebaut. Sie eignet sich besonders gut für die Aussaat im Garten, wo sie bis zu 2 m hohe Stauden mit bis zu 30 cm langen Kolben bildet. Leider ist sie in der BRD schwer zu bekommen.

Von den größeren Getreidesorten sind Hafer und Weizen für Wellensittiche brauchbar. Jede abgepackte Wellensittichmischung enthält zu etwa 3–5% geschälten Hafer. Man tut jedoch den Vögeln einen größeren Gefallen, wenn man den ganzen Hafer reicht. Auf dem Land kann man den Hafer direkt preiswert und frisch vom Bauern beziehen. Trockener Hafer eignet sich besonders für die Winterfütterung in Freivolieren oder von ganz kalt gehaltenen Wellensittichen. Hier wird der Hafer während der kalten Jahreszeit im Extranapf und zum Sattfressen geboten. Sind sie einmal daran gewöhnt, so schaffen es Wellensittiche ohne weiteres, die groben äußeren Spelzen des Hafers zu entfernen und dann aus dem eigentlichen Korn den mehligen Kern herauszuschälen. Das beschäftigt sie, ist gesund für die Abnutzung des Schnabelhornes, und überdies finden sich Vitamine und andere Wirkstoffe gerade unter der äußeren Schale, die beim maschinellen Schälen verlorengehen. Wir können daher auch dem einzeln gehaltenen Wellensittich ruhig hin und wieder ein paar ganze Haferkörner anbieten. Ein Zuviel davon im kleinen Käfig, in der wärmeren Jahreszeit auch in der Voliere, macht die Vögel leicht zu fett. Dies gilt vor allem für die Vertreter der schweren englischen Rasse. In manchen Gegenden, besonders in Süddeutschland, ist der sog. Nackthafer zu haben, dem die äußeren Spelzen fortgezüchtet worden sind. Er ist sehr bekömmlich und hinterläßt weniger Abfall.

Angekeimter ganzer Hafer ist während der Brutzeit für die Jungenaufzucht wertvoll. Geschälter Hafer ist nicht mehr keimfähig. Er geht im Wasser rasch in Fäulnis über. Es sei ausdrücklich davor gewarnt.

Neben Kohlenhydraten und Eiweißen enthält Hafer viel Vitamin E, das für die Produktion von Spermien und Eiern unerläßlich ist und das in den kleinen Körnerfuttersorten nur in geringerem Maße enthalten ist.

Auch Weizen enthält relativ viel Vitamin B und E, doch ist er zu hart, um in trockenem Zustand vom Wellensittichschnabel gemeistert zu werden. Weizen soll daher nur in gekeimtem Zustand verfüttert werden. Viele Züchter mischen Hafer und Weizen zum Keimen im Verhältnis 2:1 mit sehr gutem Erfolg. Keimfutter ist für die erfolgreiche Wellensittichhaltung so wichtig, daß wir ihm ein besonderes Kapitel widmen (siehe S. 40, Keim- und Weichfutter zur Aufzucht junger Wellensittiche).

Ölhaltige Sämereien – ja oder nein?

Handelsübliche Wellensittich-Futtermischungen enthalten kaum Ölsaaten. Viele Züchter halten Ölsaaten auch nicht für erforderlich. Nun enthalten ölhaltige Sämereien sehr viel Eiweiß, und daher ist eine begrenzte Beimischung oder Zusatzfütterung mit Ölsaat doch sehr zu empfehlen. Wellensittiche fressen nur, was sie kennen. Ölsaaten lernen sie am besten kennen, wenn man sie in kleinen Mengen dem gewohnten Mischfutter zusetzt. Später kann man ölhaltige Samen auch einzeln im Automaten anbieten. In geräumigen Volieren besteht keine Gefahr, daß sich die Wellensittiche überfressen. Wellensittiche sind bei der Futteraufnahme mäßiger als manche anderen Vogelarten.

Zunächst sind Sonnenblumenkerne und Hanf zu nennen – bekömmliche Ölsaaten, sofern sie in Maßen genossen werden. Fliegen in einer Voliere Großsittiche mit, denen diese Futtersorten ohnehin gereicht werden müssen, so besteht überhaupt kein Problem. Als geborene Nachahmer schauen Wellensittiche den Großsittichen ab, wie man diese großen Kerne öffnet. Sie brauchen dazu länger, und dadurch schon wird die Aufnahme der sehr nahrhaften Kerne auf ein gesundes Maß reduziert. Sind keine Großsittiche als Vorbilder da, so müssen Hanf und Sonnenblumenkerne gemahlen oder wenigstens gequetscht angeboten werden. Zerquetschte oder gemahlene, ölhaltige Samen werden leicht ranzig und sind dann gesundheitsschädigend. Wir bieten daher stets nur so viel an, wie an einem Tag verzehrt wird. Der üblichen Wellensittich-Mischung können Negersaat, Lein, Mohn und Salatsamen in kleinen Mengen von 2 bis höchstens 5% insgesamt beigemengt werden. Die genannte Reihenfolge entspricht ihrem Wert für die Nährstoffaufbesserung des Gramineenfutters, aber auch der Vorliebe der Wellensittiche. Negersaat kann auch gekeimt als sehr bekömmliches Futter gereicht werden. Manche Züchter keimen auch Sonnenblumenkerne, an die jedoch Wellen- wie Großsittiche nur dann gerne herangehen, wenn wenig oder gar kein Grünfutter gereicht wird.

Trockener Leinsamen soll den Gefiederglanz fördern und die Verdauung steuern. Gekeimt ergibt er einen schleimigen Brei, den kein Vogel frißt.

Ein wenig Mohn kann in keinem Falle schaden und ist bei Durchfall recht wirksam. Salatsamen ist gut, aber sehr leicht und ziemlich teuer. In der Futtermischung wird er beim Anfliegen der Vögel oder beim Abblasen der Hülsen oft ungenutzt herausgeschleudert. Am besten reichen wir Salatsamen in einem besonderen Automatenabteil oder in kleinen, nicht zu flachen Näpfen.

Zuweilen wird geraten, den Sittichen zusätzlich ,,Waldvogelfutter'' zu reichen. Das ist sehr unökonomisch, denn ,,Waldvogelfutter'' enthält zu einem erheblichen Anteil auch Glanz, Hirse und Hafer, und die kleinen und teuren Unkrautsämereien darin werden meist unbeachtet verstreut. Außerdem aber frißt kaum ein Sittich den Rübsen- oder Rapsanteil von 10–30%. Ich empfehle als Körnerfutter für Wellensittiche in Volieren Einzelsaaten in geteilten Automaten. Darunter sollten möglichst viele Hirsesorten sein und reichlich bester Glanz (für den mehrere Abteile vorzusehen sind). Als Ölsamen reicht eine Sorte, also entweder Negersaat oder Lein oder Salat oder etwas Mohn, eventuell abwechselnd. Hinzu kommen je nach Jahreszeit und Saison trockener oder gekeimter Hafer, eventuell etwas gequetschte Sonnenblumenkerne oder Hanf in offenen Extranäpfen.

Werden die Sittiche in Käfigen gehalten und stehen nicht auch dort kleine Automaten zur Verfügung, so empfehle ich eine Mischung aus 30–50% Glanz, 40–50% Hirse (nach Möglichkeit zu gleichen Teilen Silber-, Plata-, Japan- und Senegalhirse), 5% Negersaat und/oder 5% Leinsaat. Ganzer Hafer wird im Extranapf gereicht, in der Ruhezeit trocken, während der Brutzeit und zu ihrer Vorbereitung jedoch angekeimt.

Zur Vorbereitung der Brutzeit wird der angekeimte Hafer im obengenannten Verhältnis mit gekeimtem Weizen gemischt. Alle weiteren Zusätze werden den Vögeln ebenfalls in besonderen Behältnissen angeboten.

Sind die Vögel zu fett, so wird die Glanzration reduziert und auf den Hafer ganz verzichtet; bei der Hirsemischung läßt man unter Umständen den Anteil an Silberhirse weg.

In der Brutzeit reiche ich pro Tag und Brutpaar einen Hirsekolben. Während der Ruhezeit erhalten je 6–8 heranwachsende Jungvögel einen großen Kolben pro Tag; gesunde Altvögel bekommen keine Kolbenhirse. Altvögel, die aus irgendwelchen Gründen außer Kondition sind, erhalten bis zur Wiederherstellung Kolbenhirse zum Sattfressen.

,,Außer Kondition'' bedeutet hier: Die Vögel kränkeln oder haben gerade eine Krankheit durchgemacht, sie kommen von einer Ausstellung, die Wellensittiche stets ziemlich mitnimmt, sie magern stark oder verschleppt ab.

Grünfutter und Obst

Frische Vogelmiere (*Stellaria media*) ist das anerkannt beste und bekömmlichste Grünfutter. In manchen Gegenden, z.B. in Südwestdeutschland, grünt sie das ganze Jahr über. Sie ist teilweise winterhart, so daß wir sie sogar unter einer nicht zu dicken Schneedecke hervorholen können. Als arges Unkraut wächst die Vogelmiere mit Vorliebe auf beackertem Land, vor allem auf leichten und moorigen Böden. Die Vögel nehmen sie am liebsten mit halbreifen Samenkapseln. In diesem Stadium finden wir sie zweimal im Jahr, im Frühling und im Herbst. Die Wellensittiche verzehren aber auch die frischen Blätter und sogar die Stengel. Da Vogelmiere keinen Durchfall erzeugt, können wir sie in größeren Mengen verfüttern, soviel wie die Vögel an einem Tag fressen wollen. Welke, gefrorene oder gar verdorbene Vogelmiere ist gefährlich, deshalb darf nicht mehr gereicht werden, als an einem Tag verzehrt wird. Das gilt im übrigen für alles Grünfutter.

Von den Salatsorten fressen Wellensittiche am liebsten Kopfsalat. Die dunklen, äußeren Blätter gelten als besonders vitaminreich. Im Herbst und Winter wird auch Endiviensalat, weniger gern Feldsalat genommen. In begrenztem Umfang können wir mit gutem Erfolg auch Spinat, Mangold, Grünkohl verfüttern. Weiteres bekömmliches Grünfutter, das im Frühjahr die Brutkondition fördert und die Jungen besser gedeihen läßt, ist das erste sprießende Gras und junge, noch zarte Löwenzahnpflänzchen.

Die einzige Schwierigkeit beim Grünfutter liegt – neben der Beschaffung – bei der Gewöhnung. Wellensittiche, die noch nie ein grünes Blatt gesehen haben, fressen keine frischen Pflanzen, im Wind wehende Blätter können sie sogar in Panik versetzen. Hier hilft nur Geduld. Immer wieder müssen wir den Tieren Frischfutter anbieten, auch wenn wir 14 Tage lang das welke Grünfutter am anderen Tag unberührt wieder entfernen müssen. Bedeutend rascher nehmen die Tiere das Grünfutter in einer gutbesetzten Voliere an, denn unter vielen Vögeln findet sich stets ein couragiertes Tier, das als erstes daran nascht. Bald darauf folgen alle mit Sicherheit seinem Beispiel, und der Bann ist gebrochen.

Zum Grünfutter im weiteren Sinne sind auch in Samen stehende Unkräuter und Gräser zu rechnen. In der Reihenfolge der Beliebtheit: Hirtentäschelkraut (Erntezeit Mai bis September), Milchdistel (Erntezeit Juli bis September), Breitwegerich (August/September), Kreuzkraut (fast ganzjährig). Wir finden diese Pflanzen im noch nicht ganz versteppten Auffüllgelände, auf Komposthaufen, in verwilderten Hausgärten, vernachlässigten Äckern, den Wegerich an Wegrändern. Von diesen Pflanzen werden nur die Samen gefressen, und zwar am liebsten halbreif. Zum näheren Kennenlernen dieser und anderer Futterpflanzen dient am besten eines der buntbebilderten Bestimmungsbücher, vor allem SABEL: Naturgemäße Finkenzucht … oder AICHELE, Was blüht denn da? (Kosmos-Verlag, Stgtt.)

An halbreifen Gräsern können wir alles anbieten, was wir auf Wiesen, an Feldrainen und Grabenrändern finden. Die bei den Wellensittichen beliebtesten Gräser sind das kleine Rispengras, Weidel- und Raygras. Diese Grasarten nehmen auch solche Wellensittiche sofort an, die noch nie Gräser gesehen haben. Daneben kommen Wiesenrispengras, Honiggras, Knäuelgras und viele andere in Frage. Man hat im übrigen beobachtet, daß entflogene Wellensittiche sich wochenlang von diesen

Grassamen ernährten und bei bester Gesundheit blieben.

Voraussetzung für die Aufnahme von Grassamen ist allerdings, daß die Rispen wirklich Körner enthalten. Mit noch blühenden Gräsern, deren Rispen sich, grob betrachtet, wenig von samentragenden unterscheiden, wissen unsere verwöhnten Hausvögel wenig anzufangen.

Die Erntezeit für die halbreifen Gräser liegt je nach Art und Bodenverhältnissen zwischen Juni und September. Wir hängen die halbreifen Rispen am besten in Büscheln am Volieren- oder Käfiggitter auf; notfalls werden sie auch vom Boden aufgenommen. Welke Rückstände müssen jeden Tag entfernt werden.

Bekömmliche Leckerbissen sind auch halbreife Hafer- und Weizenähren. Sie stellen ein wertvolles, natürliches Aufzuchtfutter für Jungvögel dar. Von Ende Juni bis August können wir sie mit Hilfe einer Sichel büschelweise leicht ernten. Wir schneiden einen Teil der Halme mit ab, um sie aufhängen und in Wasser frischhalten zu können. In Wasser gestellt, halten die Ähren etwa 8 Tage lang. Es ist selbstverständlich, daß wir Kulturgräser nicht ernten dürfen, ohne die Genehmigung des Bauern zu haben.

Äußerst gefährlich für unsere Vögel ist die Behandlung der Gärten und Äcker mit Schädlingsbekämpfungsmitteln. Eine einmalige unachtsame Fütterung hat auf diese Weise schon ganze Vogelbestände vernichtet. Wir müssen uns daher vor jeder Ernte versichern, daß das betreffende Gelände nicht mit Schädlingsbekämpfungsmitteln behandelt worden ist. Das gilt auch für Gärtnereien und Baumschulen, in denen man das ganze Jahr über schöne Vogelmiere bekommen kann. Wenn wir hier um Erlaubnis fragen, die Miere zu ernten, so müssen wir zugleich auch die Frage nach der Behandlung mit Schädlingsbekämpfungsmitteln stellen.

Aus diesen Gründen sind viele Züchter dazu übergegangen, lieber gar kein Grünfutter mehr zu reichen. Sie verwenden statt dessen vermehrt selbsthergestelltes Keimfutter vom Quellstadium bis zu jungen Grünpflänzchen, die in Blumenkästen und dergleichen gedeihen. Aus Bequemlichkeit allein sollten wir aber nicht auf die Beschaffung natürlichen Grünfutters verzichten; es ist billiger und für die Vögel am besten.

In der kalten Jahreszeit sind Karotten und Äpfel ein guter Ersatz für Grünfutter. Während der Brutzeit geben viele Züchter ohnedies zur Aufzucht ein mit geriebenen Karotten angefeuchtetes Weichfutter, das gern genommen wird, wenn die Sittiche erst einmal daran gewöhnt sind. Wiederum ist diese Gewöhnung beim Wellensittich mit Schwierigkeiten verbunden, wobei erschwerend hinzukommt, daß Karotten rötlich gefärbt sind: Vor Rot scheinen sich die meisten Vögel, und vor allem unser mißtrauischer Wellensittich, zu fürchten. Um Wellensittiche an Mohrrüben zu gewöhnen, müssen wir immer wieder frische Mohrrüben halbieren und sie an einer Stelle, die für die Vögel bequem erreichbar ist, ins Gitter stecken – bis einer endlich mal abbeißt. Dann ist der Bann gebrochen, denn den süßlichen Geschmack lieben die Tiere durchaus, und sie fressen dann auch gern geriebene Karotten. Nicht zu saure, saftige Apfelschnitze stecken wir entweder ins Käfiggitter, oder wir halbieren Äpfel und stecken sie – Schnittfläche nach oben – in der Voliere auf Nägel. Von allen Obstsorten nehmen die Wellensittiche Äpfel am liebsten. Ähnlich kann man mit Birnen oder auch mit Orangen verfahren. Durch geduldige Gewöhnung bringen wir Wellensittiche auch an andere Obstarten, die alle bekömmlich sind, solange sie nicht im Übermaß gereicht werden.

Wer einen größeren Garten besitzt, kann mit gutem Erfolg Rispen- oder auch Kolbenhirse aussäen. Es gibt davon wetterfeste Sorten, die – frühzeitig ausgesät – ab Ende Juni bis in den September hinein große, halbreife Rispen und Kolben mit dicken, gelblichen bis rötlichen Körnern liefern. Es ist nicht sinnvoll, sie ausreifen zu lassen, weil sie dann im Futterwert bestenfalls der tropischen trockenen Hirse gleichkommen. Halbreife Hirse jedoch ist das beste Futter – kein Naturfutter, das wir beschaffen können, kommt ihr gleich. Bei Kolbenhirse kann es passieren, daß nur ganz kleine Kolben ausgebildet werden oder daß die Körner taub sind. Kolbenhirse benötigt einen sehr gut gedüngten Boden an geschützter Stelle. Wir müssen die jungen Pflänzchen vereinzeln, wenn sich an den heranwachsenden Pflanzen überhapt ansehnliche Kolben entwickeln sollen. Die Körner sind kaum vor September verfütterungsreif; wartet man aber bis Oktober, so sind sie entweder schon von den Spatzen geerntet oder durch den ersten Nachtfrost verdorben. Zum Selbstanbau ist die östliche rote Kolbenhirse zu bevorzugen.

Mineralien und Vitamine

In vielen der genannten Futtersorten sind diese lebensnotwendigen Stoffe enthalten. Nun können wir den Vögeln kaum alles bieten, was sie in der Freiheit aufnehmen, vor allem nicht gleichzeitig und nicht immer zur rechten Zeit. Hinzu kommt, daß in vielen Industriegebieten an bekömmlichem Grünfutter bestenfalls käuflicher Salat aufzutreiben ist (der jedoch vor der Verfütterung stets gründlich gewaschen werden muß!).

So müssen wir der Futtermittelforschung dankbar sein, daß wir heute eine ganze Reihe wirksamer Mineralmischungen und Vitaminpräparate kaufen können. Selbst geeigneten Sand können wir nicht mehr überall gefahrlos entnehmen. In Spezialgeschäften jedoch gibt es Vogelgrit, der neben kleinen Steinchen auch Kalkbrocken und vor allem gemahlene Seemuschelschalen enthält. Dieser Grit wird von den Wellensittichen gerne aufgenommen; er unterstützt die Verdauung, fördert den Knochenaufbau durch seinen vielseitigen Gehalt an Mineralien, sorgt für gutes Gefieder und bei den Weibchen für die Produktion guter Eierschalen. Eine solche Mischung sollte den Vögeln in einem kleinen Extranapf das ganze Jahr über zur Verfügung stehen. Gepreßte Gritsteine bieten noch den Vorteil der besseren Schnabelabnutzung und stellen zugleich eine Beschäftigungstherapie dar.

All das kann man jedoch in ländlichen Gebieten noch durch Naturprodukte ersetzen. Man wählt als Bodenbelag sauberen Fluß- oder Seesand, den man öfter wechselt. In den Käfig legt man ein Stück alten Mörtel, als Naturkalk dienen gemahlene Eierschalen aus bäuerlicher Hühnerhaltung in gekochtem Zustand (Salmonellengefahr!).

Käuflichen feinen Futterkalk bieten wir im Zuchtkäfig am besten in einem Einstecknäpfchen, in der Voliere in zweckentfremdeten Trinkautomaten, in denen er kaum verschmutzt werden kann.

Es gibt so viele Vitaminpräparate in flüssiger oder fester Form, daß wir unmöglich alle nennen können. Gute Präparate enthalten auf der Packung oder im Beipackprospekt eine Analyse. Wir sollten solche Präparate bevorzugen, die alle B-Vitamine enthalten, vor allem das wichtige Vitamin B_{12}. Das gewöhnliche Wellensittichfutter ist arm an Vitamin B. B-Vitamine steuern den Stoffwechsel und dienen dem Muskelaufbau, sie sind nötig für die Funktion der Nerven, weshalb Mangel an Vitamin B zu Lähmungen führen kann.

Flüssige Vitaminpräparate setzen wir nach Vorschrift ein- bis zweimal wöchentlich dem Trinkwasser zu. Dies wirkt sich besonders in der Brutzeit günstig aus, denn während dieser Zeit trinken Wellensittiche sehr viel. Außerhalb der Brutzeit bieten wir die Vitamine in einem beliebten Futter dar, zum Beispiel in einem Weichfutter. Dafür eignet sich ein Präparat in Pulverform besser als ein Flüssigpräparat, da es sich gleichmäßiger mit dem Futter vermischen läßt. In diesem Fall geben wir lieber etwas mehr Vitamin als vorgeschrieben, damit die Vögel auch mit Sicherheit genügend davon bekommen.

Früher schworen die meisten Züchter auf Lebertran, und manche halten auch jetzt noch daran fest, weil Lebertran reichlich Vitamin A und D enthält und vor allem der gefürchteten Legenot der Weibchen vorbeugt. Andererseits enthält Lebertran andere, ebenso wichtige Vitamine nicht, und zu alter oder verdorbener Lebertran ist sicher schädlich. Wir müssen daher Lebertran stets in einer gut verschlossenen Flasche an einem kühlen Ort aufbewahren und jeweils nur kleine, bald verbrauchte Futtermengen damit anreichern. Dazu verwenden wir am besten Glanz, und zwar mischen wir einem Kilogramm Glanz höchstens einen Eßlöffel Lebertran bei (für ein Paar zwei Tropfen Lebertran auf einen Eßlöffel Glanz). Dieses Futter ist stets im Extranapf zu reichen; der Napf muß täglich heiß ausgewaschen werden, denn auch geringe Lebertranreste werden leicht ranzig und sind dann für die Vögel schädlich. Keinesfalls darf Lebertranfutter in den Automaten gegeben werden, denn schon ein leichter Ölfilm läßt die Körner aneinanderkleben und verstopft unweigerlich den Nachfluß.

Gewarnt sei vor Lebertrankonzentraten, die für die Zucht größerer Nutztiere gedacht sind. Sie sind für Stubenvögel viel zu konzentriert, bzw. ihre richtige Dosierung bereitet unnötige Schwierigkeiten.

Wenn wir schon Lebertran verwenden, so nehmen wir am besten einfachen Dorschlebertran oder eine Emulsion für Kinder. Erforderlich ist die Zugabe von Lebertran nur im Winter und nur für Züchter, die nicht über Freivolieren verfügen oder denen die im Handel erhältlichen teureren Präparate zu unwirtschaftlich sind. Der Lebertran enthält nämlich nur eine Vorstufe des Vitamin D, das erst im Vogelkörper durch ultraviolette Sonnenbestrahlung in die wirksame Form umgewandelt wird. Vitamin C – dessen Zufuhr für uns Menschen so wichtig ist – kann der Vogel selbst bilden. Vitamin E ist in modernen Vitaminkombinationen enthalten oder gesondert käuflich. Käufliche Vitaminpräparate – es gibt sie auch in Kombination mit allen notwendigen Spurenelementen zu kaufen – sind unter den folgenden Bedingungen erforderlich:

1. Wenn eine Winterzucht angestrebt wird.
2. In Ballungszentren und Industriegebieten.
3. Wenn die Vögel nur in geschlossenen Räumen gehalten werden.

Wer in ländlichen Gebieten wohnt, seine Vögel in Freivolieren hält, Grünfutter und Obst je nach Jahreszeit bietet und nur im Frühjahr und Sommer züchtet, kann auf Vitaminpräparate guten Gewissens verzichten. So versorgte Sittiche bekommen alles, was sie zu einem gesunden und langem Leben brauchen, und sie werden auch ebenso gesunde Nachzuchten bringen.

Keim- und Weichfutter zur Aufzucht der Jungen

Notfalls ziehen Wellensittiche ihre Jungen allein mit trockenem Körnerfutter groß. Dies rächt sich jedoch später durch schwächliche Junge, Unfruchtbarkeit, Anfälligkeit gegen Krankheiten, Verkürzung der Fortpflanzungsperiode und der Lebensdauer. Über den großen Nutzen von Keimfutter haben wir schon gesprochen. Es ist leichter herzustellen, als mancher Anfänger glaubt. Ganze Hafer- oder Weizenkörner oder eine Mischung beider Getreidesorten im Verhältnis 2:1 werden in flache Behälter geschüttet, die dann mit Wasser aufgefüllt werden. Die Körnerschicht soll nicht zu dick, aber völlig mit Wasser bedeckt sein. Ist die Körnerschicht zu hoch, so dringt nicht mehr genügend Sauerstoff bis ganz nach unten, so daß diese Körner faulen anstatt zu keimen. Wir lassen die Körner 12–24 Stunden im Wasser und stellen den Ansatz möglichst warm. Schon nach 12 Stunden sind die Körner bis auf das Doppelte ihres ursprünglichen Umfangs gequollen. Sie beginnen jetzt schon zu keimen, auch wenn man das äußerlich noch nicht sieht; in ihrem Innern laufen chemische Umbauprozesse ab, und darum ist dieses „Quellfutter" schon sehr wirksam. Es wird auf einem Sieb gründlich durchgespült, und anschließend läßt man es abtropfen. Dabei spült man es unter fließendem Wasser, bis das abfließende Wasser ganz klar ist. Futterfertig soll das Quellfutter zwar feucht, aber nicht mehr tropfnaß sein.

Wertvoller ist richtiges Keimfutter. Um es zu gewinnen, schütten wir das Quellfutter ohne weiteren Wasserzusatz in eine flache Schale, decken ab und lassen das Ganze an einem warmen Ort nochmals 12 Stunden stehen. Die Abdeckung verhindert das Verstauben und hält die Körner feucht. Danach finden wir bei den Haferkörnern schon die Ausbildung weißer Würzelchen, bei allen anderen in Frage kommenden Körnersorten zeigt sich zuerst am spitzen Ende des Kornes der eigentliche Keimling. Wir spülen auch das Keimfutter vor Gebrauch nochmals durch und lassen es gründlich abtropfen. Es ist sehr leicht verderblich,

und wir setzen daher nur die Menge an, die wir an einem Tag brauchen, d. h. nur soviel, wie tatsächlich pro Tag gefressen wird. Die Wellensittiche enthülsen auch die gekeimten Körner, weshalb wir täglich die Reste entfernen und die Keimfutternäpfe gründlich säubern müssen. Um den täglichen Bedarf an Keimfutter neu anzusetzen, brauchen wir drei verschiedene Behälter: einen zum Quellen, einen zum Keimen und einen zum Neuansatz. Hat sich das einmal eingespielt, wird das Ansetzen des Keimfutters zur mühelosen Routine. Es gibt jetzt aber auch fertige dreiteilige Keimapparate aus Plastik im Zoofachhandel zu kaufen, die wegen ihrer einfachen Handhabe sehr zu empfehlen sind.

Auch Plata- und Silberhirse, Glanz und Negersaat eignen sich sehr gut zum Keimen. Am einfachsten setzen wir eine Mischung davon an. Allerdings brauchen die verschiedenen Sorten verschiedene Zeiten zum Keimen. Platahirse und Negersaat keimen unter günstigen Bedingungen schon nach 24 Stunden, wogegen Glanz bis zu 36 Stunden benötigen kann. Wir können Abhilfe schaffen, indem wir wechselweise die verschiedenen Sorten ansetzen. Das bedeutet für die Sittiche zugleich eine angenehme Abwechslung auf ihrem Futtertisch.

Wer auch Großsittiche hält, keimt meist eine Mischung aus Hafer, Weizen, und Sonnenblumenkernen. Durch das Beispiel der Großsittiche kosten dann auch die Wellensittiche davon, was ihnen durchaus nicht schadet, vielmehr glänzend bekommt. Eigens für Wellensittiche lohnt es jedoch nicht, diese großen Ölsaaten zu keimen. Gramineensamen genügen durchaus, und wer etwas besonders Gutes tun will, keimt gelegentlich noch Negersaat.

Mit Hilfe des feuchten Keimfutters sind Wellensittiche am ehesten an die Aufnahme mehrartiger Aufzuchtfuttermischungen zu gewöhnen, die durchweg gut und nützlich sind, aber von den Wellensittichen nicht immer angenommen werden – unabhängig davon, was die Werbeprospekte versprechen mögen. Schon im trockenen Zustand – so wie sie aus der Packung kommen – werden sie von den Wellensittichen meist zunächst abgelehnt, und nicht viel anders geht es mit den mittels Fett-

zusatz von vornherein feucht-krümelig gemachten Mischungen, die als „napffertig" angeboten werden. Streuen wir jedoch etwas von
diesem krümeligen Aufzuchtmehl auf das
Keimfutter, so haftet es den gekeimten Körnern an und muß zwangsläufig von den Vögeln wenigstens teilweise mitgefressen werden. So kommen viele Wellensittiche auf den
Geschmack und fressen später auch reines
Aufzuchtfutter, vor allem wenn sie kleine Junge zu füttern haben. Um eine größere Familie
allein mit enthülsten, trockenen Körnern zu
ernähren, geschweige denn richtig satt zu bekommen, braucht der erwachsene Wellensittich viel Zeit und Kraft zum Enthülsen und zur
Vorverdauung im Kropf. Dabei muß man bedenken, daß das Tier zuvor schon durch die
Eigenproduktion der Vormagenmilch in den
ersten Lebenstagen der Jungen arg strapaziert
worden ist.
Außerdem haben trockene Körner einen ge-
ringeren Nährwert. Mit dem voluminöseren,
weicheren, zugleich nährstoffreicheren Keimfutter kann der Altvogel seinen Kropf rascher
füllen. Er kann es dort besser aufbereiten, benötigt dazu weniger Feuchtigkeit, die er sonst
durch vermehrte Wasseraufnahme gewinnen
müßte. Schließlich läßt sich weicheres Futter
bequemer auswürgen und in den Kropf der
Jungen befördern.
All dies gilt vermehrt noch beim Gebrauch eines feucht-krümeligen Weichfutters. Ist erst
einmal der Bann gebrochen, sollte man Keim-
und Aufzuchtfutter in gesonderten Näpfen anbieten. Trockenes, handelsübliches Aufzuchtfutter wird wechselweise mit geriebenen Karotten und Äpfeln angefeuchtet. Die fertige
Weichfuttermischung darf nicht zu naß sein,
damit sie nicht zusammenbackt. Feucht-
krümelig ist die bekömmlichste Konsistenz;
man prüft sie jeweils mit den Fingern.
Viele Züchter bereiten ihr Weichfutter selbst,
was freilich mehr Arbeit macht, aber wirt-
schaftlicher ist. Es gibt viele Rezepte zur Herstellung eines guten Weichfutters. Eine alther-
kömmliche Methode zur Zubereitung eines Ei-
futters: 4 Stück Zwieback einer guten Haus-
marke werden gerieben und mit einem
feingewiegten hartgekochten Ei innig ver-

mischt. Die Masse wird mit geriebener Karot-
te bis zum feuchtkrümeligen Zustand vermischt und ist dann futterfertig. Zur weiteren
Verbesserung kann man etwas Traubenzucker,
Nährhefe und Algenmehl zusetzen. Bei dieser
Mischung kann man nicht viel verkehrt machen, doch ist zu beachten, daß man an Nährhefe und Algenmehl nur je eine Messerspitze
zugeben sollte, an Traubenzucker höchstens
einen Teelöffel. Wird dieses wertvolle Futter
angenommen, hat man gewonnenes Spiel.
Statt Zwieback verwenden viele Züchter alt-
backene, geriebene Semmeln, Weißbrot oder
Waffelbruch. Statt gekochtem Ei wird auch
Trockenei oder Trockenmilchpulver verwendet, dazu kommen noch Zusätze von Fleisch-,
Fisch- oder Knochenmehl, Insektenschrot
oder gemahlene Trockengarnelen. Dabei geht
man von der Annahme aus, daß Wellensittiche in der Freiheit auch Insekten zur Jungenaufzucht aufnehmen. Gewarnt sei vor zu
reichlicher Verwendung stark riechender Futtermittel wie Fleisch- und mehr noch Fisch-
mehl. Mögen sich die Gelehrten noch immer
streiten, ob und wie gut Vögel riechen können
– der Praktiker jedenfalls weiß, daß Wellensittiche gar nicht oder ungern an stark riechende
Futterstoffe gehen. Auch optisch mögen sie zu
dunkles Weichfutter nicht gerne; sie bevorzugen hellere Mischungen. Dabei haben sich in
jüngster Zeit die allerdings nicht billigen Kin-
dernährmehle und Babynahrungen verschiedener Marken sehr bewährt. Motto: Was für
Menschenbabys gut ist, kann für Vogelkinder
nicht verkehrt sein. Letztlich stimmt das, doch
bleibt es immer eine Preisfrage.
Viele Wellensittich-Züchter verwenden als guten Bestandteil des Weichfutters auch Haferflocken. Der ausgesprochene Liebhaber und
Besitzer eines nur kleinen Vogelbestandes
wird hier wahrscheinlich mit bestem Erfolg
die teuren Köllnflocken nehmen. Futterhafer-
flocken, wie sie der Großhandel zu einem
Drittel des Preises anbietet, leisten jedoch genauso gute Dienste. Den Züchtern der teureren Schau-Wellensittiche englischer Rasse
sollte nichts zu gut für ihre Vögel sein. Gerade
diese hochgezüchteten Rassetiere reagieren
höchst negativ auf schlechte Pflege und min-

derwertiges Futter. Da sich bei Hochzuchttieren der quantitative Zuchterfolg ohnedies nicht mit dem rasseloser Wellensittiche vergleichen läßt, ist es logisch, daß der Spezialzüchter mit einem Maximum an Futter und Pflege ein Maximum an Leistung zu erzielen bestrebt ist. Manche Züchter reichen auch Hundenährflocken mit gutem Erfolg.

Daher wird in England häufig auch Milch statt Wasser als Getränk gereicht, bzw. es wird das Weichfutter mit Milch angefeuchtet. Einige deutsche Züchter haben dies mit gutem Erfolg nachgeahmt. Allerdings bedeutet dies einen Mehraufwand an Zeit, besonders in der warmen Jahreszeit oder in warmen Räumen; die Milch säuert rasch, vor allem auch im Weichfutter, und sie führt dann unweigerlich zu schweren Verdauungserkrankungen.

Wer Milch verfüttern will, verwende frische Magermilch. Ihr Eiweißgehalt ist so hoch wie der der Vollmilch, und das Fett ist für Wellensittiche ohnedies weniger wichtig und bekömmlich. Natürlich kann man auch Vollmilch entsprechend verdünnen. Gewarnt wird vor kondensierter Milch, deren Fettgehalt nahezu dem der Kaffeesahne entspricht. Eine bekömmliche Verdünnung der kondensierten Milch ist schwierig und zeitraubend. Alle Gefäße, in denen Milch gereicht wird, müssen selbstverständlich täglich in heißem Wasser gespült werden. An schwülen Tagen sollte Milch nur in den frühen Morgenstunden angeboten und mittags durch klares Wasser ersetzt werden.

Mit erstaunlich gutem Erfolg füttern in England wie auf dem Kontinent manche Züchter als alleiniges Aufzuchtfutter nur in Milch eingeweichte, vor dem Verfüttern ausgedrückte Brötchen. Bekommen Wellensittiche sonst nichts als trockene Körner und weder Grün- noch Keimfutter, so gehen sie sogar an in Wasser eingeweichte Brötchen, wenn ihre Jungen rascher satt zu bekommen. Früher war das eine gängige Methode für die Aufzucht billiger ,,Massenware". Mit Tierliebe hat das weniger zu tun, obwohl rasselose Wellensittiche dabei zu gedeihen scheinen. Der Erfolg ist aber zweifelhaft, denn so aufgezogene Tierchen wirken aufgeschwemmt, sind im Grunde saft-
und kraftlos und werden bei der erstbesten Belastung dahingerafft. Keimfutter ist ein Aufzucht- und Konditionsfutter, das wir gegebenenfalls das ganze Jahr über reichen können, sofern die Vögel nicht zu fett sind, und wenn wir dafür sorgen, daß das Futter nicht gefrieren kann. Weichfutter dagegen ist ein reines Aufzuchtfutter, das wir nur während der Jungenaufzucht anbieten. Übrigens wird es selbst von Wellensittichen, die daran gut gewöhnt sind, fast nur während der Aufzuchtperiode angenommen.

Jeder Züchter wird feststellen, daß die Aufnahme von Weichfutter selbst in einem Zuchtstamm von Paar zu Paar verschieden ist. Werden die Zuchtvögel mit allem Notwendigen versehen, so besteht meist kein Unterschied zwischen der Nachzucht von Paaren, die Weichfutter verfütterten, und solchen, die Weichfutter ablehnten.

Sehr nützlich sind Baumrinde, Zweige und Knospen. Wer über ein paar Obstbäume verfügt oder sonst Obstbaumäste beschaffen kann, tut seinen Wellensittichen einen großen Gefallen, wenn er frische Zweige anbietet, die ab Spätwinter schon Knospen haben. Das gilt auch für Weidenzweige, die sich ebenso gut eignen.

Feine Zweige werden, im oberen Drittel des Käfigs angebracht, binnen kurzer Zeit total zernagt, wobei sämtliche Knospen, Teile der Rinde und des feinen Holzmarkes gefressen werden. Dickere Äste entschälen die Wellensittiche völlig. Das bekommt den Vögeln ausgezeichnet, denn der Baumsaft und die zarten Knospen im Frühjahr enthalten Wirkstoffe, die die Tiere brauchen. Außerdem bereitet das Herumklettern auf den Zweigen den Vögeln sichtlich Freude und trägt zu ihrer Kondition bei. Darüber hinaus halten frische Baumzweige die Sittiche davon ab, sich zerstörerisch am Holzwerk der Voliere zu betätigen. Im fortschreitenden Frühjahr werden auch Buchen und Birken gerne angenommen, die dann gerade Knospen ausbilden. Darüber hinaus kann man alle ungiftigen Laubzweige gelegentlich anbieten, im Frühjahr auch ungiftige Nadelholzzweige mit frischen Trieben.

Die Zucht

In jeder Broschüre können wir lesen, es sei nichts leichter, als Wellensittiche zu züchten. Bei oberflächlicher Betrachtung scheint das auch zu stimmen, denn sonst hätte der kleine Australier nicht innerhalb von 140 Jahren zu einem der beliebtesten und preiswertesten Hausgenossen werden können. (Es ist mir schon passiert, daß Leute einen Wellensittich verlangten, der in der Farbe zu ihren Tapeten paßt!)

Es passiert schon einmal, daß ein in der Stube gehaltenes Pärchen zur Brut schreitet, ohne daß sein Besitzer dies beabsichtigt hätte. Es können dann durch den unerwünschten Familienzuwachs Schwierigkeiten entstehen.

Obwohl also auch die Hauswellensittiche nicht unbedingt der besonderen Betreuung bedürfen, um sich fortzupflanzen, sind für den Züchter, der Wert auf das Wohlbefinden der Vögel und eine gewisse Rentabilität der Zucht legt, Grundkenntnisse der Wellensittichzucht ganz unerläßlich.

Dennoch ist schon mancher Tierfreund durch ein einzelnes, zunächst nur zum Zeitvertreib angeschafftes Pärchen, das unerwartet zur Brut schritt, zum begeisterten Züchter geworden. Nicht selten sieht man auch Volierenanlagen, die – klein begonnen – durch Anbau immer weiter vergrößert wurden, bis nur noch ein kleines Rasenstück oder Blumenbeet vom Garten übrigblieb. Wird dort auch noch Vogelmiere angebaut, so weiß man, daß der Besitzer zu einem ausgesprochenen Vogelnarren geworden ist.

Jeder Züchter sollte sich von vornherein überlegen, wie es mit dem Absatz der Nachzucht steht. Angebot und Nachfrage regeln auch hier den Preis, und der Züchter hat mit einem ständigen Auf und Ab zu rechnen. Riskant ist es, die Wellensittichzucht rein gewerblich zu betreiben. An einem Hobby hat man mehr Freude als an einem Erwerbsbetrieb, und wer einigermaßen von der Zucht leben will, braucht heute schon eine sehr große Anlage mit mindestens 300 Paaren im ständig wechselnden Zuchtbetrieb das ganze Jahr über, und

er muß einen vertraglich gesicherten Handelsabsatz haben, um einigermaßen leben zu können. Anders ist es, wenn man die Wellensittichzucht nur als Nebenerwerbsquelle betrachtet.

Wer einige Jahre gewöhnliche Wellensittiche gezüchtet hat und tiefer in die Materie eingedrungen ist, wird sich auch mit dem Ausstellen von Schau-Wellensittichen befassen. Hier muß man freilich von anderen Voraussetzungen ausgehen. Das Ausgangsmaterial ist recht teuer, und daher muß der Züchter entweder gleich „ganz groß einsteigen", oder er fängt mit wenigen möglichst guten Paaren an. Preise für bessere Vögel beginnen heute bei etwa DM 50,– das Stück, Liebhaberpreise gehen bis zu DM 1000,–. Ein gewöhnlicher Wellensittich, der farblich genauso schön sein kann, kostet aber nur DM 20,– bis DM 30,–. Dabei benötigen beide etwa die gleiche Pflege und kosten dasselbe Futter. Die Konkurrenz auf dem Gebiet der Schauwellensittiche ist in jüngerer Zeit erheblich gewachsen. Hinzu kommt, daß die Schaurasse noch jung und daher keineswegs ohne Rückschläge auf den Normaltyp ist. Mit anderen Worten: Es genügt nicht, zwei Siegervögel zu kaufen und sie zu verpaaren, um wieder 100% Sieger aus der Nachkommenschaft zu erzielen. Ich rate dringend, bescheiden anzufangen und lieber einige möglichst gute Ausgangsvögel zu kaufen als viele mittelmäßige.

Die Zucht in Volieren

Sie kommt der natürlichen Neigung des Wellensittichs zur Koloniebrut am nächsten und hat sich seit langem bewährt. Auf der Basis von etwa 1 m³ Raum pro Paar wird eine Voliere mit angrenzendem Schutzraum zum gleichen Zeitpunkt mit einer entsprechenden Anzahl von Paaren besetzt. Überzählige, unverpaarte Vögel sind gefährliche Störenfriede, besonders die Weibchen. Wichtig ist die gleichzeitige Besetzung, weil nur so die künstliche Kolonie sich erfolgreich zusammenrauft, wogegen später hinzugesetzte Paare als fremde Eindringlinge empfunden und von den alteingesessenen längere Zeit bekämpft werden.

Weiterhin ist wichtig, mehr Nistkästen vorzusehen, als Paare vorhanden sind, am besten wählen wir ein Verhältnis von 1 : 2. Sie werden in Augen- bis Schulterhöhe im Schutzraum oder auch in einem überdachten, windgeschützten Außenflugraum so aufgehängt, daß sie leicht kontrollierbar sind. Dafür brauchen die Kästen keineswegs alle das gleiche Format zu haben oder in gleicher Höhe zu hängen. Auch die Wellensittich-Damen haben einen individuellen Geschmack hinsichtlich ihrer künftigen Kinderwiege. Anfänglich kommt es leider oft zu heftigen Kämpfen, wenn sich zwei Weibchen in den Kopf gesetzt haben, ein und denselben Kasten haben zu wollen – mag auch ein genau gleicher unmittelbar daneben hängen. Glücklicherweise bleiben Verluste aus solchen Kämpfen Ausnahmen. Kommt es einmal dazu, so ist der Ausgang freilich ungewiß. Er kann zum Tode des unterlegenen Weibchens führen, sofern man nicht rechtzeitig eingreift und die Unterlegene entfernt; er kann aber auch mit dem eigenartigen Kompromiß enden, daß schließlich zwei Weibchen friedlich in einem Kasten brüten und sich Mann und Junge teilen. In diesem Fall füttert das auserwählte Männchen sämtliche Sprößlinge später getreulich mit. Freilich werden es nicht viele sein, weil der Mangel an Luftzirkulation manche Embryonen im Ei absterben läßt. Wenn wir eine solche Ehe zu dritt rechtzeitig feststellen, ist es daher besser, eines der betroffenen Weibchen zusammen mit dem ihm zugedachten Partner zu entfernen und anderswo unterzubringen, denn auch der verschmähte Gatte könnte anderswo zum Störenfried werden. Rivalenkämpfe unter Männchen sind verhältnismäßig selten; finden sie doch einmal statt, gehen sie meist unblutig aus.

Geht alles seinen gewohnten Gang, so finden sich die Paare bald zusammen, allerdings durchaus nicht immer so, wie der Züchter sich dies im Hinblick auf die Farbenvererbung wünscht. Unerwünschte Verpaarungen kann man vermeiden, wenn man sämtliche füreinander bestimmte Partner 14 Tage vor Heckbeginn einzeln käfigt. Die Käfige können recht provisorisch sein, weil die Vögel ja bald darauf in einen geräumigen Flug kommen. Eine Verpaarung nach Wünschen des Züchters kommt um so schneller zustande, wenn die Geschlechter zumindest einige Wochen vor dem Einsatz getrennt gehalten worden sind. Etwaige frühere Verbindungen haben sich dann gelöst, und durch die Trennung besteht bei beiden Geschlechtern eine maximale Bereitschaft, einen neuen Partner anzunehmen. Die ersten Annäherungsversuche gehen vom Männchen aus. Es klopft dabei mit dem Schnabel unter glucksenden Tönen an Stangen und Wände, wendet sich kopfnickend dem Weibchen zu, hüpft dabei auf der Stange neben ihm hin und her, wobei sich mit wachsender Erregung seine Pupillen verengen. Findet das Weibchen den Freier akzeptabel, geht die Erregung rasch auf es über. Auch das Weibchen beginnt dann einen ähnlichen Tanz auf der Stange, und auch seine Pupillen verengen sich. Zwischendurch bettelt es wie ein Jungvogel um Futter und wird vom Männchen durch Emporwürgen aus dem Kropf damit versorgt. Schließlich duckt es sich zur Begattung, die bei Wellensittichen recht innig ist und lange dauert. Nur bei sehr starker Erregung am Anfang, sozusagen bei ,,Liebe auf den ersten Blick", die es durchaus auch bei Wellensittichen gibt, verläuft die Begattung ganz rasch und ist dennoch erfolgreich. Das Weibchen läßt die Flügel hängen und macht ein hohles Kreuz unter Anheben des Schwanzes. In dieser Stellung wird es vom Männchen bestiegen, das sich mit Krallen und Schnabel an seinem Rücken- bzw. Nackengefieder festhält. Während es schließlich einen Flügel um das Weibchen legt, rutscht es auf der gegenübergelegenen Seite bis zur Kloakengegend herunter, wobei nach längeren Friktionsbewegungen der Samen übergeht. Ein sicheres Zeichen einer erfolgreichen Begattung ist nachträgliches, ausgiebiges Füttern des Weibchens. Für immer längere Perioden suchen die Weibchen in dieser Zeit ihre Kästen auf. Zunahme an Leibesumfang zeigt die Ausbildung der Eier an. Weibchen mit angeschwollener, teilweise nackter Kloakengegend und fortgesetztem Schwanzwippen stehen unmittelbar vor der Eiablage.

Von der ersten Begattung bis zum Beginn der

Eiablage kann man in normalen Fällen 8–14 Tage rechnen, bei erstmals legenden Weibchen können 3–4 Wochen bis zum Erscheinen des ersten Eies vergehen, besonders wenn die Tiere schon über 1 Jahr alt sind. Ist binnen 5–6 Wochen immer noch keine Eiablage erfolgt, obwohl das Weibchen täglich Stunden im Kasten verbringt und der Hahn sich als normaler Freier verhält, dann kann das Weibchen entweder keine Eier legen, oder es ist durch eine Mißbildung im Eileiter zu einer inneren Eiablage in die Bauchhöhle gekommen. Dort wird das Ei entweder resorbiert, oder es kommt zu einer Sepsis mit rasch folgendem Tod. Solche Erscheinungen nehmen leider, da der Wellensittich nun einmal ein domestiziertes Tier ist, immer mehr zu, besonders bei den schweren Weibchen der englischen Rasse. Es ist falsch, scheinbar gesunde, aber unproduktive Weibchen monatelang im Heckbetrieb zu lassen, in der Hoffnung, daß sie eines Tages doch noch legen werden. Auch der zugehörige Hahn nutzt sich dabei unnötig ab. Mitunter legen solche Weibchen nach längerer Ruhepause im Freiflug, nach Umgebungs- und Partnerwechsel später doch noch normal, aber das sind leider Ausnahmen. Besser ist es, man schreibt solche Tiere als Zuchtvögel ab und verschenkt sie als Hausvögel, wenn sie natürlich auch nie mehr so zahm werden wie Wellensittiche, die von Jugend an einzeln gehalten worden sind.

Weitaus seltener sind vollständig unfruchtbare Hähne. Unbefruchtete Eier haben meist andere Gründe: Abneigung der Partner, technische Schwierigkeiten bei schweren, älteren Vögeln. Hier können wir vorbeugen durch nicht zu glatte, genügend dicke und vor allem festsitzende Sitzstangen oder Äste, denn selten begatten sich Wellensittiche auf dem Boden oder gar im Nistkasten. Bei stark befiederten Vögeln fördert ein vorsichtiges Beschneiden der Federn rund um die Kloake bei beiden Geschlechtern die Befruchtung. Unbefruchtete Eier können aber auch an mangelnder Kondition des Weibchens liegen, oder es können die Embryonen in ganz frühem Stadium abgestorben sein. Erst wenn ein Wellensittichhahn mit mehreren Weibchen ausschließlich unbefruchtete Gelege

zeitigt, kann man sagen, daß er unfruchtbar ist. Der Schlüssel zum Erfolg ist die Kondition der eingesetzten Brutvögel. Ihre äußere Erscheinung und genaue Beobachtung ihres Verhaltens geben darüber Aufschluß. Hähne in Brutkondition haben eine leuchtend blaue Nasenhaut, blanke Augen und imponieren sich ständig gegenseitig an. Weibchen haben eine tiefbraune Nasenhaut und verhalten sich ähnlich. Sie sind lebhafter als sonst, fliegen zeternd umher und nagen an jedem greifbaren Gegenstand. Später kommt es bei den Weibchen zu lesbischen Freundschaften mit allen Ritualen von Balz, Füttern und Begattung. Dies hält immer nur einige Wochen an, und zwar unter optimalen Pflegebedingungen ziemlich unabhängig von der Jahreszeit, doch kann die Brutkondition durch vermehrte Keimfuttergabe und verlängerte Tagesdauer im Winter etwas gesteuert werden. Es gehört ein wenig Fingerspitzengefühl dazu, den rechten Moment abzupassen, in dem beide Geschlechter in voller Brutkondition sind, sofern im Winter oder gar das ganze Jahr über gezüchtet werden soll. Kaum ein Problem gibt es dort, wo die Vögel nach Geschlechtern getrennt, kalt und ohne zusätzliche Beleuchtung überwintert werden. Die Sittiche kommen dann im Rhythmus der europäischen Jahreszeiten mit dem beginnenden Frühjahr automatisch und ausnahmslos in Brutkondition, erledigen ihre 2–3 Bruten (mehr soll man nicht zulassen) in rascher Folge und mausern anschließend voll durch. Im künstlich herbeigeführten Brutrhythmus sind geringe Mauser und vorübergehende Gefiederlücken kein unbedingter Hinderungsgrund für eine erfolgreiche Brut, sofern die Vögel sonst in Brutkondition sind.

Als Nestunterlage gibt man eine Handvoll nicht zu feines Sägemehl von Naturholz ohne Farbe oder sonstige chemische Zusätze. Das gibt den Eiern etwas Schutz und vermeidet, daß sie aus der Nestmulde rollen (außerhalb der Nestmulde werden sie nicht mehr bebrütet). Manche Weibchen allerdings tragen das Sägemehl ganz oder teilweise wieder heraus und bevorzugen den blanken Holzboden zur Eiablage. Das Sägemehl ist ein Ersatz für den

Holzmulm in natürlichen Baumhöhlen, der in der Freiheit entsteht, wenn das Weibchen sich eine passende Nestmulde selbst aushöhlt. Da ist eben das eine Tier gründlicher als das andere. Fast alle vorsorglichen Mütter rupfen sich aber außerdem kurz vor der Eiablage Federn aus, um damit die Nestmulde auszupolstern, oder benutzen dazu im Kasten ausgefallene, das weiß man nicht genau.

Die Eiablage erfolgt in der Regel alle 2 Tage zwischen 15 und 16 Uhr. Es ist wichtig, sich dies zu merken, weil es leider bei beiden Geschlechtern auch Eierfresser gibt, vorwiegend bei den Weibchen. Hier kann man abhelfen, wenn man die frischgelegten Eier sofort entnimmt und durch Gipseier ersetzt, die der Zoohandel für die Kanarienzucht anbietet. Haben sich gewohnheitsmäßige Eierfresser erst einmal durch wiederholte Bisse in die harten Gipseier am Schnabel weh getan, so lassen sie in vielen Fällen von der üblen Gewohnheit ab; man kann ihnen dann nach Vervollständigung des Geleges getrost die eigenen Eier wieder zur Brut anvertrauen. Dies hat überdies den Vorteil des gleichmäßigen Schlüpfens, weshalb manche Züchter ohnedies die ersten Eier bis zum 4. oder 5. entfernen und sie in nach Paaren gekennzeichneten Schachteln an einem kühlen, luftigen Ort aufbewahren. Dabei ist es wichtig, die Eier täglich zu wenden, das heißt sie um ihre eigene Achse zu drehen, damit die Hagelschnüre, an denen der Dotter freischwebend im Ei aufgehängt ist, nicht reißen. Die Weibchen wenden die im Nest liegenden Eier regelmäßig und instinktiv.

Die Methode, die Eier grundsätzlich zu entnehmen, um erst das komplette Gelege bebrüten zu lassen, ist allerdings alles andere als naturgemäß. Es zahlt sich selten aus, der Natur ins Handwerk zu pfuschen. Die kleinen Nestlinge werden in ihren ersten Lebenstagen fast ausschließlich mit einem körpereigenen Sekret der Mutter ernährt, dem zunehmend von den Alten aufgenommene und vorverdaute Stoffe zugesetzt werden. Dabei differenziert die Vogelmutter bei einer noch so großen Brut zwischen den Nesthäkchen, die nur Vormagenmilch bekommen, und den ältesten Jungen, denen nur noch leicht eingespeichelte,

vom Altvogel aufgenommene Nahrung zugewürgt wird. Wie das Tier in der nahezu dunklen Nisthöhle angesichts des Gewusels durcheinanderpurzelnder Jungen das fertigbringt, ist ein kleines Wunder für sich. Wir müssen bedenken, daß bei nur 4 Jungen das älteste bereits 7 Tage älter ist als das jüngste, gerade geschlüpfte. Bei diesem Altersunterschied ist der Fuß des Ältesten gerade so groß wie das Jüngste selbst. Noch viel grotesker ist das Verhältnis bei einer Nachkommenschaft von 6–8 Jungen, eine Zahl, die bei Wellensittichen durchaus vorkommt. Sämtliche Jungen liegen mit den Köpfen nach innen neben- und übereinander in der Nestmulde, die Jüngsten zuunterst, und die Mutter sitzt hudernd mit ausgebreiteten Flügeln über der ganzen Gesellschaft. Bei sehr starken Bruten mit 8 Jungen oder gar mehr kann es gelegentlich vorkommen, daß das Kleinste erdrückt wird, doch ist dies verhältnismäßig selten. Zum Füttern nimmt sich das Weibchen jedes Junge einzeln vor, dreht es auf den Rücken, erfaßt seinen Schnabel und gibt ihm genau den Futterbrei, der ihm altersmäßig zukommt. Zuvor hat es sich den Kropf vom Männchen prall füllen lassen. Die ältesten Jungen kommen zuerst an die Reihe, die Jüngsten zuletzt, wenn der Kropf bereits leer ist und durch heftiges Würgen nur noch die Vormagenmilch hervorgebracht wird – eine immense Anstrengung für so ein kleines Tier. Sind nun durch künstlichen Eingriff des Züchters alle Jungen etwa gleichen Alters, so muß das Weibchen sie zunächst sämtlich durch ihre Körpersäfte ernähren, die oft nicht ausreichen oder in der Qualität leiden. Für ältere Jungen gleichen Alters wiederum, die bereits voluminösere Kost benötigen, reicht dann eine Kropffüllung unter Umständen nicht einmal für eine Fütterung, was für beide Altvögel einen weiteren Streß bedeutet. Zwar sind eifrige

Bild 14: Wellensittichentwicklung vom Ei bis zum Jungvogel.
Oben links: Wellensittich-Gelege, oben rechts: Wellensittich-Junge 1 bis 3 Tage alt, unten links: Wellensittich-Junge, 8, 10, 12 und 14 Tage alt, unten rechts: Wellensittich-Junge, 4 Wochen alt

Väter im allgemeinen bereit, die Jungen schon in frühem Alter tüchtig mitzufüttern, wozu sie mit in den Kasten schlüpfen, aber nicht jedes Weibchen duldet sie anfänglich dort. Viele Weibchen bestehen darauf, daß zunächst sämtliches Futter über beide Kröpfe geht. Sie lassen sich nur am Kastenloch füttern, und geht ihnen das nicht schnell genug, so kommen sie heraus und prügeln ihren Ehemann. Beeilt er sich noch immer nicht, sie wieder vollzustopfen, so füllen sie sich erneut den Kropf, brauchen dann aber längere Zeit, um das Futter vorzuverdauen.

Liegt kein Eierfressen vor und sind die Bruten nicht zu groß, sollte man deshalb in den natürlichen Brutablauf besser nicht eingreifen. Später kann man zu stark bevölkerte Nester durch Umlegen einiger Jungen in schwächer besetzte Nester entlasten. Wellensittiche tolerieren das ohne weiteres, wenn der Altersunterschied von Nest zu Nest nicht zu groß ist. Die Buchführung über die Abstammung bleibt exakt, sofern man nur solche Jungen umlegt, die schon beringt sind.

Leider gibt es nicht selten auch ganz unbefruchtete Gelege. Hier ist es besser, diesen Versagerpaaren nicht gleich die Eier fortzunehmen, um sie zur baldigen Zeitigung eines Neugeleges zu veranlassen, sondern sie zunächst normal weiterbrüten zu lassen und ihnen später einige fremde Junge zur Aufzucht unterzuschieben. So bleibt das Paar im natürlichen Rhythmus, und die Aussicht auf ein späteres befruchtetes Gelege ist größer.

Schon 1–2 Tage vor Ablage des 1. Eies setzt ein Weibchen voluminöseren Kot ab – ein Zeichen für die unmittelbar bevorstehende Eiablage. Das bleibt während der ganzen Brutzeit so. Das Weibchen muß dadurch nicht so oft das Nest verlassen. Da die großen Kotballen stets an der gleichen Stelle abgesetzt werden, lassen sie sich dort leicht forträumen.

Wellensittich-Eier sehen zu Anfang kalkweiß aus und schimmern, gegen das Licht gehalten, rosig. Etwa ab dem 8. Bebrütungstag nehmen befruchtete Eier einen schwach bläulichen Schimmer an und dunkeln etwas. Ein geübtes Auge sieht das sofort. Für weniger Geübte kann eine Briefmarken- oder Fotolampe zum Eierdurchleuchten sehr zweckmäßig sein. Hält man die Eier davor, sind die dunklen, befruchteten Eier auf Anhieb von den hellen, schieren zu unterscheiden. Im Gegenlicht schimmert das befruchtete Ei anfänglich rot (infolge des durchscheinenden Blutes), später wird es durch den wachsenden Embryo bis auf eine kleine Luftblase am stumpfen Ende ganz dunkel. Stirbt der Embryo ab, so wird auch die äußere Eischale auffallend dunkel bis scheckig, bzw. sie schimmert, weil der Embryo zusammengesunken ist, halb dunkel, halb hell. Solche Eier sind wie Stehaufmännchen, wenn sie hin und her gerollt werden. Wir sollten sie sofort entfernen; es besteht die Gefahr, daß sie platzen (infolge Gasbildung), wodurch Fäulniserreger frei werden, die die übrige Brut gefährden können.

Unbefruchtete Eier bleiben klar, daher der Ausdruck ,,klare Eier". Bei ihnen ist die Gefahr, daß sie platzen, nicht so groß; sie trocknen eher ein. Unbefruchtete Eier sollten wir besonders dann nicht sofort entfernen, wenn nur wenige schlüpfende Junge zu erwarten sind. Sie sind anfänglich den sehr winzigen, hilflosen Wellensittich-Babys eine Stütze und halten die Mutter davon ab, die Kleinen beim Hudern plattzudrücken. Diese Gefahr ist bei nur einem oder zwei Jungen größer als in großen Nestern, besonders bei schweren englischen Weibchen. Werden keine inneren Organe verletzt, so bleiben solche Jungen am Leben und scheinen sich zunächst normal zu entwickeln. Spätestens wenn sie 14 Tage alt sind, sieht jedoch der Züchter, daß die betroffenen Jungen eigenartig platt mit gegrätschten Beinen im Kasten liegen. Bei näherer Untersuchung stellt man oft eine Krümmung des Rückgrates fest. In diesem Falle muß man die Jungen schmerzlos töten, weil sie sich zu bewegungsunfähigen Krüppeln entwickeln würden. In der Züchtersprache werden diese bedauerlichen Geschöpfe ,,Frösche" genannt, wobei noch nicht ganz sicher ist, ob sie wirklich nur durch äußeren Druck auf das noch weiche Knochengerüst entstehen. Vereinzelt findet man ,,Frösche" nämlich auch in normal großen Bruten. So liegt die Vermutung nahe, ,,Frösche" könnten auch eine Degenerationserscheinung sein, bzw. durch das Streben englischer Züchter nach Übergrößen entstehen – dann nämlich, wenn die Stärke des Knochenbaues nicht mehr mit dem angezüchteten Riesenwachstum Schritt hält.

Es kommt auch vor, daß Eier unabsichtlich durch die Altvögel beschädigt werden. Erkennt man kleine Risse oder Dellen ohne Schädigung der inneren Eihaut rechtzeitig, so lassen sich die Schäden nicht selten erfolgreich mit einem kleinen Stück Plastikfolie verkleben. Die Jungen schlüpfen später normal. Tritt jedoch Feuchtigkeit aus dem Ei oder vergrößert sich die Luftblase anomal, so ist das Ei verloren und trocknet rasch ein.

Schäden am Augenlid oder Schnabelmißbildung können ebenfalls im Nestlingsalter durch äußere Einwirkung der Altvögel entstehen – die ersteren durch die Krallen, die Schnabelmißbildungen beim Füttern. Auf Augenschäden hat man leider keinen Einfluß; glücklicherweise sind sie selten. Verbildungen des Schnabels lassen sich vermeiden, wenn man regelmäßig die kleinen Schnäbel kontrolliert, sie von Verschmierungen von Keim- oder Weichfutter reinigt, ehe das Futter verkrustet und dadurch das normale Schnabelwachstum hemmt. Besonders Keimweizen verkrustet sehr rasch. Ein normaler Sittichschnabel zeigt einen über den Unterschnabel wachsenden Oberschnabel. Beim verbildeten Schnabel sitzt der Oberschnabel sozusagen im (vorstehenden) Unterschnabel. Solche Vögel können später schlecht ihre Jungen füttern; auf Ausstellungen werden sie von vornherein disqualifiziert. Nicht gesichert ist bisher die Annahme, dieser Fehler sei auch erblich bedingt. Tritt in unseren Zuchten so ein Tierchen auf, so sollten wir keinesfalls damit weiterzüchten. Wir können es aber an einen Privatliebhaber verschenken, denn es kann ein durchaus normales Leben führen.

Das Absterben der Embryonen kann viele Gründe haben. Zweifellos spielt die Luftfeuchtigkeit im Brutraum eine wichtige Rolle. Sie sollte nicht unter 60% liegen; ein Hygrometer (Feuchtigkeitsmesser) ist eine einmalige, nicht zu teure Anschaffung. Zu trockene Luft führt zur Zusammenziehung der inneren Eihaut, die sich so fest um den Embryo legen kann, daß er beim Schlupf unfähig ist, sich daraus zu befreien. Ein Vogelbaby im Ei muß beim Schlüpfen seine erste entscheidende Leistung erbringen. Es führt drehende Bewegungen aus und sägt dadurch mit seinem am Schnabel haftenden Eizahn (den es bald nach dem Schlupf verliert) das Ei kreisförmig im oberen Drittel auf. Dann stemmt es durch kräftige Schulterbewegungen den losgelösten Teil ab, tut seine ersten Atemzüge und ruht von der Anstrengung aus. Währenddessen trocknen auch seine Hinterpartien, die noch im Ei ruhen, und es löst sich schließlich allein aus der unteren Hälfte der Eischale. Dann erst greift normalerweise die Mutter ein, indem sie die leeren Eihälften aus der Nestmulde entfernt oder überhaupt aus dem Kasten trägt. Viele behäbiger gewordene Schau-Wellensittichweibchen machen das leider nicht mehr, wodurch sich leicht leere Eischalen über noch nicht geschlüpfte Eier stülpen und solche dadurch am Schlüpfen hindern können. Schon deshalb sind in solchen Fällen tägliche Nestkontrollen unerläßlich!

Mancher Embryo kommt aus reiner Lebensschwäche nicht aus dem Ei oder stirbt bereits vorher ab. Zu junge, zu alte, nicht gesunde oder zu sehr ausgenutzte Zuchtvögel (mehr als allerhöchstens 3 Bruten im Jahr) haben nachweisbar schlechte Befruchtungs- und Schlupfergebnisse. Der Muttervogel kann eben dem Ei nur das an Nährstoffen geben, was er selbst an Kraftreserven zur Verfügung hat.

Die englische Rasse modernen Typs könnte auf die Dauer schon dadurch beim Schlupf gefährdet sein, daß immer stärkere Köpfe herausgezüchtet werden. Der Kopf ist bei jedem Embryo ohnedies der größte Körperteil. Ein angeboren übergroßer Kopf kann den Wellensittich-Embryo erheblich bei der zum Schlupf nötigen Bewegungsfreiheit hindern und so zu seinem vorzeitigen Erstickungstod schon im Ei beitragen. Unbestreitbare Tatsache ist eine vermehrte Embryonensterblichkeit in hoch durchgezüchteten englischen Stämmen.

Ist das Wellensittich-Baby im Ei gesund und munter, so hört man schon am 17. Bebrütungstag seine Stimme durch die Eischale dringen. Es ist ein kontinuierliches, langgezogenes Piepsen, das nach dem Schlupf auch durch die Kastenwände dringt. Das Piepsen ist auch für die Mutter das Signal, den Kropf des kleinen erstmals zu füllen – der Züchter erkennt das äußerlich durch eine leichte, gelbliche Verdickung am Hals. Er kann dann beruhigt den weiteren Verlauf der Brut abwarten. Manche jungen Weibchen haben zunächst keine Vormagenmilch oder füttern ihre erstgeschlüpften Jungen nicht. Solche Jungen piepsen stundenlang weiter; ihr Kropf bleibt leer. Können sie nicht binnen 12 Stunden einem bereits bewährten Weibchen untergeschoben werden, so sterben sie, denn länger reicht die Wegzehrung nicht, die sie aus dem Dottersack mitbekommen haben. Der Dottersack wird erst in den letzten Stunden vor dem Schlupf in den Körper eingesogen, so daß jeder Jungvogel eine Zeitlang davon leben kann, ehe er gefüttert wird. Junge Kanarienvögel können notfalls 3 Tage vom Dottersack leben, bei Wellensittichen mit ihrem raschen Stoffwechsel ist diese Zeit viel kürzer bemessen.

Die meisten jungen Weibchen, die nicht gleich füttern, tun dies ohne weiteres und fortan pannenlos, wenn man ihnen zunächst 1–2 ältere (4–6 Tage alte) Junge gibt. Diese Tiere betteln schon kräftiger und wirken als stärkere Auslöser des mütterlichen Fütterungsverhaltens. Zudem können sie bereits ein wenig vorverdautes Futter neben der Vormagenmilch vertragen. Die betreffenden Jungweibchen werden später schlüpfende Junge ohne weiteres sofort füttern und fortan normal funktionieren.

Die große Mehrzahl aller Wellensittiche – auch die hochgezüchteten Rassevögel – sind sehr gute Eltern. Viele Hähne versuchen von Beginn an, die Kleinen mitzufüttern, ja sie versuchen sogar zuvor schon mitzubrüten, sofern sie geduldet werden. Nicht jedes Weibchen erlaubt dem Hahn, den Nistkasten zu betreten, andere wieder lieben das und rücken beiseite. Beides hat Vor- und Nachteile. Eier und kleine Junge können leichter Schaden nehmen, wenn beide Altvögel dauernd im Kasten sind; anderseits werden die jungen Wellensittiche

dann noch besser und schneller versorgt. Der frisch geschlüpfte Wellensittich ist zunächst fast nackt und blind. Seine Augen sind nur als dunkle Flecken zu beiden Seiten des Kopfes zu erkennen. Bei rotäugigen und bei zimtfarbenen Wellensittichen sind die Augenflecke heller bis rötlich. Daran kann man sie gleich nach dem Schlupf erkennen. Der Rumpf ist nur mit winzigen, schütter stehenden Flaumfedern bedeckt, die aber rasch wachsen, so daß im Alter von 8 Tagen ein Großteil des Körpers bereits mit einem flaumigen Daunenkleid überzogen ist. Bei normalfarbenen Sittichen ist das Daunenkleid mausgrau, bei allen helleren – angefangen von Opalinvögeln – dagegen weiß. So kann man bei farblich gemischten Verpaarungen schon am Daunenkleid in groben Zügen erkennen, was im Nest liegt. Zur gleichen Zeit zeigen sich, winzigen Kämmen gleich, die Kiele des Großgefieders an den Flügeln und an der Schwanzwurzel – je nach Farbschlag dunkel, hell oder gemischt. Junge Schecken z. B. lassen schon in diesem frühen Alter erkennen, welche Schwingen und Schwanzfedern dunkel bleiben und welche aufgehellt sein werden.

Erst nach zwei Wochen etwa brechen allmählich die farbigen Deckfedern von unten her durch das nunmehr ziemlich dichte Daunenkleid. Bis dahin gleichen die kleinen Sittiche mehr jungen Greifvögeln als Papageien.

Im Alter von 3 Wochen nach dem Schlupf sehen die Nestlinge Wellensittichen schon bedeutend ähnlicher. Nun brechen auch die Schwingen und Schwanzfedern aus den Kielen hervor, und der stachelige Habitus der sprießenden Kiele gleicht immer mehr dem bekannten leuchtenden und glatten Gefieder eines Wellensittichs.

Zwischen der 4. und der 5. Woche kommt dann der große Tag des Ausfliegens. Er kündigt sich an: Durch die Nistkastenwände hindurch hört der Züchter ein Geräusch wie das Brausen von kleinen Propellern – die Flügelübungen der Jungen, die der Züchter daher ,,propellern'' nennt. Diese Übungen dienen der Stärkung der Muskulatur; die jungen Wellensittiche führen sie im dunklen, engen Kasten instinktiv aus, ohne daß die Altvögel ihnen diese Bewegungen je vorgeführt hätten. Bis ungefähr zum 30. Tage haben sich die altersbedingten Entwicklungsunterschiede der ersten 3–4 Jungen merkwürdigerweise fast ausgeglichen. Bei größeren Bruten allerdings sind die Jüngsten noch nicht soweit, wenn die Ältesten den Kasten verlassen. Meist ist es auch der älteste Vogel, der die ersten Flugversuche unternimmt. Er sitzt gewöhnlich längere Zeit auf der inneren Anflugstange des Kastenloches und blickt heraus, bis er nach mehreren Ansätzen endlich wagt abzufliegen. Die nächsten Tiere folgen dann rascher. In der Voliere kehren sie kaum jemals in die alte Kinderstube zurück. Zunächst landen die Jungen meist auf dem Boden, weil sie zwar gleich fliegen können, wenn sie kräftig und gesund sind, das Landen aber erst durch Übung lernen müssen. Binnen weniger Tage bewegen sie sich jedoch genauso geschickt in einer noch so großen Voliere wie die Altvögel. Sie beginnen draußen auch sofort nach umherliegenden Körnern zu picken, wenn sie auch durch den Vater für weitere 8 bis 14 Tage zuerst regelmäßig, dann immer spärlicher zusätzlich mit Futter versorgt werden. Er ist es auch, der sie jetzt zu den Futternäpfen oder Automaten lockt.

Das Weibchen dagegen kümmert sich kaum noch um die Jungen, wenn sie einmal das Nest verlassen haben. Es zeitigt bereits wieder ein neues Gelege. Fast immer liegen schon die ersten Eier im Nest, ehe die letzten Jungen der vorhergegangenen Brut den Kasten verlassen haben. Das kann zu Störungen führen, es läßt sich jedoch kaum ändern. Rabiate Weibchen werfen die Nesthäkchen einfach hinaus, was nicht immer ohne Verletzungen abgeht, wenn die Jungvögel sich sträuben. Tolerante Weibchen dulden die letzten Jungen, die aber dafür bei ihren obligaten Flugübungen nicht selten die ersten Eier der nächsten Brut beschädigen. Dies ist einer der Nachteile der Zucht in Volieren, die der Züchter kaum verhindern kann. Durch die oft größere Gesamtproduktivität der Koloniebrut in Volieren wird dieser Nachteil jedoch weitgehend ausgeglichen.

Nur wenige Wellensittiche räumen den Kot ihrer Jungen aus dem Nistkasten. Das schadet nichts, denn bei gesunden Bruten verhärtet sich der Kot in kurzer Zeit zu trockenen, geruchlosen Bällchen, die sogar Abwehrstoffe gegen Bakterien enthalten sollen und deshalb nicht entfernt werden. Allerdings gibt es sogenannte Naßfütterer, deren Junge mehr breiigen Kot ausscheiden, ohne direkt krank zu sein. Der Züchter sollte die Nestmulden von Naßfütterern öfter reinigen und häufig frisches Sägemehl einstreuen; ebenso sind Schnäbel und Füßchen der Jungen häufig zu reinigen. Keinen Zweck dagegen hat die Entziehung von Grün- und Weichfutter, denn die „Naßfütterer" nehmen dann um so mehr Wasser auf, um die Nahrung für die Jungen möglichst flüssig zu halten. Wir geben solchen Paaren jedoch keinesfalls Milch als Getränk, die, zu reichlich aufgenommen, zu Durchfall bei den Jung- und Alttieren führt, und rationieren das Wasser vorsichtig.

Frisch gelegte Eier, die durch den Kot der Jungen der vorangegangenen Brut verunreinigt wurden (mehr noch die verunreinigten letzten Eier einer großen Brut), müssen vorsichtig mit den Fingerspitzen in lauwarmem Wasser abgewaschen werden. Das muß man unter Umständen sogar öfter tun, wenn die Jungen noch schlüpfen sollen. Durch die Kotschicht nämlich werden die Poren in der Eischale verstopft, durch die dem Embryo der nötige Sauerstoff zugeführt wird. So besteht bei stark verkrusteten Eiern stets die Gefahr, daß der Embryo erstickt oder bei einem frischen Ei gar nicht erst zur Entwicklung kommt.

Es ist übrigens vorteilhaft, Wellensittich-Eier 1–2 Tage vor dem Schlupftermin kurze Zeit in lauwarmem Wasser zu schwemmen, um mit der durch die Poren dringenden Feuchtigkeit die etwas zu trocken gewordene Eihaut aufzuweichen und so den Schlupf zu erleichtern. Man braucht dabei keine Angst zu haben, daß die Embryonen ertrinken könnten – hochbebrütete Eier schwimmen ohnehin an der Wasseroberfläche und bleiben daher teilweise der Luft ausgesetzt. Freilich darf das Wasser weder zu kalt noch zu heiß sein, und die ganze Prozedur sollte nicht länger als 1–2 Minuten dauern.

Alles in allem nimmt eine Wellensittichbrut etwa 2 Monate in Anspruch. Bei Volierenzucht können die Jungen der ersten Brut ruhig in der Brutvoliere bleiben, bis die Jungen der zweiten Brut selbständig geworden sind. Voraussetzung ist natürlich, daß die Voliere geräumig genug und nicht zu stark besetzt ist. Zum Verkauf bestimmte nestjunge Wellensittiche können im Alter von 6 Wochen bedenkenlos der Voliere entnommen werden. Mit etwas Geschick und Übung lassen sich dabei große Störungen vermeiden. Die noch immer etwas unbeholfenen Jungen sind leicht mit der Hand, notfalls mit einem geeigneten Catcher herauszufangen. Der Catcher sollte aus einem festen, mit Stoff umwickelten Drahtrahmen bestehen, der mit einem nicht zu flachen Sack aus festem Netzwerk bespannt ist. Undurchsichtiger Stoff als Bespannung ist ungeeignet: Allzu leicht übersieht man Vögel, die sich bereits im Catcher gefangen haben, und benützt den Catcher weiter. So sind schon böse Unfälle passiert. Der am Catcher befestigte Stock sollte federnd und nicht zu lang sein. Die Haltegriffe an Fanggeräten dieser Art, die der Handel anbietet, sind für größere Volieren viel zu kurz. Im übrigen ist es gefahrloser, einen Vogel im Vorhalten in der Luft zu fangen, als sozusagen mit dem Catcher nach ihm zu schlagen, wenn er im Drahtgeflecht hängt. Versucht er dann im letzten Moment noch auszuweichen, können leicht Verletzungen durch Quetschen entstehen, selbst wenn der Catcherrahmen durch eine weiche Bandagierung isoliert wurde.

Läßt der Züchter drei aufeinanderfolgende Bruten zu, so sollte er die verbliebenen Jungen der ersten Brut bei Beginn der dritten herausfangen und gesondert ohne Nistkästen unterbringen. Bei optimalen Pflegebedingungen nämlich regt sich, vor allem während des Sommers, schon der Geschlechtstrieb der Jungtiere. Besonders junge Weibchen sind dann sehr gefährdet, wenn sie in bereits besetzte Nistkästen einzudringen versuchen. Brutweibchen sind da ganz humorlos und schlagen in Verteidigung ihrer Nisthöhle so gezielt und so heftig nach dem Kopf des Eindringlings, daß dessen Schädeldecke nicht selten erschreckend rasch bricht. Dabei ist ein junges Weibchen noch nicht erfahren genug, den Vorteil, daß es von oben kommt, auch auszunützen. Auch heftig

balzende ,,halbstarke'' Junghähne stören den weiteren Brutablauf der Zuchtpaare. Allerdings sind unter den Hähnen, alten wie jungen, selten ernsthafte Verletzungen zu erwarten.

Zum Glück selten sind Amok laufende Altweibchen, die einem die Volierenzucht regelrecht verleiden können. Ohne jeden erkennbaren Anlaß wandern solche Weibchen – in der eigenen Brut sind sie oft Versager – plötzlich von Kasten zu Kasten, attackieren brütende oder hudernde Weibchen durch gezielte Kopfhiebe, zerstören vorhandene Eier oder zerfleischen die Jungen. Sie können, noch ehe der Züchter dahinterkommt, viele hoffnungsvolle Bruten vernichten. Dann schlüpfen sie wieder in ihren eigenen Nistkasten, wodurch der Züchter den wahren Übeltäter mitunter erst nach längerer Beobachtung erkennt. Ist der Züchter längere Zeit abwesend, wird der Schaden noch größer. Solche Weibchen müssen natürlich schnellstens aus der Voliere entfernt werden und sollten nicht mehr zur Zucht Verwendung finden. Leider sind die Wellensittich-Hähne bei derlei Fehden ohne allen Nutzen, denn sie verteidigen weder Revier noch Familie.

Ist auch die dritte Brut ausgeflogen, wird es höchste Zeit, den Zuchtbetrieb für den Rest des Jahres einzustellen. Die Zuchtvögel waren dann ein halbes Jahr im ununterbrochenen Brutbetrieb. Das hört sich leider leichter an, als es ist, denn nicht alle Paare haben gleichzeitig mit dem Brüten angefangen, und innerhalb der 6 Monate haben sich die Zeiten weiter verschoben. So können einzelne Paare ihre 3. Brut schon abgeschlossen haben, während Nachzügler gerade erst zum 3. Mal gelegt haben. Abhilfe schafft in dieser Situation nur systematisches und unter Umständen rigoroses Vorgehen. Gesunde Wellensittiche wollen einfach mit dem Brüten nicht aufhören. Die biologische Steuerung – in der australischen Steppe der Nahrungsmangel – fehlt unter der Obhut des Menschen. So bleibt nichts übrig, als Paar für Paar herauszufangen, sobald die Jungen der 3. Brut selbständig sind, auch wenn dann mit einiger Sicherheit schon ein 4. Gelege vorhanden ist. Dieses 4. Gelege müssen wir entweder vernichten, oder wir können – von besonders wertvollen Paaren – einige Eier Nachzüglern unterlegen. Die abgebrüteten Paare bringen wir, nach Möglichkeit getrennt nach Geschlechtern, in separaten Volieren ohne Nistkästen unter. Wir können sie auch in die ohne Kästen ausgestatteten Volieren der heranwachsenden Jungvögel einfliegen lassen. Wohl werden manche Weibchen dort noch 1–2 Eier fallen lassen, was ihnen jedoch kaum schadet. Fehlt es an Raum, so kann man die Geschlechter auch beieinanderlassen, sofern man rigoros die Nistkästen außer Sichtweite bringt. Viele Züchter halten diese Methode für natürlicher und besser. Treibendes Futter wird schlagartig weggelassen, wodurch eine schnelle Vollmauser eingeleitet wird. Die Nasenhäute werden bei beiden Geschlechtern blasser – ein Zeichen, daß sich die Keimdrüsen rückbilden –, und es tritt rasch allgemeine Ruhe ein. Allerdings sollte man dafür sorgen, daß beide Geschlechter möglichst in der gleichen Zahl pro Voliere vorhanden sind. Die Zuchtvolieren und aller Zubehör werden gründlich gereinigt, nach Möglichkeit desinfiziert, von möglichem Ungezieferbefall (Milben) durch geeignete Sprühmittel befreit. Dann können sie, bei ganzjährigem Zuchtbetrieb, neu besetzt werden. Hat die Voliere Naturboden, so wird jetzt der Boden umgegraben und zur Hälfte mit einem neuen Sandbelag versehen.

Die Zucht in Einzelkäfigen

Obwohl die Zucht in Einzelkäfigen mehr Arbeit mit sich bringt, wird sie heute selbst in großen Zuchten vorgezogen. Sie ermöglicht einen wesentlich intensiveren Betrieb und bessere Kontrollen. Über Ausmaße und Ausrüstung haben wir schon gesprochen. Voraussetzung ist, daß die in Käfige eingesetzten Zuchtvögel zuvor in geräumigen Volieren genügend Bewegungsfreiheit hatten und daß sie mindestens 14 Tage nach Geschlechtern getrennt waren. Beides fördert raschen Brutbeginn. Wellensittiche in voller Brutkondition paaren sich nicht selten sofort, nachdem man sie in die Zuchtkäfige einsetzt, und von ihnen ist schon innerhalb von 8 Tagen das erste Ei zu er-

warten. Jungweibchen brauchen etwa 14 Tage dazu, und nach 3 Wochen sollten die meisten Paare gelegt haben. Dauert es länger, so mag eine Störung vorliegen – sei es Abneigung der einander zugedachten Partner, seien es körperliche Unpäßlichkeiten. Eine regelmäßige Beobachtung ist hier angebracht. Haben Paare nach 6 Wochen noch nicht gelegt, so ist ein Partnerwechsel geboten, oder man setzt die Versager noch einmal in Volieren, bis sie eine bessere Brutkondition erreicht haben. Vorübergehende Trennung, Licht, Luft und Sonne können dabei Wunder wirken, allerdings keine organischen Schäden beheben.

Der normale Brutablauf in Einzelkäfigen entspricht dem der Koloniebruten in Volieren, wobei es um so besser ist, wenn benachbarte Paare sich sehen können. Die Paare in einer Brutkäfigbatterie regen sich akustisch ohnedies wechselseitig an. Die Wellensittichsprache ist ja laut genug. Im Gegensatz zur Koloniebrut jedoch können wir bei Käfigbruten von vornherein alle gegenseitigen Störungen ausschalten. Die Fütterung kann von Paar zu Paar individuell abgestimmt werden, und es bleibt für den Gesamtbetrieb unwesentlich, wann die einzelnen Paare beginnen. Vor allem aber ist ein garantierter Abstammungsnachweis gegeben, denn wenn Wellensittiche allgemein auch einehig sind, so ist doch in der Voliere Partnerwechsel nicht gar so selten, wobei sich vor allem die Männchen bereits brütender Weibchen hin und wieder einen Fehltritt leisten.

Leider scheinen die Wellensittiche gerade bei der Partnerwahl oft ganz andere Vorstellungen zu haben als der Züchter. Auch in Einzelboxen kann es passieren, daß sich zwei benachbarte Paare unbedingt über Kreuz paaren wollen. Die Verliebten, die zueinander wollen, hängen dauernd am Gitter, schnäbeln und füttern sich durch die Stäbe, während die ihnen zugesellten Partner nur Prügel beziehen oder mit Mißachtung gestraft werden. Hier hilft nur das Trennen aus Sichtweite und Auswechseln mit einem Paar, das sich schon einig ist. Ein solches Beispiel wirkt so anregend, daß aus der anfänglichen Abneigung bald Zuneigung wird. Zugleich ist dies ein gutes Mittel, Paare, die sich zwar verstehen, aber mit dem Brutbeginn zögern, auf die Brut einzustimmen. Zuweilen allerdings entwickeln die einander zugedachten Partner eine so extreme Abneigung, daß sie einfach nicht brüten oder daß das Weibchen zwar legt und brütet, ihren Hahn aber als fremden Eindringling mißachtet, ja verfolgt und im Extremfall tötet. Dies gilt auch für solche Weibchen, die anfänglich tagelang Annäherungsversuche von sich aus gemacht haben, aber auf keine Gegenliebe gestoßen sind. Über die Vor- und Nachteile von außen oder innen angebrachten Nistkästen haben wir schon gesprochen (Seite 21). Außenkästen sind leichter zu kontrollieren, und die Vögel nehmen außen und innen angebrachte Kästen gleich gut an. An Außenkästen kann man auch einfache Kontrollkarten anbringen mit Rubriken für die Daten der Eiablage, des Brutbeginns, der geschlüpften Jungen, der Ringnummern der Zuchtpaare und der später beringten Jungvögel. Wer dafür größere Karteikarten nimmt, die auch Platz für Hinweise zur Abstammung der Zuchtpaare, über Eigenarten, Farbe und Aussehen der Jungvögel haben, kann diese Karten später in Karteikästen ablegen und erspart sich eine weitere Buchführung. An Innenkästen würden solche Karten leicht durch Benagen und Verschmutzen unbrauchbar gemacht.

Ganz intensive Züchter versehen sogar die Eier nach der Ablage mit fortlaufenden Nummern, wozu sich ein weicher Filzstift gut eignet. Dabei läßt sich genau kontrollieren, welche klar und welche befruchtet sind. Außerdem läßt sich in diesem Falle der Schlupf eines jeden Eies genau vorausberechnen. Manche kennzeichnen auch die nackten Nestlinge vorsichtig mit einem Filzstift auf dem Rücken, wodurch man sie noch vor der Beringung umlegen kann, ohne Gefahr zu laufen, die ganze Ahnenreihe zu verwechseln.

Nestlinge aus Käfigzucht verlassen die Kästen in der Regel etwas früher als in der Voliere. Das schadet nicht, weil sie weniger Gefahr laufen, irgendwie zu verunglücken. Mitunter drücken sie sich in den ersten Tagen in die Käfigecken und schlafen dort aneinandergeschmiegt, so wie sie es im Nistkasten gewohnt waren. Dabei liegen sie oft wie tot auf der Seite, was manchen Anfänger schon erschreckte. Junge Wellensittiche schlafen bis zu ihrer 8. Lebenswoche überhaupt sehr viel auch am Tage. Tun sie es auf der Stange, so sitzen sie gern auf beiden Beinchen, was ein alter Wellensittich nur tut, wenn er sich nicht wohl fühlt.

Das frühe Ausfliegen der Jungen hat den Vorteil, daß der Kasten für das nachfolgende Gelege rascher geräumt wird. Nachteilig dabei ist wiederum die Neigung mancher Jungen, besonders der Weibchen, noch tagelang zur Mutter ins Nest zurückzuschlüpfen, wenn sie müde sind. Einige Wellensittich-Mütter dulden dies, andere wiederum attackieren solche Jungen heftig und können sie verletzen. Man kann die Jungen aus Käfigzuchten meist nur 8 Tage bei den Alten lassen, wenn noch eine weitere Brut stattfinden soll. Sie stören nämlich die Alten bei der Balz, mehr noch beim Tretakt, und können so die Befruchtung verhindern. In diesem Stadium werden sie außerdem oft von beiden Altvögeln so heftig angegriffen, daß man sie schleunigst entfernen muß. Manches Weibchen verfolgt seine Kinder sogar sofort nach dem Ausfliegen und hackt gefährlich gezielt nach ihrem Kopf. Man muß sie dann trennen, noch ehe sie richtig selbständig geworden sind. Dies ist ein Nachteil der Käfigzucht. Junge Wellensittiche begreifen das Selbstfressen aber rascher als viele andere Jungvögel, auch wenn sie zwischendurch noch kläglich betteln.

Nestjunge aus Käfigen können nicht gleich in Volieren untergebracht werden. Dazu sind sie noch zu unerfahren und zu unbeholfen. Am besten bringen wir sie in dieser ersten Zeit in Übergangskäfigen unter, die etwa in Augenhöhe angebracht werden. Das können leere Zuchtabteile oder ausrangierte Flugbauer sein. Wichtig ist, daß die Tiere Futter und Wasser leicht darin finden, daß genügend Sitzstangen vorhanden sind und daß auch ein wenig Flugraum vorgesehen wird. Der Kontakt zum Pfleger soll gewahrt bleiben, damit die Vögel vertraut bleiben und jederzeit gut beobachtet werden können.

Für den Züchter von Konsumvögeln spielt der Absatz nestjunger Wellensittiche zum Zähmen die bedeutendste Rolle, und in solchen Übergangskäfigen können sich die Kunden in Ruhe Vögel aussuchen. Für den Schauzüchter ist dies die beste Zeit des Vortrainings, das der Jungvogel im prägsamen Alter nie wieder vergißt. Deshalb sollten den Trainingskäfigen auch bereits die schon erwähnten Schaukäfige mittels Klapptürchen angeschlossen werden; die Jungvögel lockt man dann öfter für kurze Zeit mit Kolbenhirse in den Schaukäfig.

Der Züchter tut gut daran, sich jeden Tag ein wenig mit den Jungvögeln zu beschäftigen, indem er freundlich mit ihnen spricht und sie vorsichtig mit Hilfe eines kleinen Stöckchens von Stange zu Stange treibt, ohne sie zu erschrecken. Ein verständnisvoll aufgezogener Jungvogel ist in diesem Alter noch so „naturzahm", daß er eher nach dem Stock beißt, als davor zu fliehen; auch das vergißt er später nicht. Der Interessent an einem zahmen Sprecher ist für einen dieser Art vorgezähmten Vogel dankbar. Auch deshalb sollten die Jungvögel aus Käfigzuchten 3–4 Wochen in solchen Trainingskäfigen verbleiben; die für den Verkauf bestimmten Vögel sollten gar nicht erst in Volieren kommen.

Hat man schon einige ältere Junge in diesen Trainingskäfigen sitzen, so hat man mit Tieren, die frühzeitig von den Eltern verstoßen wurden, gewonnenes Spiel: Die Älteren nehmen sich gleich der Jüngeren an und füttern sie sogar aus dem Kropf, wenn sie anhaltend angebettet werden. (Dafür leisten übrigens auch ausgediente alte Hähne noch sehr gute Dienste.)

Wer Zeit hat, kann mit dem Vorzähmen schon beginnen, während die Jungen noch im Kasten sind. Ab der 3. Lebenswoche holt man sie einzeln täglich heraus, setzt sie in die hohle Hand und streichelt oder krault sie mit der anderen. Die meisten Nestjungen sitzen dabei ganz ruhig, schließen sogar genüßlich die Augen oder kriechen in den Ärmel, wo sie sich gerne einkuscheln. Freilich schnappen manche jungen Weibchen bereits in diesem Alter etwas schmerzhaft nach den Fingern. Das muß man eben in Kauf nehmen.

Wichtig für die Käfigzucht ist, daß auch die Altvögel möglichst vertraut sind. In Zuchtboxen werden sie ohnehin eher zahm als in Volieren. Zuweilen hat man von Natur aus scheue oder in der Jugend verdorbene Paare. Besonders solche Weibchen beginnen laut zu zetern, sobald man sich dem Kasten nähert, und das ahmen später auch die Jungen nach. Noch in den ersten Tagen nach dem Ausfliegen zetern sie und flattern wild herum, wenn man sich dem Käfig nähert. Hier hilft nur viel Geduld und Liebe, und manche dieser Vögel werden nie richtig zahm werden. Sie werden sich später auch im Schaukäfig selten ordentlich zeigen.

Bei der Käfigzucht müssen wir grundsätzlich ein wenig mehr auf Sauberkeit achten als in der Voliere, um Krankheiten vorzubeugen und Ungeziefer zu vermeiden. Nach jeder Brut sollten die Nistkästen gesäubert werden, auch dann, wenn schon wieder Eier in der Nestmulde liegen (was fast immer der Fall sein wird). Nach vorsichtiger Entnahme der Eier – sie werden an einem bruchsicheren und warmen Ort gelagert – reinigt man Kasten und Nestmulde gründlich, gibt eine kleine Handvoll neues Sägemehl hinein und einige der alten Federn des Weibchens. Bei empfindlichen Weibchen ist es wichtig, daß sie in der Nestmulde eigene Federn finden; der Züchter kann die Federn leicht im Kasten aufsammeln. Unter diesen Voraussetzungen wird das Weibchen die Veränderung kaum übelnehmen und sogleich weiterbrüten. Einige Weibchen freilich können auch empfindlich reagieren, zum Beispiel das neue Sägemehl schnabelweise hinausbefördern und die eigenen, frisch gelegten Eier dazu, die durch eben die Veränderung zu „Fremdkörpern" geworden sind.

Die Milbenplage ist zwar bei Wellensittichen nicht ganz so gefährlich wie z. B. in der Kanarienzucht, kann aber doch zu empfindlichen Störungen Anlaß geben. Die rote Vogelmilbe ist ein winziges, mit dem Auge gerade noch wahrnehmbares Spinnentier. Sie vermehrt sich besonders stark bei heißem, trockenem Sommerwetter und findet dann leicht in jede Vogelbehausung, ohne daß sie unbedingt durch andere Vögel eingeschleppt sein müßte. Es ist daher keine Schande, zuweilen Milben zu haben; eine Schande aber ist es, nichts dagegen zu tun. Die Schädlinge verkriechen sich tagsüber in Ritzen und Spalten und fallen nachts über die Vögel her, um ihr Blut zu saugen. Bei warmem Wetter vermehren sie sich immens, doch können sie auch Kälte und Hunger wochenlang überdauern. Vollgesogene Milben sind als rote Punkte erkennbar. Die Milben können ausgewachsenen Vögeln zwar nicht gefährlich werden, sie aber doch schwächen und besonders brütende Weibchen stark irritieren. Frischgeschlüpfte Junge können durch das Blutsaugen binnen einer Nacht getötet werden, wenn sich in den Ritzen der Nistkästen oder gar zwischen Kastenboden und Nestmulde Milbennester gebildet haben. Darum muß der Züchter immer ein wachsames Auge auf Milben haben und durch regelmäßiges Besprühen der Kästen, Käfige und Geräte mit einem Milbenspray vorbeugen. Wichtig ist natürlich, daß man einen Milbenspray verwendet, der für die Vögel unschädlich ist. Im Handel sind mehrere Präparate, die nach Angaben der Hersteller die Vögel nicht beeinträchtigen und die man auch zum Einpinseln aller Ritzen verwenden kann. Vorsicht ist freilich immer am Platz; Futter- und Wassergefäße sollten mit dem Milbenbekämpfungsmittel nicht in Berührung kommen.

In letzter Zeit haben sich die sogenannten Mafustrips sehr bewährt. Das sind folienartige Streifen, die auch in Wohnungen aufgehängt werden, um dort Fliegen und Mücken zu vernichten. Sie sollen, in Vogelhäusern aufgehängt, Volieren und Käfige innerhalb weniger Tage milbenfrei machen und monatelang vorhalten. Über Nachteile für die Vögel ist bislang wenig bekanntgeworden. Natürlich darf man im gleichen Raum nicht eine Mehlwurm- oder sonstige Futterinsektenzucht unterhalten; die von den Streifen ausgehenden Gase vernichten alle Insekten und Spinnentiere. Mafustrips sollten möglichst entfernt von Nistkästen angebracht werden.

Unter Federlingen und anderen Ektoparasiten haben Wellensittiche kaum zu leiden, weil sie sich mit ihrem geschickten Schnabel dieses Ungeziefers selber erwehren können.

Hat ein Paar 2 oder 3 Bruten im Käfig absolviert, so entfernen wir Weibchen und Kasten sofort, nachdem das letzte Junge ausgeflogen ist. Der Hahn dagegen bleibt mit den Jungen im Brutkäfig, bis die Jungvögel selbständig geworden sind. Die abgebrüteten Weibchen kommen alle zusammen in einen möglichst geräumigen Flug, wo sie sich ohne Hähne einigermaßen vertragen und rasch erholen. Ebenso verfährt man mit den Hähnen, wenn die Jungen keiner väterlichen Fürsorge mehr bedürfen.

Die nicht verkauften Jungen werden, nachdem sie ihre Trainingszeit im Käfig absolviert haben, entweder auf die Ruhevoliere für alte Weibchen und Hähne verteilt, oder sie kommen in gesonderte Jungvogelvolieren. Dies ist eine reine Platzfrage, wobei wir davon ausgehen, daß neben der Zuchtbatterie-Käfiganlage 2 Volieren in dem auf Seite 25 angegebenen Größenverhältnis genügen. Ob man die ruhenden Tiere wie die Jungvögel außerhalb der Brutzeit nach Geschlechtern getrennt halten sollte, ist Ansichtssache. Die eine Schule lehrt, daß sich die Vögel besser ausruhen, wenn die Geschlechter getrennt werden (auch die Jungen sollen sich dann besser entwickeln), die andere meint, das sei wider die Natur und schon deshalb nicht erstrebenswert. Es würden, so wird argumentiert, Hähne wie Weibchen nicht so fett, wenn sie beisammen blieben; der Entwicklung der Jungen würde es nichts schaden, wenn sie sich im „Frühsex" übten – so erhielte man sogar später die besseren Zuchtvögel. Beide Methoden haben ohne Zweifel ihre Vor- und Nachteile. Auf jeden Fall aber müssen wir die Geschlechter einige Wochen vor Brutbeginn trennen, damit sich die in der Voliere eingegangenen Bindungen lösen und die fast immer notwendigen Neuverpaarungen nicht unnötig verzögert werden.

Wiederholt ist es vorgekommen, daß Wellensittiche auch ohne Nistkästen in irgendeiner Volierenecke, ja in selbstgegrabenen Erdhöhlen genistet haben. Die Tiere werden dadurch unnötig geschwächt. Der Nagetrieb der Weibchen, die unbedingt brüten wollen, kann auch zu Beschädigungen der Volieren führen, wodurch die Vögel dann entkommen. Doch das sind Ausnahmen und ich habe festgestellt, daß das Zusammenhalten der Geschlechter in geräumigen Volieren außerhalb der Brutzeit die Wellensittiche in bester Kondition hält.

Zuchtgenehmigung – Beringungszwang – Buchführung

Zur Kontrolle und Bekämpfung der Psittacose („Papageienkrankheit") sind die Zucht und die Weitergabe aller Papageienarten einschließlich der Wellensittiche genehmigungspflichtig und mit einigen behördlichen Auflagen verbunden. Wer Wellensittiche selbst im kleinsten Rahmen züchten möchte, muß zunächst einen Antrag auf *Genehmigung* beim Ordnungsamt, bei der Gesundheits- oder bei der Veterinär-Behörde (Tiergesundheitsamt) stellen. Das wird leider je nach Bundesland etwas unterschiedlich gehandhabt und ist zunächst im Rathaus oder bei der zuständigen Gemeindeverwaltung zu erfragen. Die Zuchträume werden dann von der Behörde auf ihre Eignung überprüft, wobei Wohn- und Schlafräume, Küchen und finstere Keller grundsätzlich nicht genehmigt werden. Zusätzlich muß ein betonierter Quarantäneraum verfügbar sein.

Wurden die Zuchträume für in Ordnung befunden, muß der Antragsteller in den meisten Bundesländern (nicht in allen) mit einer Einladung zur *Eignungsprüfung* durch den Amtstierarzt rechnen. Neben Unbescholtenheit werden dabei vom Antragsteller Grundkenntnisse über das Psittacose-Gesetz (dazugehöriges Amtsblatt bei der Ordnungsbehörde erhältlich) sowie allgemeine Kenntnisse zur Haltung, Pflege und Zucht erwartet, soweit man solche von einem Anfänger erwarten kann. Trotzdem ist diese Prüfung nicht schwer. Eine gewisse Artenkenntnis über andere Sittiche und Papageien wird jedoch meist auch vorausgesetzt, da die so erhaltene Genehmigung für alle Psittaciden (Papageiartigen) gilt.

Der Erwerb der Zuchtgenehmigung ist leider gebührenpflichtig, aber durchaus erschwinglich. Mit der Zuchtgenehmigung sind wir nun berechtigt **und** verpflichtet, individuell bezifferte *Ringe* zu beziehen, die wir unserer Nachzucht anlegen müssen, bevor wir sie weitergeben. Alle nicht in Verbänden organisierten Züchter beziehen ihre Ringe gegen Einsendung einer Fotokopie der Zuchtgenehmigung und Angabe der gewünschten Stückzahl beim *Zentralverband Zoologischer Fachhändler, 6200 Wiesbaden.* Hierbei handelt es sich um offene Ringe. Diese können jederzeit und in jedem Alter des Vogels mittels einer ebenfalls zu bestellenden kleinen Zange leicht angelegt werden. An welchem Bein der Sittich beringt wird, spielt dabei keine Rolle.

Die Ringe sind alle mit einem z (= Zentralverband) beschriftet, außerdem mit den Anfangsbuchstaben des Bundeslandes, in dem der Wohnsitz des Ringbeziehers liegt. Außerdem tragen sie fortlaufende, mehrstellige Nummern. Unter diesen Nummern müssen wir unseren Bestand und unsere abgegebenen Sittiche mit den vollen Adressenangaben der neuen Besitzer in einem „Amtlichen Zuchtbuch" eintragen. Diese vorgeschriebenen Zuchtbücher gibt es ebenfalls für wenig Geld beim Zentralverband. Alle Bücher müssen mindestens 5 Jahre aufbewahrt werden und sind auf Verlangen dem kontrollierenden Amtstierarzt vorzulegen. Er ist berechtigt, nicht angemeldete Kontrollbesuche bei den Züchtern zu machen und den vorhandenen Tierbestand mit den Eintragungen zu vergleichen.

An dieser Stelle sei noch erwähnt, daß die inzwischen zu „Haustieren" gewordenen Wellensittiche *nicht* der individuellen Meldepflicht bei jedem Ortswechsel usw. für geschützte Tierarten unterliegen, die seit dem 1. Juli 1987 in Kraft ist.

Die Züchterorganisationen AZ und DKB geben für den individuellen Herkunfts-, Abstammungs- und Altersnachweis *geschlossene Ringe* heraus, die neben dem Anfangsbuchstaben dieser Verbände die jeweilige Mitgliedsnummer des Züchters, eine laufende Nummer (von 001 pro Jahr angefangen) und, quergestanzt, den jeweiligen Jahrgang tragen. Eine feine Sache, zumal auch diese Ringe amtlich anerkannt und buchungsmäßig wie offene zu behandeln sind. Ein so beringter Vogel trägt zeitlebens seinen „Ausweis" am Fuß. Die Ringe bestehen aus einem Material, das bei Manipulationen zerbricht. Sie können also nicht wieder verwendet werden. Für alle Züchter,

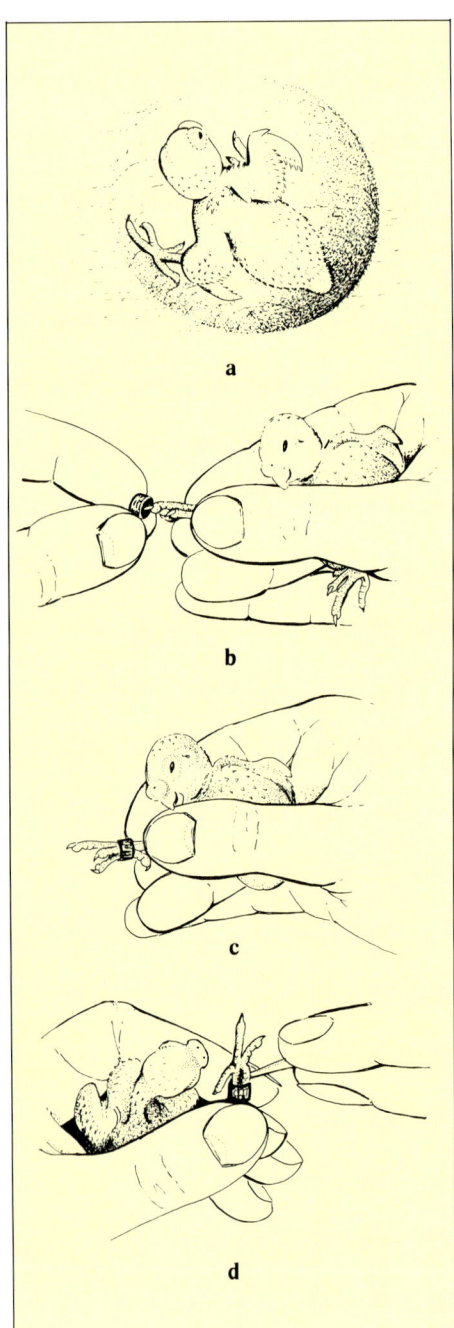

a

b

c

d

Bild 15: Fachgerechte Beringung eines Wellensittichjungvogels.
a)Unberingter, junger Wellensittich. Man sieht deutlich, daß beim Wellensittichfuß zwei Zehen nach hinten und zwei nach vorne stehen.
b)Zum Beringen nimmt man den Jungvogel am besten locker in die Hand. Dabei sollte der Vogel mit dem Rücken zur Handinnenfläche liegen. Dann drückt man mit Hilfe von Daumen, Zeige- und Mittelfinger die lange Mittelzehe mit den beiden seitlichen Zehen zusammen und
c) schiebt mit der anderen Hand den Ring über das Gelenk. Bitte überzeugen Sie sich vorher, daß die auf dem Ring eingravierte Schrift später nicht auf dem Kopf steht.
d) Nun zieht man mit Hilfe eines zugespitzten und abgeflachten Hölzchens (z. B. ein Streichholz) die kleine, verbliebene Hinterzehe vorsichtig durch den Ring. Man muß dabei sehr vorsichtig sein, damit sich der kleine Zehennagel nicht innen am Ring festhakt und verletzt wird.

die ihre Vögel ausstellen wollen, sind geschlossene Ringe zwingend vorgeschrieben. Man kann sie bei der „*Vereinigung für Artenschutz, Vogelhaltung und Vogelzucht (AZ) e. V.*" unter deren Geschäftsadresse (vor der Elm 1, 2860 Osterholz-Scharmbeck) mit Angabe der Mitgliedsnummer bestellen. Da der „*Deutsche Kanarienzüchter-Bund e. V.*" ein Verband ist, müssen DKB-Mitglieder ihre Ringe über den zuständigen Ortsverein beziehen, da es beim DKB keine Einzelmitglieder gibt. Die Adresse des nächsten Vereins ist bei der Ortsbehörde zu erfragen. Beide Organisationen bestrafen alle Ringmanipulationen mit Ausschluß, weil betrügerische Absicht unterstellt werden muß.
Einen Nachteil haben die geschlossenen Ringe: Sie können nur den kleinen Nestlingen im Alter von 6–8 Tagen angelegt werden, bevor deren Füßchen die normale Größe erreicht haben. Darum gelten sie ja auch als sicherer

Nachweis eigener Zucht. Das Bein selbst, an dem der Ring dann sitzt, hat in diesem Alter schon fast die normale Dicke erreicht. Jedenfalls bietet der Ringdurchmesser später auch dem erwachsenen Sittich soviel Spielraum, daß Verletzungen selten sind.

Der Vorgang der Beringung ist für den noch Ungeübten allerdings nicht ganz einfach. Man muß den richtigen Zeitpunkt für die Beringung erkennen lernen, da das Wachstum der Jungen je nach Abstammung und Fütterung verschieden sein kann. Hinzu kommt das unterschiedliche Alter innerhalb einer Brut, weil nur alle 2 Tage ein Jungvogel schlüpft. Man kann also selten mehr als zwei Junge pro Nest gleichzeitig beringen und muß in dieser Zeit das Nest täglich kontrollieren. Ist der Fuß noch zu klein, so rutscht der Ring wieder ab und verliert sich leicht im Nestmaterial. Ist er zu groß, so geht er nur noch mühsam oder gar nicht mehr über den Fuß. Notfalls kann man etwas Öl oder Speichel zu Hilfe nehmen, darf aber dem Jungvogel keine unnötigen Schmerzen bereiten oder gar Verletzungen zufügen. Die verschiedenen Handgriffe bei der Beringung werden in nebenstehender Zeichnung (Bild 15, a–d) ausführlich beschrieben.

Meist zappelt der Jungvogel, während der Fuß ruhig gehalten werden muß. Dadurch kann es leicht zu Beinbrüchen kommen.

Am Anfang ist es am besten, wenn ein erfahrener Vereinskollege hilft und den Vorgang demonstriert. Manche Ortsvereine bieten auch entsprechende Lehrstunden für Anfänger in ihrem Programm an.

Der geschlossene Ring ist nur für Ausstellungsvögel vorgeschrieben. Wer nicht ausstellen will, kann auch die offenen Z-Ringe verwenden, wenn er in einer Züchterorganisation Mitglied ist. Jeder Vogel sollte aber immer nur einen Ring tragen!

Geschlossen beringte Wellensittiche erzielen im allgemeinen einen höheren Preis.

Wellensittiche im Freiflug

Schon im vorigen Jahrhundert wurde versucht, Wellensittiche freifliegend in großen Privatparks zu halten. Alle Experimente endeten damit, daß die Vögel nach anfänglichen Erfolgen auf Nimmerwiedersehen verschwanden.

Erst zu Anfang der 50er Jahre dieses Jahrhunderts gelang es dem verstorbenen Herzog von Bedford, Wellensittiche frei zu halten. Seine Methode wird seither an verschiedenen anderen britischen Adelssitzen und im Tierpark Whipsnade bei London angewandt. Voraussetzungen sind neben einem größeren, einigermaßen raubzeugsicheren Park in ländlicher Gegend eine besonders konstruierte und aufgestellte Voliere. Sie muß im Park an einem gut einzusehenden und dennoch möglichst geschützten Platz stehen, am besten inmitten einer von Bäumen umgebenen größeren Rasenfläche mit einem isoliert stehenden Baum unmittelbar neben der Voliere. Der Baum muß die Voliere überragen. Man kann natürlich auch einen künstlichen Anflugbaum errichten. Eine so angeordnete Voliere gewährleistet den Wellensittichen eine gute Orientierung, denn ihr Heimfindevermögen ist begrenzt bzw. muß erst allmählich wieder erworben werden. Die Voliere selbst unterscheidet sich nur unwesentlich von den üblichen Anlagen. Sämtliche Seitenwände der Außenvoliere werden im oberen Drittel mit Brettern oder Platten verschalt. Auch dies dient der besseren Orientierung von oben her und verhindert, daß die Wellensittiche vergebens seitlich an das Drahtgeflecht anfliegen. Aus dem Dach – es besteht ebenfalls aus Drahtgeflecht – wird etwa 1 m² herausgeschnitten. Die Ränder werden verstärkt und mit einer durch Seilzug verschließbaren Klappe versehen – ähnlich wie bei Taubenschlägen. Im Inneren der Voliere wird ein trichterförmiger Drahttunnel befestigt, der sich nach unten verjüngt und sich nach oben mit der Begrenzung der Luke deckt. Der Drahttunnel endet wenige Zentimeter über einem großen, quadratischen Futtertisch, auf dem stets frisches Körnerfutter zu finden ist. Ob das Futter in größeren Näpfen auf den Tisch gestellt oder einfach auf die Tischplatte geschüttet wird, ist gleichgültig. Unter Umständen ist die Tischplatte mit höheren Randleisten zu versehen. Bei geöffneter Luke ist das Futter von oben weithin sichtbar und lockt die hungrig heimkehrenden Wellensittiche an. Sie fliegen zunächst den Baum an, von dort aus das Volierendach, und schließlich klettern sie durch den Tunnel abwärts zum Futtertisch. Damit sind sie wieder im sicheren Gewahrsam der Voliere, die abends und bei schlechtem Wetter geschlossen gehalten werden kann.

Die Freifluganlage wird im zeitigen Frühjahr mit etwa 10 robusten, in Freivolieren großgewordenen Jungpaaren besetzt. Man verwendet dazu gewöhnliche Wellensittiche, keinesfalls empfindliche Schauvögel. Die Luke bleibt geschlossen, bis alle Weibchen fest in den für sie im Schutzraum vorgesehenen Nistkästen brüten, besser noch, bis bereits die ersten Jungen geschlüpft sind. Dann wird die Luke eines Morgens vorsichtig geöffnet. Der nach innen enge Tunnel über dem Futterbrett verhindert ein plötzliches Fortstürmen der ganzen Schar durch Schreck, wie es leider Wellensittichen eigen ist. Durch die enge Öffnung begeben sich zunächst nur die wagemutigsten Hähne vorsichtig nach oben, erkunden die Umgebung und gelangen in den ersten Tagen kaum über den überragenden Baum hinaus. (Außerdem begeben sich Hähne, die ein brütendes Weibchen haben, nicht außer dessen Rufkontaktzone). Werden die Tiere mit der neuen Situation vertrauter, so wagt die Gruppe der Männchen allmählich weitere Ausflüge. Die Vögel drehen gemeinsame Runden über dem freien Platz oberhalb der Voliere und lassen sich später auch auf den benachbarten Bäumen sowie auf dem Rasen der Umgebung nieder. Vom Rasen nehmen sie allerlei Grünzeug und anderes verlockendes Naturfutter auf, um alsbald mit gefüllten Kröpfen zu den brütenden und hudernden Weibchen zurückzukehren. In dieser Zeit sind bei einer solchen Anlage kaum Verluste zu befürchten. Greifvögel und streunende Katzen müssen der Anlage nach Möglichkeit ferngehalten werden.

Sind die Jungen ausgeflogen, so begeben auch sie sich unter der Führung der nunmehr mit den Verhältnissen vertrauten Männchen nach draußen, als ob das für sie selbstverständlich wäre. Ebenso selbstverständlich kehrt die ganze Gesellschaft in die Voliere zurück, sobald sich der Hunger meldet – auch wenn die Ausflüge immer weiter bis auf die benachbarten Felder ausgedehnt werden. Nur im Notfall kann sich ein Wellensittich in unseren Breiten im Sommer wochenlang draußen ernähren, und ein Notfall besteht für diese Vögel, die ja von Beginn an regelmäßig zugefüttert werden, keinesfalls. Die Brutweibchen fliegen kaum einmal aus der Voliere, und wenn, dann nur für ganz kurze Ausflüge. Ihre Bindung an den Nistkasten ist stärker als die an die Außenwelt. Die Verluste an Jungvögeln sind kaum größer als sonst, und ihre Entwicklung läßt nichts zu wünschen übrig. Wer kein Risiko eingehen möchte, kann nach Abschluß der Brutsaison die Luke bis zur nächsten Brutsaison schließen und mit der Nachzucht wie üblich verfahren. In Inseraten der britischen Fachzeitschriften werden häufig „homing budgerigars", zu deutsch: „heimfindende Wellensittiche" angeboten. Angeblich sollen Wellensittiche aus zeitweise freifliegenden Stämmen sich auch an anderen Orten rasch an diese Haltungsweise gewöhnen. In manchen britischen Anlagen bleibt der Ausflug fast das ganze Jahr über geöffnet. Hier müssen größere Verluste durch Verfliegen und andere widrige Umstände in Kauf genommen werden. Dafür hat der Besitzer aber die Freude, die bunten Papageien das ganze Jahr über frei in der Umgebung beobachten zu können. Die Tiere zeigen herrliche Flugspiele von enormer Wendigkeit und Schnelligkeit, halten Sozialstunden in Büschen und Bäumen ab, ein größerer Trupp landet blitzgeschwind an einem Wasserlauf, um zu trinken und zu baden, eine andere Gruppe turnt auf hohen Grashalmen herum, um die Samen aus den Rispen zu klauben. Nicht selten brüten die Vögel schließlich auch in den Astlöchern alter Bäume – das ganze Wellensittichleben spielt sich in der freien Natur ab, und nur zur Aufnahme der geliebten Hirse versammeln sich die Vögel noch auf dem Futtertisch. An der Zufütterung ausschließlich innerhalb einer leicht schließbaren Voliere sollte auch in diesem Falle festgehalten werden. So behält man eine gewisse Kontrolle und kann die Voliere vorübergehend schließen, wenn plötzlich der Wandertrieb einsetzen sollte. Der

Wandertrieb ist bei Wellensittichen, wie wir schon gesehen haben, nicht unbedingt an die Jahreszeit gebunden. Man erkennt ihn an größerer Unruhe mit immer weiteren und vor allem höheren Gesellschaftsflügen unter lauten Rufen. Diese Erscheinung tritt nur auf, wenn sich kaum noch Eier oder Junge in den Nistkästen befinden. Wird der rechte Zeitpunkt verpaßt, so kann es vorkommen, daß der ganze Schwarm irgendwohin verstreicht, um nicht wiederzukehren. Bei diesen halbfrei lebenden Wellensittichen, die regelmäßig gefüttert werden, kann der Wandertrieb ein Jahr und länger ganz ausbleiben, um dann plötzlich und unerwartet doch aufzutreten.

Hat man die in den Kästen in der Voliere erbrüteten Jungvögel beringt, so kann man wenigstens hoffen, einen Teil davon nach dem Verfliegen zurückzubekommen. Vorbeugen ist jedoch die bessere Methode.

Für den Freiflugstamm wählt man zweckmäßig nur dunkle Farbschläge, vorzugsweise grüne. Mögen helle Vögel auch in der Natur sehr hübsch aussehen, so werden sie doch viel eher Opfer von Greifvögeln und Raubzeug. Sie fallen am meisten auf und sind bei der Verfolgung die leichteste Beute. Grün erweist sich dagegen auch in der europäischen Umwelt als gute Schutzfarbe, und auch dunkelblaue Tiere sind weniger gefährdet als weiße oder gelbe Vögel.

Die Haltung freifliegender Wellensittiche wird stets nur das Hobby einiger weniger sein können. Vor improvisierten Versuchen in dichtbesiedelten Gebieten sei gewarnt: Sie werden mit Sicherheit mit einer Enttäuschung enden. Im übrigen sind Einbürgerungsversuche nichteinheimischer Tierarten in der BRD nur mit Genehmigung der höheren Naturschutzbehörde statthaft.

Krankheiten – Vorbeugung und Bekämpfung

Es gibt immer noch zu wenige spezialisierte Kleintierärzte, und bei so kleinen Organismen, wie es die Wellensittiche sind, stellt schon die richtige Diagnose oft ein großes Problem dar. Die Therapie steht fast immer unter Zeitdruck, denn ein Wellensittich, der 24 Stunden keine Nahrung aufgenommen hat, stirbt unweigerlich. So sollte man auf jeden Fall, um Krankheiten vorzubeugen, auf geeignete Haltung, Pflege und Fütterung achten.

Kranke Wellensittiche erkennen wir am trägen Herumsitzen mit matten Augen. Auch Altvögel sitzen dann auf beiden Beinen. Das Gefieder, vor allem das Rückengefieder, ist gesträubt, der Hals ist zwischen die Schultern eingezogen. Auch Durchfall, kenntlich am feuchten Aftergefieder, ist ein deutliches Krankheitszeichen.

Bei nicht wenigen Krankheiten werden Körner unter schüttelnden Kopfbewegungen erbrochen. Sehr kranke Wellensittiche sind so matt, daß sie auch am Tage mit dem Kopf unter den Flügeln fortgesetzt schlafen, jede Nahrung verweigern oder lustlos bis krampfhaft mit dem Schnabel im Futtergefäß umherstochern. Ein Wellensittich, der solche Symptome zeigt, muß sofort isoliert und möglichst warm gesetzt werden. Am besten verwenden wir einen Schau- oder Trainingskäfig, neben den eine Infrarotlampe oder ein Dunkelstrahler gestellt wird. Zwischen die Gitterstäbe hängen wir einen Hirsekolben, der als leicht verdauliche Kraftnahrung in keinem Falle schadet und als Leckerbissen auch einen recht kranken Vogel noch zur Nahrungsaufnahme verlocken kann. In vielen harmloseren Fällen von vorübergehenden Erkältungen haben wir damit bereits viel getan und vielleicht schon gewonnen. Zeigt sich jedoch innerhalb der nächsten Stunden keine Besserung, so müssen wir versuchen, vor einer weiteren Behandlung herauszufinden, worauf die Krankheit beruhen könnte.

Erkältungen entstehen vorwiegend durch Zugluft oder Nässe und treten vor allem in der naßkalten Jahreszeit auf. Dasselbe gilt auch für die Psittacose, die wir im nächsten Kapitel gesondert behandeln werden. Verdauungsstörungen treten vor allem im Sommer nach der Aufnahme verdorbenen Grünfutters oder zu vieler frischer Grassamen auf. Jungvögel erkranken leichter als alte Tiere, geschwächte Altvögel häufiger als ausgeruhte.

Alle Vögel sind während der Hauptmauser im Herbst besonders krankheitsanfällig. Die beste Vorbeugung: vielseitige Fütterung, reichliche Kalkzufuhr, Sauberkeit.

Auch die Ausstellungen bedeuten einen Gefahrenherd für Infektionen und Erkrankungen durch Überbelastung. Fürsorgliche Ausstellungsleitungen geben Desinfektionsmittel ins Trinkwasser, sorgen für zugfreien An- und Abtransport und für gut temperierte – weder zu heiße noch zu kalte – Räume mit ausreichender Sauerstoffzufuhr. Dennoch passieren bei Ausstellungen Pannen, und schon mancher hoffnungsvolle Aussteller hat anstelle von Ehrenpreisen kranke Vögel von einer Schau zurückbekommen.

Wellensittiche müssen, bevor sie eine Reise antreten, vollständig fit sein, und sie dürfen nicht nach einer Reise gleich wieder in Freivolieren gesetzt werden. Man hält sie vielmehr zunächst einige Tage zur Beobachtung bei bester, kräftigender Fütterung in Käfigen in geschlossenen Räumen und entläßt sie erst wieder in die Voliere, wenn kein Verdacht auf Erkrankung besteht. Das gilt übrigens auch für zugekaufte Vögel, die man sich mit der Bahn schicken läßt.

Psittacose – Schreckgespenst aller Sittichfreunde

Kaum eine von Tieren auf den Menschen übertragbare Seuche hat soviel Staub aufgewirbelt wie die sogenannte Papageienkrankheit oder Psittacose. Zu Anfang der 30er Jahre erkrankten in Deutschland Menschen, die mit importierten Papageien zu tun gehabt hatten, an einer zunächst rätselhaften Krankheit. Sie trat ähnlich einer schweren Lungenentzündung auf und endete in vielen Fällen mit dem Tod. Ursache war ein virusähnlicher Erreger, der anfangs nur von Papageien aus tropischen Ländern auf den Menschen übertragen wurde. Das führte in Deutschland 1936 zu sehr strengen Gesetzen, die alle Importe von papageiartigen Vögeln verboten und die im Lande vorhandenen Bestände einer genauen Kontrolle unterwarfen. Züchter wie Händler mußten Nachweisbücher über Ankauf, Zuchtergebnisse, Verbleib von Nachzuchten, Verkauf, Abgang durch Tod usw. führen, und diese Bücher wurden durch die Gesundheitsbehörden regelmäßig geprüft. Allen Papageien und Sittichen waren besondere Ringe anzulegen, deren Seriennummern amtlich registriert wurden und die in die Nachweisbücher einzutragen waren. So konnte man bei neu auftretenden Erkrankungen von Mensch und Tier den Herd rasch feststellen. Der betroffene Vogelbestand wurde von Amts wegen vernichtet.

Da Wellensittiche die am häufigsten gepflegten Papageien sind und da sie als zahme Stubenvögel besonders engen Kontakt mit Menschen haben, gingen und gehen die meisten menschlichen Ansteckungen auf Wellensittiche zurück. Glücklicherweise gibt es heute Medikamente, durch die die Zahl der tödlich ausgehenden Psittacosefälle beim Menschen von über 60% auf 2% gedrückt werden konnte. Außerdem kann die Seuche auch beim Tier durch entsprechende Fütterung rasch unter Kontrolle gebracht werden, ohne daß man grundsätzlich den Gesamtbestand töten müßte. Sowohl in Europa wie in den USA mußte man nämlich im Lauf der letzten Jahrzehnte feststellen, daß die Psittacoseerreger ohnehin im Lande waren, daß sie auch auf andere Vogelarten übergingen und von diesen ebenfalls auf den Menschen übertragen werden können. Überträger können unter anderem die großstädtischen verwilderten Haustauben, Türkentauben, Sperlinge und nicht zuletzt das Hausgeflügel sein. In den USA erkrankten Helfer auf Puten- und Hühnerfarmen, in Europa Personal von Geflügelschlachtereien und Taubenzüchter, freilich auch immer wieder Zoohändler. Seltener sind Erkrankungsfälle bei kleinen Liebhaberzüchtern und Privathaltern.

Da die Krankheit auch durch andere Vogelarten übertragen werden kann, spricht man heute von Ornithose, der Vogelkrankheit. Allerdings steht fest, daß die von Papageien übertragenen Erreger gefährlicher sind.

Der Wellensittichfreund kann sich dieser Gefahr nicht verschließen. Anstelle einer Vogel-Strauß-Politik, wie man sie auch in manchen unsachlichen Veröffentlichungen finden kann, sollte der Wellensittichpfleger stets wachsam bleiben; schon morgen könnte auch sein Vogelbestand befallen werden und damit er selbst und seine Familie gefährdet sein. Auch wenn heute nur noch wenige Menschen daran sterben, ist die Krankheit sehr unangenehm, wie ich aus eigener Erfahrung und der einiger Bekannter weiß. Die Krankheit beginnt mit heftigem Fieber und einem quälenden Husten und gipfelt in schweren Kreislaufstörungen und nächtlichen Halluzinationen. Viele Wochen braucht es bis zur restlosen Wiederherstellung. Dabei sind Menschen über 40 Jahre stärker gefährdet als jüngere; Kinder erkranken seltener. Dafür besteht bei ihnen die Gefahr der Hirnhautentzündung durch Psittacoseerreger.

Bei einem infizierten Wellensittichbestand tritt die Krankheit umgekehrt vor allem bei Jungvögeln in Erscheinung. Sie zeigt sich zunächst unter den üblichen Symptomen einer Erkältung. Auffällig ist ein meist vorhandener Ausfluß von Schleim aus Schnabel und Nasenlöchern verbunden mit Husten und Schleudern des Kopfes. Nicht selten kommt heftiger Durchfall dazu. Bei vielen Jungvögeln führt die Krankheit rasch zum Tode, wogegen ältere Wellensittiche wochenlang krank sein und die Ornithose sogar überstehen können. Gerade sie sind sehr gefährlich, denn sie können monatelang sogenannte latente Virenträger bleiben – die Tiere scheiden Viren aus und gefährden andere, ohne selbst auffällig krank zu sein. Der Ausbruch von Ornithose ist meldepflichtig. Jeder Züchter muß – schon im eigenen Interesse! – den bloßen Verdacht dem zuständigen Amtsveterinär melden. Dieser ist berechtigt, ja verpflichtet, zunächst Kotproben zu entnehmen. Sie werden an einem veterinärmedizinischen Institut auf Ornithoseerreger untersucht. Nach neuzeitlichen Methoden steht das Ergebnis binnen weniger Tage fest. Ist es positiv, sind die Vögel also erkrankt, so wird der Bestand nicht mehr unbedingt abgetötet, sofern noch keine Menschen erkrankt sind. Es wird lediglich eine Quarantäne verhängt, bis die Krankheit nachweislich vollständig abgeklungen ist. Dafür muß ein isolier-

barer Quarantäneraum vorhanden sein. Während dieser Zeit dürfen keine Vögel abgegeben werden, und es sollen keine Fremden die Zuchtanlage betreten. Zugleich muß der betroffene Züchter unter tierärztlicher Aufsicht ein vorgeschriebenes, mit Antibiotika angereichertes Futter, genannt AVICUR, ausschließlich verabfolgen. Die Sittiche fressen dieses Futter nicht gerne, weshalb nichts anderes zugefüttert werden darf. Sie magern dabei etwas ab, aber mit Ausfällen ist kaum zu rechnen. Die größere Menge der Tiere kann auf diese Weise gerettet werden, was bei einem wertvollen Stamm wichtig ist. Nach einigen Wochen werden erneut Probeuntersuchungen durchgeführt. Erweisen sich diese als negativ, wird der Bestand als geheilt wieder freigegeben. Fällt jedoch die Untersuchung wiederum positiv aus, sind also noch immer Ornithoseviren vorhanden, muß die Behandlung wiederholt werden. Dies kommt jedoch selten vor, sofern die Vögel nach Vorschrift behandelt wurden. Werden außer Wellensittichen noch andere Vögel gehalten, so müssen auch sie der Antibiotikafütterung unterzogen werden.

Sind Menschen erkrankt, so kann die lokale Gesundheitsbehörde die Tötung des Gesamtbestandes anordnen. Das gilt auch für die Bestände von Züchtern, die sich weigern, die Vögel der vorgeschriebenen Behandlung auf ihre Kosten zu unterziehen. Der Staat leistet bei Psittacosefällen seit dem 15. 8. 1973 keinen Schadensersatz mehr.

Nicht jede Krankheit der Sittiche ist gleich Psittacose, aber Vorsicht ist immer am Platze. Ein negatives Kotuntersuchungsergebnis kostet nur einige Mark, wogegen nicht gemeldete positive Fälle, unter Umständen sogar mit nachfolgenden Infektionen von Menschen, zu großen Unannehmlichkeiten und auch finanziellen Einbußen führen können.

Weit weniger Angst brauchen Besitzer von Einzelvögeln zu haben. Der Einzelvogel im Zimmer kommt ja weder mit Wildvögeln noch mit Importen in Berührung. Dank der modernen Möglichkeiten der Bekämpfung dieser Krankheit hat sich der Gesetzgeber entschlossen, die Einfuhrsperre für Papageien zu lockern. Auf Antrag bei der zuständigen Gesundheitsbehörde kann Importerlaubnis für eine begrenzte Zahl von Sittichen gewährt werden. Dies ist in den letzten Jahren vor allem der Einfuhr von Spitzenvögeln der englischen Rasse zugute gekommen. Voraussetzung ist eine geeignete Quarantänestation (die amtlich geprüft wird und im übrigen für jede genehmigte Psittacidenzucht jetzt Vorschrift ist) oder eine offizielle Isolierstation, z. B. in einem Zoo oder bei einem beauftragten Großzüchter oder Händler. Dort müssen die Importvögel einige Wochen lang zur Überprüfung ihres Gesundheitszustandes abgesondert gehalten werden. Sämtliche Unkosten gehen zu Lasten des Importeurs. Zusammen mit den hohen Preisen in England werden dadurch Importe sehr verteuert. Eine ähnliche Gesetzgebung herrscht in England, den USA und den Ostblockstaaten. In den übrigen Ländern werden dem Import von Psittaciden von den Behörden keine nennenswerten Auflagen gemacht. Da in diesen Ländern die Psittacose bzw. die Ornithose offenbar nicht häufiger auftritt als bei uns, bleibt zu hoffen, daß sich auch bei uns allmählich weitere Erleichterungen ergeben. Voraussetzung ist natürlich eine gewissenhafte Einstellung der Züchter, die sich heute nebst ihren Räumlichkeiten einer Eignungsprüfung durch Amtsveterinär und Ordnungsamt unterziehen müssen, bevor sie eine Zuchtgenehmigung erhalten.

Weitere Krankheiten

Am häufigsten sind bei Wellensittichen Verdauungsstörungen, Erkrankungen des Kropfes und der Atemwege. Verdauungsstörungen lassen sich in leichten Fällen durch Verabreichung von Kolbenhirse als Alleinfutter und durch Wärme in kurzer Zeit beheben. Für hartnäckigere Fälle haben sich Breitband-Antibiotika aus der Humanmedizin bei vorsichtiger Verabfolgung gut bewährt. Sie sind allerdings ausnahmslos rezeptpflichtig und ihre Dosierung ist nicht unproblematisch. Es darf höchstens 1 Tropfen pro Tag verabfolgt werden. Man verfährt dabei wie bei der Verabreichung von Vitamintropfen und achtet unbedingt darauf, daß der Vogel während der Be-

handlung auf keinen Fall in Rücken-, sondern in Bauchlage gehalten wird. Nach dreitägiger Behandlung sind die meisten Vögel gesund. In schlimmen Fällen wird die Behandlung nach einer Pause von weiteren drei Tagen wiederholt. Anschließend erhält der Vogel einen Vitaminstoß in Form eines Tropfens eines Multivitaminpräparates, das mit Hilfe einer Pipette ebenfalls direkt in den Schnabel gegeben wird. Man kann auch ein Stäbchen, an dem ein Tropfen der zähflüssigen Vitaminlösung haftet, dem festgehaltenen Vogel vor den Schnabel halten. Er wird instinktiv danach schnappen und bekommt auf diese Weise die Flüssigkeit in den Schnabel. Verabreicht man Flüssigkeiten mit der Pipette, so besteht bei Wellensittichen immer die Gefahr, daß sie sich verschlucken und ersticken, wenn die Flüssigkeit statt in die Speiseröhre in die Luftröhre gelangt. Einen weiteren Tropfen der Vitaminlösung bekommt der Vogel nach etwa einer Woche. Diese Vitaminbehandlung ist unerläßlich, weil Antibiotika zunächst auch alle gutartigen Bakterien im Darm abtöten. Die Darmbakterien aber sorgen mit für die Bereitstellung der notwendigen Vitamine.

Kropfseuche

Eine Art von Kropfseuche kann sehr gefährlich werden, wenn sie nicht gleich behandelt wird. Die Krankheit tritt in den frühen Sommermonaten am häufigsten auf. Man wird sie wohl mit den reifenden Grassamen in Zusammenhang bringen müssen, wobei zunächst ungeklärt ist, ob es sich um irgendwelche Erreger handelt oder ob die langentbehrte Naturnahrung einen Gärungsprozeß auslöst, wenn sie im Übermaß gereicht wird. Befallene Vögel entleeren ihren Kropf vollständig durch fortgesetztes Erbrechen, wobei sie einen klebrigen Schleim emporwürgen, der durch Schleudern ihr ganzes Gesicht, schließlich auch Kopf- und Halsgefieder verklebt. Im Endstadium sitzen die Tiere mit geschlossenen Augen steif und aufrecht da.
Das Gefieder wird bei dieser Kropfseuche eigenartigerweise nicht aufgeplustert, sondern glatt angelegt. Der Vogel nimmt keine Nah-

rung mehr auf und ist binnen 24 Stunden tot, wenn ihm nicht sofort geholfen wird. Dabei hat sich das Antibiotikum Tetracyclin ausgezeichnet bewährt. Ein Tropfen davon, direkt in den Schnabel gegeben, läßt den Patienten innerhalb weniger Stunden wieder munter werden und Nahrung aufnehmen. Selten kommt es vor, daß anschließend überhaupt noch gewürgt wird. Meist genügt eine Behandlung. Der Vogel putzt sich wieder oder badet. Nach einigen Tagen sieht man ihm kaum mehr an, daß er überhaupt krank war. Es gibt allerdings auch eine ansteckende, Diphtherie-ähnliche Kropfseuche, die nach KRONBERGER zu raschen und häufigen Todesfällen führt. Bei etwa gleicher Behandlung ist hier die sofortige Isolierung erkrankter Vögel besonders wichtig.

Bronchialkatarrh und Lungenentzündung

Bei Erkrankungen der Atemwege müssen wir zwischen einem verhältnismäßig harmlosen Bronchialkatarrh und Lungenentzündung unterscheiden. Bei beiden Krankheiten hört man piepsende oder rasselnde Atemgeräusche, besonders nachts. Der Bronchialkatarrh geht meist rasch von selbst wieder vorüber; die Lungenentzündung aber führt in vielen Fällen innerhalb von 3–8 Tagen zum Tode, sofern nicht sofort Gegenmaßnahmen ergriffen werden. Man verabfolgt ein Antibiotikum, wobei man einen konzentrierten Tropfen in den Schnabel gibt oder – besser – indem man durch den Tierarzt das Medikament intramuskulär injizieren läßt. Wichtig ist, daß die Behandlung so früh wie möglich erfolgt. Im fortgeschrittenen Stadium der Krankheit sind manche Vögel schon zu stark geschwächt und nicht mehr zu retten.
Nochmals sei betont, daß auch beim Sittich nicht jede Lungenentzündung gleich eine Ornithose (siehe unter ,,Psittacose" S. 62) ist. Erst wenn mehrere Vögel binnen kurzer Zeit unter ähnlichen Symptomen eingehen sollten, ist es angebracht, Meldung zu erstatten und die Kadaver einzuschicken (bitte per Express, um die Untersuchungsergebnisse nicht zu gefährden).

Verdauung

Die Ausscheidungen von Vögeln sind ein wichtiger Gradmesser für ihren Gesundheitszustand. Der gesunde Kot von Wellensittichen besteht aus schwarzweißen Häufchen, die rasch abtrocknen und leicht zu entfernen sind. Der dunkle Teil besteht aus verdauter Nahrung, der weiße ist Harn. Breiiger oder dünnflüssiger, gelblicher Kot zeigt eine allgemeine Verdauungsstörung an. Ist er mit Blut durchsetzt, so liegt eine schwere Darmentzündung vor, die sofort medikamentös behandelt werden muß. Flüssiger Kot von grünlicher Farbe deutet auf eine krankhafte Gallenausscheidung. Bei solchen Vögeln ist die Leber nicht in Ordnung; sie erhalten sofort eine strenge Diät, bestenfalls aus Kolbenhirse, üblicherweise aber aus Haferflocken. Haferflocken sind ein sehr gutes Heilmittel für alle Verdauungsstörungen; sie werden meist gerne genommen, wenn die Sittiche sie erst einmal kennen und im Futternapf nichts anderes vorfinden.
Lebertuberkulose hat ähnliche Symptome, ist aber unheilbar. Chronische Leberschäden mit langem Siechtum, allmählicher Abmagerung und stets tödlichem Ausgang, ohne daß herkömmliche Medikamente ansprechen, haben in letzter Zeit stark zugenommen. Scheinbar aus heiterem Himmel werden bis dahin gesunde Wellensittiche im besten Alter von 1–2 Jahren davon befallen. Bei Häufung solcher Fälle besteht Verdacht auf **Salmonellen**- oder **Coccidienbefall**, weshalb die Heranziehung eines Fachtierarztes anzuraten ist, um wenigstens den mehrheitlichen Bestand zu retten. Mit den Bekämpfungsmaßnahmen ist immer eine konsequente Desinfektion verbunden.

Legenot

Früher war die Legenot der Wellensittich-Weibchen gefürchtet. Heute stellt sie angesichts des reichlichen und vielseitigen Vitaminangebotes kaum noch ein Problem dar. Von Legenot können Weibchen jeden Alters und zu jeder Zeit während des Legeprozesses betroffen werden. Äußerst selten ist das erste Ei eines Jungweibchens der Auslöser dafür. Ursachen sind meist neben allgemeiner Konditionsschwäche deformierte oder schalenlose Eier, die nur mit einer nachgiebigen Pergamenthaut umgeben sind. Sie werden durch die Wehen in der Mitte zusammengepreßt und bleiben in der Kloake stecken. Bei den ersten Anzeichen von Legenot kommt das Weibchen durch vermehrte Schmerzen während der immer wiederkehrenden Wehen laufend aus dem Kasten und bewegt sich unruhig im Käfig. Später sitzt es meist ermattet, aufgeplustert und mit geschlossenen Augen auf dem Käfigboden. Es nimmt weder Nahrung auf, noch kann es Kot ablassen, weil das Ei den Afterausgang blockiert. Dann wird es höchste Zeit einzugreifen, weil anderenfalls das Tier innerhalb weniger Stunden eingeht. Oft genügt eine vorübergehende feucht-warme Haltung in einem kleinen Bauer, das mit heißen, nassen Tüchern umwickelt wird. Oder man steckt den Vogel in ein mit warmem Wasser durchnäßtes Taschentuch. Das wirkt krampflösend, und in den meisten Fällen geht das Ei innerhalb der nächsten Viertelstunde normal ab. Eine andere Methode besteht aus einem Temperaturschock: Man dreht das Weibchen in der Hand auf den Rücken und läßt aus der Leitung einen kurzen, kalten Wasserstrahl auf die Kloake laufen. Anschließend wird das Tier in einem kleinen Käfig vor eine Infrarot-Lampe gesetzt. Auch dann wird in vielen Fällen das Ei bald abgehen. Sobald das Ei den Körper verlassen hat, ist das Weibchen wieder munter und geht an das Futter, sofern es nicht durch zu lange anhaltende Legenot schon zu stark geschwächt ist. Auf jeden Fall sollte man Weibchen, die an Legenot gelitten haben, aus der Brut nehmen, bis sie wieder ganz gekräftigt sind. Bereits vorhandene Eier werden anderswo untergelegt. MEINHARDT (briefl.) hatte sichere Erfolge bei der Verabreichung von einem Tropfen „Hypophysin" (Hoechst), das zur Verstärkung der Wehen bei Nutztieren angewandt wird und rezeptpflichtig ist.

Helfen diese Methoden nicht, so wird ein direkter Eingriff notwendig: Man nimmt den Vogel in die Hand, taucht den Mittelfinger der anderen Hand in angewärmtes Speiseöl und massiert damit vorsichtig die Bauchgegend ab-

wärts zur Kloake hin. Dabei drückt man das Ei, das man durch die Haut spürt, sanft abwärts. Genügt auch das nicht, um das Ei zutage treten zu lassen, so kann man versuchen, es von außen mit einer ausgeglühten Nadel durch die Kloake anzustechen, damit der Eiinhalt nach außen abläuft. Damit freilich ist die Gefahr noch nicht gebannt, denn es ist sehr schwer, alle Schalenreste aus dem Vogelkörper zu entfernen. Der größte Teil wird auf natürlichem Wege abgehen. Bleibt jedoch nur ein scharfkantiges Schalenstück zurück, so stirbt das Sittichweibchen oft in kurzer Zeit an einer Blutvergiftung. Zwar kann man versuchen, die Schalenteile mit einer Pinzette vorsichtig von außen zu entfernen, doch bedarf ein solcher Eingriff bei einem relativ kleinen Vogel neben einer sehr ruhigen Hand viel Glück. Große Hoffnungen dürfen wir in solchen Fällen nicht haben, selbst wenn das Ei operativ durch einen Fachmann entfernt wird. Die überlebenden Weibchen sind meist zuchtuntauglich, weil der Eingriff an den sehr empfindlichen Fortpflanzungsorganen irreparable Schäden hinterlassen hat. Die wichtigste Aufgabe für den Züchter bleibt daher, der Legenot durch optimale Fütterung und Pflege vorzubeugen.

Rennerkrankheit und Papova-Virose

Schon im vorigen Jahrhundert traten in französischen Massenzuchten junge Wellensittiche oft in großer Zahl auf, die kurz vor oder nach dem Ausfliegen aus den Kästen das Großgefieder ganz oder teilweise verloren, infolgedessen nicht fliegen konnten und nur am Käfigboden umherrannten – daher der Name „Renner". Und weil diese Erscheinung erstmals in Frankreich auftrat, später jedoch in sämtlichen Zuchten Europas in periodischen Abständen, ist sie bis heute auch unter dem Namen „Französische Mauser" bekannt. Seither hat man jahrzehntelang vergeblich herumgerätselt und unendlich viele Versuche gemacht, um dahinterzukommen, worauf dieser Zustand begründet ist, wie er vermieden und bekämpft werden kann. Glaubten die einen an eine Virusinfektion, hielten die anderen diesen plötzlichen Federausfall für einen Erbschaden. Wieder andere machten den Ausfall bestimmter Nähr- oder Wirkstoffe in der entscheidenden Wachstumsphase dafür verantwortlich, glaubten also an eine Mangelerscheinung. Auch Ektoparasiten wie Milben und Federlinge wurden vielfach mit diesen Gefiederschäden in ursächlichen Zusammenhang gebracht. Nur konnte bisher niemand vermeiden, daß nahezu bei allen Züchtern, was sie auch dagegen unternahmen, in periodischen Abständen immer wieder einmal Renner auftraten. Die Erscheinung kam und ging scheinbar so plötzlich wie sie gekommen war. Sie soll auch gelegentlich im australischen Busch auftreten, wobei nicht nur Wellensittiche, sondern auch Sing- und Bourkesittiche davon befallen werden. Ein Teil der Jungvögel befiedert sich innerhalb weniger Wochen wieder, wird somit voll flugfähig und ist dann nicht mehr von gesund gebliebenen Vögeln zu unterscheiden. Bei anderen fallen die nachwachsenden Federn immer wieder blutend aus, bevor sie verhornt sind. Solche Tierchen bleiben zeitlebens flugunfähig und sollten besser getötet werden. Ob man mit gesundeten Sittichen später züchten sollte, ist wieder eine andere Frage. Viele davon zeitigen ganz normale Bruten, bei anderen treten erneut Renner auf. In seltenen Fällen werden auch ältere, bislang normal befiederte Wellensittiche, sogar solche, die bereits erfolgreich gezüchtet haben, plötzlich von einem Schwingenausfall bis zur Flugunfähigkeit befallen, bleiben so oder befiedern sich nach ein paar Wochen wieder vollständig. Irgendeine Gesetzmäßigkeit läßt sich auch daraus nicht ableiten.

U.a. forschte man am Institut für Geflügelkrankheiten Oberschleißheim der Universität München am Renner-Phänomen der Wellensittiche, wobei man 1984 an Sittichen mit ähnlichen Gefiederschäden den Befall mit einem Virus der Papova-Gruppe entdeckte. Dabei handelt es sich nach GERLACH um einen außerordentlich resistenten Virus, der über die Haut und auf dem Atemwege eindringt und sich über Hautschuppen im Gefiederstaub, aber auch auf dem Harnwege (Harnausscheidungen) überträgt, infolgedessen sehr ansteckend ist. Bei befallenen älteren Sittichen kommt es nicht nur zu ausfallendem Großgefieder bzw. zu entartetem Wachstum einzelner Federn, sondern auch zu Kahlstellen an Kopf und Hals und zu vermindertem Gesamtwachstum.

Durchseuchte Vögel befiedern sich wieder vollständig und können scheinbar gesunden. Sie bleiben aber zum Teil Virenüberträger, wobei die Übertragung bereits in ihren Eiern erfolgen kann, spätestens bei der Futterübergabe an ihre Jungen. Die Inkubationszeit beträgt 10 Tage, und tatsächlich erkranken die meisten Jungen zwischen dem 10. und 20. Lebenstag. Bis zu 90% der befallen Jungen sterben binnen kurzer Zeit ganz plötzlich, oft noch mit vollen Kröpfen. Sie zeigen eine faltige Haut und aufgetriebene, blaurote Bäuche. Ihre Sektion zeigt Flüssigkeitsansammlungen in der Bauchhöhle und krankhaft entartete bzw. verfärbte Organe, besonders Nieren, Leber und Herz.

Auf herkömmliche Medikamente spricht die Krankheit nicht an. Ein Impfstoff wurde bisher nicht gefunden, und nicht einmal gewöhnliche Desinfektionsmittel sind zur Seuchenbekämpfung wirksam. Sie müssen ,,Jodophore" oder ,,Aldehyde" enthalten, wobei ,,Jodophore" noch dazu auf Kalkanstrich unwirksam sind. Frau Dr. Gerlach, der wir den bisher einzigen sachlichen Bericht über diese Krankheit in der neuen Zeitschrift ,,Wellensittich-Magazin" verdanken, empfiehlt als sicherstes Bekämpfungsmittel gegen die Viren das Abbrennen der Anlagen mit einer Lötlampe unter Vorsichtsmaßnahmen gegen die Brandgefahr und das Aussetzen mit der Brut für mindestens ein Jahr. Dann dürften alle kranken Jungvögel verschwunden und die verbliebenen Altvögel entseucht sein.

Es wurde höchste Zeit, daß dieser Beitrag erschien, nachdem zuvor Schneck u.a. in den ,,AZ-Nachr." und an anderer Stelle das Papova-Virus in allen Einzelheiten als alleinigen Urheber der ,,Französischen Mauser" dargestellt und frohlockt hatten, endlich den ,,Stein der Weisen" dazu gefunden zu haben. Jetzt bräuchte man nur noch einen geeigneten

Impfstoff zu schaffen und wäre ein für allemal die „Renner" los. So einfach ist es leider nicht, wie auch Frau Dr. Gerlach ganz klar in ihrem wissenschaftlichen Beitrag herausgestellt hat. Bestenfalls sind Renner durch ihren ständigen Aufenthalt am Boden stärker gefährdet, Papova-Viren aufzunehmen, wie in einzelnen Fällen in Oberschleißheim nachgewiesen worden sein soll. Es läßt sich höchstens von einer möglichen Wechselwirkung sprechen: Bestände, in denen aus immer noch nicht erforschten Gründen häufig Renner auftreten, die ja auf irgendwelchen körperlichen Mängeln beruhen müssen, neigen eher zur Papovavirose als ganz gesunde Bestände. Das ist die einzige bisher erkennbare Beziehung zwischen den beiden ganz verschiedenen Krankheiten, und solche Wechselbeziehungen gibt es zwischen vielen anderen Krankheiten auch.

Zwei Züchterfreunde von mir hatten nach allen jetzt bekanntgewordenen Symptomen schon vor Jahren Papovavirose in ihren Wellensittichbeständen mit bis zu 90% Verlusten an Nestlingen, ohne daß ein Tierarzt helfen konnte. Sie hatten auch gelegentlich Renner wie die meisten Züchter, jedoch nicht im Übermaß wie wiederum in manchen anderen Zuchten, so daß sie gar nicht darauf kamen, hier einen Zusammenhang zu sehen. An den Viren erkrankte Nestlinge starben, bevor überhaupt Gefiederschäden erkannt werden konnten, einige Renner kamen mit gesund gebliebenen Jungen zu normaler Zeit aus den Kästen. Diejenigen mit bleibenden Flügelschäden wurden später getötet, die anderen erfreuten sich scheinbar bester Gesundheit. Beide Züchter taten schließlich damals instinktiv genau das Richtige. Sie desinfizierten ihre Stallungen und unterbanden das Brüten für ein Jahr. – Damit waren sie die Viren bis heute los!

Gewöhnliche Renner, wie ich sie seit bald 50 Jahren kenne, sind im Gegenteil besonders vitale Vögel. Sie entwickeln enorme Beinmuskeln, rennen tatsächlich wie die Mäuse und klettern mit Hilfe des Schnabels fast ebenso schnell am Drahtgitter empor zu den obersten Stangen. Fängt man sie mit der Hand, so merkt man rasch, wie gut auch ihre Schnabelmuskeln entwickelt sind – und zieht beim

nächsten Mal Handschuhe an! Ein mir früher benachbarter Züchter ließ sie versuchsweise brüten und baute ihnen zu diesem Zweck schräggestellte Lattenroste zu den im oberen Drittel der Voliere normal aufgehängten Nistkästen, die sie wieselflink benutzen lernten. Nicht alle Paare brüteten, einige zogen wieder Renner auf, andere aber brachten ganz normale, voll befiederte Junge auf die Stange. Organisch krank war keiner dieser Vögel, bis auf Schwingen und Schwanz auch gut im Gefieder. Bis auf weiteres werden wir uns also mit gelegentlichen Rennern abfinden müssen und sollten diese wahrscheinliche Mangelerscheinung nicht mit anderen Krankheiten verwechseln, die außer Gefieder– auch schwere Organschäden auslösen.

Magersucht

Unter dem Begriff „Going Light" = Abmagern sind 1984/85 in englischen Fachzeitschriften Berichte über die mögliche Ursache des auch bei uns gehäuft vorkommenden Abmagerns mit Todesfolge bei Wellensittichen erschienen. Dr. Baker wurde dort von der Budgerigar Society mit der Erforschung dieser Krankheit beauftragt. Die Symptome ähneln einer Darmentzündung, nur wurden bisher keine bösartigen Darmkeime festgestellt. Befallene Tiere fressen ungewöhnlich viel, magern dabei aber immer mehr ab, bis sie schließlich verhungern. Da andere Organe nicht betroffen waren, wie Obduktionen ergaben, kam Baker darauf, daß es sich um eine Allergie handeln könnte, und verabreichte kranken Sittichen ein Mittel, das bei allergischer Darmentzündung und Heuschnupfen in der Humanmedizin Verwendung findet. Tatsächlich verbesserte sich daraufhin der Zustand noch nicht zu stark abgemagerter Vögel, und sie nahmen wieder zu, solange sie das Mittel bekamen. Da es jedoch sinnlos erscheint, solche Tiere nur durch permanente Verabfolgung von Arzneien am Leben zu erhalten, wird jetzt danach geforscht, auf welche Futterstoffe befallene Wellensittiche allergisch sein könnten. Hochgezüchtete Schauvögel sollen besonders häufig unter dieser rätselhaften Krankheit leiden.

Tuberkulose

Davon können sowohl Organe als auch Knochen befallen werden. Die Tuberkulose tritt nach Dr. Heidenreich bei Wellensittichen relativ häufig auf, ohne immer erkannt zu werden. Die Gefahr menschlicher Ansteckung ist gering. Trotzdem sollten befallene Tiere besser getötet werden, zumal ohnehin keine Heilmittel bekannt sind. Es kommt zu Knotenbildungen bis Walnußgröße. Die befallenen Vögel scheinen bis zuletzt wenig zu leiden.

Gicht

Auch von der Gicht bleiben Wellensittiche nicht verschont. Sie ist oft eine Folge übermäßiger Eiweißfütterung und führt durch die überschüssige Produktion von Harnsäure bei jungen Vögeln rasch zum Tode. Ältere bekommen typische Gichtknötchen an den Gelenken, die oft zu schmerzhaften Lähmungszuständen führen. Schmerzloses Töten ist angezeigt, da es keine Gegenmittel gibt.
Eine andere Form meist einseitiger *Lähmungen* läßt sich auf *Vitamin-B-Mangel* zurückführen und in vielen Fällen durch einen Vitamin-B-Stoß rasch beheben.

Tumoren

Die harmloseste Form ist mit menschlichen Grützbeuteln vergleichbar und kann von selbst wieder ausheilen. Meist bei mehrjährigen Wellensittichen bilden sich an der Brust nußgroße Geschwülste, die sich locker und trocken anfühlen und nicht nässen. Das Allgemeinbefinden des Vogels ist selten gestört. Nach einigen Wochen trocknen diese Beutel meist von selbst ein und fallen entweder ab oder lassen sich mittels einer steril gemachten Schere ohne große Blutungen mit einem Schnitt entfernen. – Es gibt auch gutartige Tumoren in der Kropf-Hals-Gegend, die schon allein wegen der Halsschlagadernähe nur vom Tierarzt verhältnismäßig gefahrlos entfernt werden können.
Bösartige Tumoren bilden sich leider nicht selten im Unterleib besonders von Weibchen im besten Alter, häufig sogar während der Brut. Bei Hähnen gleichen Alters oder älter kommt es nicht ganz so häufig zu Hodenkrebs. Der Bauch ist aufgetrieben, bei Hähnen häufig auch die Nasenhaut verfärbt, und es kommt zu krampfartigen Schmerzzuständen, die so rasch wie möglich durch einen schnellen Tod beendet werden sollten.

Bindehautentzündung

Bindehautentzündung der Augen, erkennbar an geschwollenen bis geschlossenen Lidern, ist leider oft ein Anzeichen anderer Krankheiten. Tritt sie durch Zugluft oder Fremdkörpereinwirkung auf, so hilft meist schnell eine leichte Augensalbe für Kinder aus der Apotheke. Sie wird mit der Fingerkuppe vorsichtig über dem befallenen Auge verrieben, je nach Erfolg muß man die Behandlung mehrmals wiederholen.

Pilzbefall

Erkrankungen durch Pilzbefall haben bei Wellensittichen in den letzten Jahren leider stark zugenommen, ohne daß es bisher ausreichend wirksame Gegenmittel gibt, besonders nicht gegen *Aspergillose*. Diese wird durch Schimmelpilze verursacht, die die Atemwege befallen. Gegen *Candiasis*, in der Hauptsache eine Taubenkrankheit, erkennbar an den käsigen Belägen in der Schnabelhöhle, hilft nach Heidenreich Einpinseln mit Jodglycerin und als Getränk eine Lösung von 0,2 g Moronal^R auf 1 l Wasser. Zum Glück werden Wellensittiche von beiden Krankheiten nicht oft befallen. Dafür leiden sie heute häufiger unter einer Krankheit, die von Heidenreich u.a. als „*EMA-Syndrom*" bezeichnet wurde und von der man heute noch nicht genau weiß, ob sie von Pilzen, Bakterien oder Viren verursacht wird. Sie soll durch Streß ausgelöst werden können. Sie äußert sich in blutigen, juckenden Hautrissen unter den Flügeln, mitunter auch um die Augen, die nicht heilen, weil die Sittiche durch den Juckreiz die Narben immer wieder aufreißen. Dadurch zeigen sie meist auch blutige Schnäbel, an denen man den Befall eher erkennt als an den unter den Flügeln versteckten Wunden. Solange man noch nicht weiß, wodurch die Krankheit verursacht wird, kann man eine Heilung mit Salben gegen Pilzbefall oder durch Verabfolgung eines Breitband-Antibiotikums nach Verschreibung durch den Tierarzt versuchen. Viel Aussicht auf Erfolg besteht bisher leider nicht.

Herzschlag

Zu plötzlichem Herzschlag, häufig verursacht durch Herzinfarkt infolge von Streß-Situationen, neigen besonders ältere, schwere Schau-Wellensittiche des Buff-Typs, z. B. nach längerer Hetze durch Ungeschicklichkeit beim Herausfangen aus der Voliere oder beim Kehltupfen-Zupfen als Schauvorbereitung. Manchmal findet man sie aber auch morgens tot unter der Schlafstange ohne vorangegangene Streß-Situation und erkennt beim Öffnen die weiß verfärbten, abgestorbenen Herzkranzgefäße. Vorbeugen läßt sich nur durch eine vernünftige Zuchtwahl unter Berücksichtigung auch der leichteren Yellow-Typen, denn auf die Dauer läßt sich keine Tierart in unnatürlichem Riesenwuchs gesund erhalten, da die Organe nicht entsprechend mitwachsen.

Knochenbrüche

Für Unfälle, insbesondere Bein- und Flügelbrüche, sind Wellensittiche durch ihr Klettern und Turnen geradezu prädestiniert, wobei sie durch Hängenbleiben an ihren nun einmal notwendigen Fußringen noch besonders gefährdet sind. Häufiges Beobachten und häufige Kontrollen helfen vorbeugen oder erlauben wenigstens rasches Eingreifen. Einfache Knochenbrüche heilen am besten von selbst durch Ruhigstellen der Gliedmaßen, sprich Einzelunterbringung in einem kleinen Käfig ohne viele Sitzstangen. Nach 14 Tagen ist der Vogel meist wieder gesund.
Komplizierte Brüche bei gesplitterten Knochen sollte man am besten von einem Tierarzt mit Vogelerfahrung behandeln lassen. Im Notfall können geschickte Hände mittels kleiner Hölzchen und Tesafilm einen Schienenverband anlegen, fest genug, damit der Vogel sich nicht davon befreien kann, locker genug, damit die Blutzirkulation erhalten bleibt, sonst stirbt das Bein ab. Ein gebrochener Flügel muß mit einem Verband um die Körpermitte ruhiggestellt werden. Die Verbände sollten möglichst 14 Tage halten. Ausgerissene Federn verursachen nur vorübergehende Schmerzen und wachsen nach. Ein vielleicht nicht ganz gerade zusammengewachsenes Glied ist zwar ein bleibender Schönheitsfehler, macht aber den Vogel nicht weniger liebenswert, und in vielen Fällen bleibt sogar sein Zuchtwert erhalten. Das gilt allerdings nicht, wenn eine Amputation notwendig wird, was leider vorkommt. Kleinvögel überstehen solche Operationen jedoch fast immer, ohne zu verbluten, ein abgestorbenes Bein fällt meist eines Tages von selbst ab, ganz ohne Blutverlust.

Parasiten

Unter Parasiten haben Wellensittiche erfreulicherweise weniger zu leiden als viele andere Vögel. *Milben* und *Federlinge* lassen sich leicht durch geeignete Mittel aus der Zoohandlung bekämpfen, die für die Vögel ungefährlich sind, sofern nach Vorschrift verfahren wird. Bei Befall mit *Darmparasiten* kommen Spulwürmer insbesondere dort in Frage, wo gleichzeitig Großsittiche gehalten werden. Eine vorbeugende Wurmkur mit einem der bewährten Mittel auf Piperacinbasis im Trinkwasser, nach 1 – 2 Tagen Trinkwasserentzug, wie sie von den meisten Großsittich-Züchtern im Frühjahr und Herbst durchgeführt wird, ist dann auch für die Wellensittiche angezeigt. Ohne Behandlung sind Darmverschluß und innere Vergiftung durch die Wurmausscheidungen häufige Todesursachen. Vorbeugen durch peinliche Sauberhaltung und gelegentliche Desinfektion (wobei in Volieren mit Naturboden dieser auf 60 cm abgetragen und erneuert werden muß) ist angesichts dieser schwer zu bekämpfenden Parasiten weit besser als Heilen. Ihre Eier werden mit dem Kot infizierter Tiere ausgeschieden und sind sehr hitze- und kältebeständig. Piperacin- und andere Präparate töten nur die Würmer selbst ab, weshalb Wurmkuren bei Befall nach 14 Tagen bis 3 Wochen wiederholt werden müssen. Die ovalen Eier lassen sich im Kot in einer Salzsäurelösung mit einem einfachen Mikroskop erkennen. Wer ein solches besitzt, tut gut daran, zweimal im Jahr Kotuntersuchungen durchzuführen. Bei negativem Ergebnis erübrigen sich die vorbeugenden Kuren, da jedes Mittel gegen Parasiten doch giftig ist. Den Eiern rückt man am besten mit einer Lötlampe zu Leibe – möglichst ohne das Vogelhaus abzubrennen!

Federrupfen

Im weiteren Sinne als ,,Krankheit'' müssen wir auch eine höchst unliebsame Eigenschaft mancher Papageien einschließlich der Wellensittiche einstufen: das Federrupfen. Bisher weiß man nur, daß es eine selbstzerstörerische, krankhafte Eigenart ist. Die genaue Ursache ist unbekannt. Bei einzeln gehaltenen Vögeln vermutet man Langeweile. Die Papageien rupfen sich mit Vorliebe mit Blut gefüllte, also noch in der Entwicklung befindliche Federkiele aus. Dabei kommen sie auf den Geschmack frischen Blutes und können schließlich nur sehr schwer davon lassen. Das ist – für einen Pflanzenfresser – eine sehr hypothetische Annahme, zumal die Selbstrupfer dabei mitunter vor Schmerzen schreien. Es gibt Sprays mit einem Gegenmittel, die in vielen Fällen helfen sollen, ganz einfach weil sie schlecht schmecken und riechen. Häufige liebevolle Beschäftigung mit dem Vogel und Darbietung stets frischer Zweige zum Nagen sind natürliche und wirksame Gegenmaßnahmen. Schlimmere Folgen hat das leider nicht seltene Gerupftwerden der Jungen im Kasten durch die Altvögel. Dazu neigen die Weibchen mehr als die Männchen, doch kommt es bei beiden Geschlechtern vor. Wir bemerken es durch klägliche Schreie der Nestlinge im Kasten, denen gerade die Kiele sprießen. Zunächst wird ihnen nur der Flaum regelrecht abgeweidet, und manche Altvögel lassen es dabei bewenden. Das ist nicht so schlimm, denn der Flaum wächst so schnell nach, daß bis zum Ausfliegen der Jungen nichts mehr an ihnen zu sehen ist. Wenn jedoch die Altvögel, besonders die Mütter, vor den Blutkielen nicht haltmachen, kommt es zu schwer heilenden, lange sichtbaren, blutigen Kahlstellen. Die betroffenen Vögel bleiben auch sonst in der Entwicklung zurück.

Greift der Züchter jetzt nicht ein, so fliegen schließlich Jungvögel aus, denen nur das Großgefieder und einige Federchen am Kopf erhalten geblieben sind (Schwingen und Schwanz lassen die Rupfer normalerweise ungeschoren). Die Tiere können dennoch nicht fliegen, weil ein Vogel dazu des vollständigen Gefieders bedarf. Sie sind besonders scheu, erkälten sich leicht und können Monate brauchen, bis sie sich vollständig befiedern. Bei der Entdeckung von Rupfern sind daher sofortige Gegenmaßnahmen angezeigt; die beste: Die Jungen werden weggenommen und von Pflegeeltern aufgezogen. Ist die Brut nicht zu groß, kann es genügen, den schuldigen Elternteil zu entfernen und die Jungen durch den anderen allein aufziehen zu lassen.

Selbst blutige Rupfstellen befiedern sich schnell, wenn die Jungen gut gefüttert werden und wenn nicht weiter gerupft wird. Die Rupfer füttern übrigens ihre Jungen meist ebenso gründlich, wie sie sie rupfen! Es hat sich gezeigt, daß die Neigung zum Rupfen der Jungen erblich ist und vor allem von den Müttern an die Töchter vererbt wird. Den Nachwuchs von Rupfern sollte man daher nicht zur Zucht verwenden, vor allem nicht die Weibchen.

Krätzmilbe

In vielen Wellensittichzuchten macht sich von Zeit zu Zeit ein übler Parasit bemerkbar: die Krätzmilbe. Verwandte Arten dieses Spinnentieres erzeugen bei Hühnern die Kalkbeine, bei Pelztieren die Räude. Beim Wellensittich befällt die Milbe die federlosen Stellen und setzt sich meist zunächst in den Schnabelwinkeln fest. Dort ist sie anfangs nur dem geübten Auge erkennbar: Die Federn rund um den Schnabel werden leicht aufgestellt. Bei näherer Untersuchung findet man zunächst kleine, warzenartige Wucherungen, die rasch wachsen, schließlich die ganze Schnabel- und Kinn-

Bild 16: Krankheitsbild des Schnabel-schwammes bei Wellensittichen.

können. Der Prozeß kann Monate dauern. Befallene Wellensittiche zeigen im Anfangsstadium kaum Unbehagen, andererseits aber können sie gerade in diesem Stadium durch eine einzige Behandlung geheilt werden. Im Endstadium sind sie kaum noch zu retten. Ein sehr gutes Mittel heißt Odylen; es wurde von den Bayer-Werken gegen Tierräude entwickelt. Es ist über Apotheken zu beziehen. Da das Medikament ätzend wirkt, muß es sehr vorsichtig mit einem feinen Tuschepinsel auf die befallenen Stellen aufgetragen werden. Besonders ist darauf zu achten, daß das Medikament bei Befall der Augenlider nicht in die Augen gelangt. Der Vogel wird dennoch Unbehagen zeigen. Aber solange er nur am Schnabelwinkel befallen ist, genügt meist eine einzige Behandlung, die man nur sicherheitshalber nach 8 Tagen wiederholt. In der Regel wird man dabei feststellen, daß die Warzen bereits verschwunden sind. Stärkerer Befall macht eine mehrmalige Behandlung im Abstand von 8 Tagen notwendig.

Eigenartigerweise werden nicht alle Sittiche von der Krätzmilbe befallen, nicht einmal in einer dichtbesetzten Voliere. Trotzdem sollten die befallenen Vögel bis zur Abheilung isoliert werden und nicht zur Zucht verwendet werden. Befallene Volieren sind zu desinfizieren.

Doppeleier und Schlüpfschwierigkeiten

Eine Anomalität, die vor allem bei Weibchen der englischen Schaurasse nicht selten in Erscheinung tritt: Doppeleier. Diese Eier enthalten einen doppelten Dotter und unter Umständen auch zwei Keimscheiben. Lange Zeit waren sie nur von Hühnern bekannt. Im Laufe der Domestikation haben aber auch Wellensittichweibchen begonnen, solche Eier auszubilden. Man erkennt die Doppeleier sofort an ihrer Größe, sie sind fast doppelt so groß wie ein Normalei. Eigenartigerweise sind sie sehr oft befruchtet, aber es schlüpfen äußerst selten Jungtiere aus ihnen. In den 140 Jahren der Wellensittichzucht sind nur wenige Fälle bekanntgeworden, in denen tatsächlich lebensfähige Zwillinge geschlüpft und großgeworden sind. Meist sterben die Embryonen schon in

partie, den Schnabel selbst und die Nasenwachshaut überwuchern, Beine und Füße befallen, die Augenlider und die Gegend um den After. Die dem Auge nicht sichtbaren Milben überträgt der Vogel selbst durch Putzen und Kratzen von der Schnabelgegend auf die anderen Körperteile. Die Parasiten graben sich tief in die Haut ein und erzeugen einen schweren Juckreiz. Die Wucherungen sind abgestorbene Hautteile, die durch die von den Milben verursachten Gewebeveränderungen entstehen. Im fortgeschrittenen Stadium degeneriert das gesamte Schnabelhorn. Es wird brüchig und bekommt Löcher, während es sich an den Enden anomal verlängert. Die Vögel magern ab, weil sie keine Ruhe mehr finden, schließlich verhungern sie, weil sie mit dem defekten Schnabel nicht mehr genügend Nahrung aufnehmen

einem frühen Stadium ab, oder sie sind sich später beim Schlupf gegenseitig so hinderlich, daß sie steckenbleiben und ersticken.

Geburtshelferdienste bei solchen Doppeleiern sind schwierig. Anders ist dies bei Einzelembryonen, die nicht aus dem Ei können. Ihnen kann man behilflich sein, wenn man genau den richtigen Zeitpunkt abpaßt. Die Rufe eines gesunden Embryos hört man schon am 17. Bruttag. Am 18. ist das Ei wenigstens angepickt. Sollte gegen Ende des 18. Tages an einem Teil des stumpfen Eipoles eine Picknaht erkennbar sein – ein Zeichen, daß der Embryo nicht allein schlüpfen kann –, so kann man mit dem stumpfen Ende einer Stopfnadel die angepickten Schalenteilchen leicht anheben. Dabei muß man sehr vorsichtig zuwege gehen und tiefe Einstiche vermeiden; sobald Blut austritt, ist der Embryo meist verloren. Klebt die Eihaut am Embryo, feuchtet man sie vorsichtig durch Speichel mit Hilfe der Fingerkuppe an und zieht sie teilweise auf. Ist der Embryo noch kräftig, so beginnt er in diesem Stadium durch Stemmen und Drehen tüchtig mitzuarbeiten. In vielen Fällen vermag er sich jetzt von selbst aus dem Ei zu lösen. Andernfalls verschafft man ihm durch Abheben weiterer Schalenteilchen so viel Bewegungsfreiheit, daß er Kopf, Hals und Bein bewegen kann. Das halbgeöffnete Ei legt man dem Weibchen behutsam wieder unter. Piepst der Vogel in diesem Stadium noch kräftig, so hat man in der Regel gewonnen und wird ihn wenige Stunden später, von der ganzen Schale befreit, mit bereits gefülltem Kropf unter der Mutter vorfinden. Einen Fall allerdings habe ich schon erlebt, bei dem der halbgeschlüpfte Jungvogel bereits gefüttert war, sich aber dennoch nicht ganz aus dem Ei hatte befreien können; er lag tot in der unteren Schalenhälfte.

Pflege und Erziehung zahmer Hausgenossen

Nach statistischen Erhebungen leben heute mindestens 5 Millionen Wellensittiche als Stubengenossen in der Bundesrepublik.

Bevor man sich einen oder mehrere Jungvögel zur Haltung in der Wohnung kauft, sollten Käfig und Zubehör einschließlich Futter und Sand vorhanden sein. Die Neuankömmlinge sollen sich so bald wie möglich heimisch fühlen. Beim Einzelvogel muß man bedenken, daß er zum ersten Mal von Eltern oder Geschwistern getrennt worden ist. Hinzu kommen Transport und fremde Umgebung, die ihn verschüchtern. Die Reaktionen darauf sind individuell verschieden. Das eine Tier sitzt vielleicht tagelang recht trübselig da, das andere klettert scheinbar „lustig" im Käfig auf und ab, kriecht in den Ecken und unter den Futternäpfen herum, macht regelrechte Überschläge am Gitter unter merkwürdigen Verdrehungen des Kopfes. Diese Bewegungen sind keine Zeichen von Wohlbefinden; sie verlieren sich, sobald sich der Vogel heimisch fühlt. Man sollte ihn in dieser kritischen Zeit ganz in Ruhe lassen und ihn auch in den ersten 8–14 Tagen nicht aus dem Käfig nehmen. Er soll sich erst von seiner Käfigecke aus an seine neue Umgebung gewöhnen können. Alle Hantierungen am Käfig müssen ruhig und vorsichtig erfolgen, während man freundlich und beruhigend mit dem Vogel spricht. Natürlich ist es ganz gleichgültig, was gesprochen wird, aber dieser erste Stimmfühlungskontakt mit dem Menschen ist sehr wichtig für das baldige Vertraut-werden des Tieres. Als Zeichen, daß er darauf anspricht, bleibt der Vogel still sitzen, hört aufmerksam zu, wobei er immer wieder die Augen schließt und öffnet. In diesem Stadium öffnet man behutsam die Käfigtür und schiebt den Handrücken mit leichtem Druck gegen die Brust des Sittichs, so daß er schließlich gezwungen wird, auf die Hand zu steigen. Normalerweise wird er das innerhalb weniger Minuten tun. Dabei empfindet er die Wärme der menschlichen Haut als angenehm an seinen Füßchen, und bald wird er beginnen, an den Fingern zu knabbern. Nun wird die Hand vorsichtig aus dem Käfig gezogen; die meisten Jungvögel werden zunächst ruhig darauf verweilen. Die Hand wird dem Vogel vertrauter sein als die von ihm noch unerforschte Zimmereinrichtung und der unerwartet freie Raum. Erst nach geraumer Zeit wird der Wellensittich dann einen Start in die Weite des Zimmers wagen, einige Runden drehen und wahrscheinlich nach mehreren fehlgeschlagenen Landeversuchen an einem hochgelegenen Platz, z. B. auf einer Gardinenstange, landen. Jetzt dürfen wir keineswegs gleich hinterher jagen, womöglich mit einem Besen. Dabei kann man viel verderben und das eben erst gewonnene Vertrauen rasch wieder verlieren. Vielmehr lassen wir das Tier notfalls ruhig einige Stunden sitzen, bis es Hunger verspürt. Inzwischen hat der Vogel gelernt, den Käfig als schutzbietende Behausung und – nicht zuletzt – als Futterquelle zu betrachten, den

Menschen aber als gefahrlosen Kumpan. So wird er freiwillig entweder zum Käfig oder zum Pfleger herabfliegen.

In beiden Fällen nehmen wir ihn nach der bereits beschriebenen Methode wieder auf die Hand und bringen ihn vorsichtig in den Käfig zurück. Der Wellensittich wird dann gleich ans Futter gehen, und man kann ohne Hast die Käfigtüre schließen. Damit ist die erste kritische Runde bei der Eingewöhnung gewonnen. Wagt sich der junge Sittich nicht herunter, so nimmt man den Futternapf auf den Handteller und hält ihn so hoch wie möglich. Mit Sicherheit wird der Jungvogel nicht widerstehen können. Auf keinen Fall dürfen wir uns verleiten lassen, außerhalb des Käfigs einen Futterplatz einzurichten, denn dann gewöhnen wir den Wellensittich nie richtig an den Käfig als sein Heim. Vor dem nächsten Ausflug wird der Käfig einfach geöffnet, und in der Regel wird der Vogel bald herauskommen und zunächst den Pfleger begrüßen, auf seinem Körper herumsteigen und dann allmählich von dort aus weitere Erkundungsflüge im Zimmer unternehmen. Dabei gibt es forsche Tierchen mit rascher Auffassungsgabe und schüchterne, begriffsstutzige, mit denen man etwas mehr Geduld haben muß. Zu Anfang muß man alle unfallträchtigen Gegenstände aus dem Zimmer fernhalten, z.B. Fenster, die nicht durch Gardinen geschützt sind, ungeschützte heiße Öfen und Kochplatten, offene tiefe Wassergefäße, ganz zu schweigen von fahrlässig offengehaltenen Fenstern. Es ist unglaublich, wo überall ein noch ungeschickter junger Wellensittich Schaden nehmen kann. Besonders gefährlich sind Aquarien, weil die grünen Wasserpflanzen den Wellensittich zum Baden verlocken. So mancher ist schon unter der trügerischen Pflanzendecke versunken und ertrunken. Weiterhin sei vor giftigen Zimmerpflanzen gewarnt, weil der neugierige Sittich an allem Grün gern knabbert.

Problemloser ist der erfahrene Stubenvogel, aber es dauert nun einmal einige Wochen, bis er soweit ist. Er hat dann seine festen Lande- und Sitzplätze im Zimmer, unter die man wegen des Kots zweckmäßigerweise eine Papierunterlage oder eine abwaschbare Kunststoffplatte geben wird. Kot von gesunden Wellensittichen hinterläßt auf den Möbeln keine Flecken; er läßt sich nach dem Trockenwerden einfach forträumen. Ist der Käfig richtig aufgestellt (vgl. Seite 17), so wird sich der Vogel ohnehin vorwiegend auf dem Käfigdach aufhalten, vor allem wenn dort ein Kletterbaum oder zumindest eine Anflugstange angebracht wird. Vielen zahmen Wellensittichen werden offengebliebene Fenster zum Schicksal. Aus anfänglicher Neugier wird rasch panische Flucht, wenn der ungewohnte Luftzug den Vogel streift oder der Verkehr draußen ihn erschreckt. Er stürmt dann blindlings ins Freie, über Dächer und ganze Straßenzüge hinweg, und kaum ein zuvor noch so zahmer Wellensittich findet von allein heim. Hat er Glück, landet er, angelockt durch die Rufe von Artgenossen bei der Voliere eines Züchters, wo er verhältnismäßig leicht eingefangen werden kann. Oder er fliegt durch ein offenes Fenster in die Behausung eines zahmen Artgenossen. Anhand der Ringnummer läßt sich dann per Fundbüro oder Zeitungsinserat manchmal der Besitzer ermitteln. Die Zeitungen sind voll von solchen Anzeigen.

Für die zahmen Hausgenossen ist es sehr wichtig, daß ihnen zunächst im Sprechunterricht Name und Adresse ihres Besitzers beigebracht werden. Das Nachplappern hat schon manchen ,,Hansi'' in sein Heim zurückgebracht. Gut umsorgt und richtig gepflegt, kann der Stubenwellensittich ein hohes Alter erreichen. Kritisch für den Einzelvogel sind das 5. bis 7. Lebensjahr.

Alternde Weibchen entwickeln mitunter Bauchwassersucht, erkennbar an einem stark aufgetriebenen Unterleib, der auf Druck nachgibt. Sie sind ebensowenig zu retten wie Tiere, die im fortgeschrittenen Alter etwa Legenot bekommen sollten. Ihr Becken ist dann schon zu hart, um sich noch genügend für den Eidurchgang zu weiten. Bei einzeln gehaltenen Weibchen wird die Eibildung durch zucker- und eiweißhaltige Kost von der menschlichen Tafel gefördert. Im Gegensatz zu den Volierenvögeln nämlich naschen zahme, freifliegende Wellensittiche gern von allem, was auf den Tisch kommt. Solange sie jung sind, schadet das wenig, wenn man sie von stark gewürzten Speisen fernhält. Aber für ältere Vögel, etwa ab dem 5. Lebensjahr, sind zuviel Zucker, Fett und Eiweiß schädlich. Die Hähne werden davon zu fett, altern vorzeitig und sterben früh. Die Weibchen werden zur Bildung von Eiern angeregt zu einem Zeitpunkt, der am Ende ihrer eigentlichen Fortpflanzungszeit liegt. Zum Glück bekommen nicht alle gleich Legenot. Manche machen ein volles Gelege und brüten für einige Zeit getreulich auf dem Käfigboden. Man soll sie ruhig gewähren lassen. Nach 8–14 Tagen stehen sie wegen der Aussichtslosigkeit von selber wieder auf, und der Vorfall wiederholt sich kaum. Besser ist es freilich, sie durch naturgemäßere Fütterung gar nicht erst zum Legen kommen zu lassen. Ohne Anregung durch ein Männchen oder durch einen Nistkasten legen Weibchen normalerweise selten.

Bei einzeln gehaltenen Männchen äußert sich der Fortpflanzungstrieb vor allem durch gelegentliches Emporwürgen von Futter für den nicht vorhandenen Partner. Das ist bedeutungslos und keine Krankheit, wenn es auch nicht sehr schön aussieht. Auch dieser Trieb läßt sich durch vernünftige Fütterung einschränken. Dazu gehört die Vermeidung von Hafer, wenn getrennt gehaltene Wellensittiche brutlustig werden. In dieser Zeit onanieren beide Geschlechter auch häufig oder gelegentlich, was nicht weiter schädlich ist und nur periodisch auftritt.

Ich möchte mich hier, auf die Gefahr hin, mich bei der betroffenen Industrie unbeliebt zu machen, gegen ein beliebtes Spielzeug wenden, mit dem fast jeder Wellensittich-Käfig ausgestattet ist: gegen den Spiegel. Wohl tröstet er den alleingelassenen Wellensittich über viele Stunden der Einsamkeit hinweg. Der Vogel unterhält sich mit ihm, gibt ihm Küßchen und versucht ihn zu füttern, weil er in seinem Spiegelbild einen Partner vermutet. Aber der Spiegel erregt auch den erwachsenen Wellensittich zu gewissen Zeiten zu stark geschlechtlich. Besonders das Füttern des Spiegelbildes wirkt auf empfindliche Menschen recht unästhetisch, weil der Spiegel dabei durch Kropfschleim und angedaute Körner verschmiert

wird. Lernt ein Wellensittich nie einen Spiegel kennen, kann er ihn auch nicht vermissen.

Einen oder mehrere Wellensittiche?

Die Haltung von Einzeltieren hat, wie wir gesehen haben, ihre Nachteile. Der Hauptvorteil aber liegt darin, daß Einzeltiere so zahm und an den Menschen anhänglich werden. Wer wenig Zeit hat und sich an der natürlichen Lebensentfaltung der bunten Wellensittiche freuen will, dem sei die Haltung eines Pärchens oder gar mehrerer Vögel in einem entsprechend größeren Käfig empfohlen. Sie werden freilich nie so vertraut mit dem Menschen werden wie ein Einzelvogel. In der Gesellschaft mit ihresgleichen sind sie in der Hauptsache miteinander befaßt und betrachten den Menschen in erster Linie als Futterspender, im besten Falle als eine Art „Nebenkumpan".

Mit einiger Mühe kann es aber auch gelingen, mehrere zahme Wellensittiche zu halten. SWIFT berichtet darüber unterhaltsam:

Er besaß zunächst ein ganz junges Männchen, das er vollständig zähmte und das überaus anhänglich war, außerdem ein talentierter Sprecher. Anstelle eines Spiegels gesellte er diesem Junghahn in dessen Pubertätsalter von 4–5 Monaten ein nestjunges, noch nicht einmal selbständig fressendes Wellensittichweibchen bei. Zunächst vertrat der Hahn, glücklich ob dieses arteigenen „Spielzeugs", an dem Jungvogel ohne weiteres Vaterschaft. Er war in diesem Alter noch nicht ganz auf den Menschen geprägt, und es regte sich in ihm bereits der Fütterungstrieb. So wuchs das Jungweibchen zwischen seinem völlig zahmen Wellensittich-„Vater" und dem menschlichen Pfleger zu einem ebenfalls ganz vertrauten Vogel heran, der allmählich sogar von seinem Pflegevater dessen Sprechrepertoire übernahm, so daß die beiden Vögel schließlich in der menschlichen Sprache „miteinander redeten". Man darf Tiere freilich nie vermenschlichen und etwa glauben, es werde ihnen bewußt, was sie „reden". Es handelt sich lediglich um eine spielerische Nachahmung, die unter Umständen in der gerade passenden Situation ausgelöst wird und so den Eindruck einer menschlichen Vernunfthandlung erzeugt. Was dabei herauskommen kann, bleibt dennoch sehr unterhaltsam. Der geschilderte Wellensittich z. B. verpaarte sich später mit dem von ihm aufgezogenen Weibchen und redete während der Balz zärtlich auf das Weibchen ein, beispielsweise ,,gib Küßchen, lieber Schatz'' u. ä. Als das Weibchen brütete, flog das Männchen – wie alle Wellensittichhähne in dieser Situation – zum Kastenloch. Erstaunlich jedoch war, daß er hineinrief: ,,Komm doch heraus, nun komm''.

Dieses zahme Paar hat Junge gezogen und ist dennoch viele Jahre mit dem Menschen eng verbunden geblieben.

Mit nur ein wenig Verständnis für die Vögel läßt sich fast immer erreichen, daß auch ein Pärchen zum Käfig ein- und ausfliegt, sich auf dem Pfleger niederläßt, am Familienleben teilnimmt. Voraussetzung ist, daß man möglichst junge Vögel beschafft und sie sachkundig eingewöhnt.

Wer keinen Nachwuchs wünscht, braucht wenig Sorge zu haben, daß ein Einzelpaar zur Brut schreitet. Man muß nur natürlich füttern und darf vor allem keine Nistkästen einhängen. Wer in dieser Hinsicht ganz sichergehen will, dem sei die Anschaffung von zwei Männchen empfohlen. Sie vertragen sich zeitlebens gut, kraulen einander und füttern sich gelegentlich. Damit fallen auch die bei Einzelvögeln manchmal störenden Begleiterscheinungen des Geschlechtstriebes fort. So nett einzeln gehaltene zahme Weibchen sein können – vor dem Zusammenhalten mehrerer Weibchen sei dringend gewarnt. Beim Wellensittich ist das weibliche das ,,starke Geschlecht'', und dementsprechend sind die ,,Damen'' untereinander höchst unverträglich. Das ist selbst dann der Fall, wenn keine Männchen mitgehalten werden. Um alles und jedes streiten die Weibchen, am Futternapf, um die besten Sitz- und Schlafplätze usw. Die Streitereien sind nicht immer so harmlos wie die ganz gelegentlichen der Männchen; es kommt nicht selten zu bösen Verletzungen an den Füßen und am Kopf – ganz abgesehen von dem ständigen nervenzerfetzenden Gezeter.

Es ist auch nicht zu empfehlen, mehrere Paare in einem Käfig ohne Brutabsichten zu halten. Es brechen dann zu viele Auseinandersetzungen aus.

Für den Gemeinschaftskäfig im Zimmer nehmen wir also am besten entweder ein Paar oder auch mehrere Hähne. Wird der Käfig mit mehreren größeren Automaten versehen, so kann man eine solche Gemeinschaft auch getrost einige Tage allein lassen. Überhaupt sind die Vögel im Gesellschaftskäfig nicht so pflegeabhängig wie der einzeln gehaltene. Ist der Käfig genügend groß, kann er auch einmal für längere Zeit geschlossen bleiben. Die Sittiche beschäftigen sich miteinander und bewegen sich dabei genügend.

Nachahmungstalent und Sprachbegabung

Wie die meisten Papageien kann auch der Wellensittich die menschliche Stimme täuschend ähnlich nachahmen. Durch einen Zufall wurde diese Fähigkeit entdeckt, und zwar erst in den 30er Jahren. Frau RAGOTZI übernahm damals regelmäßig verwaiste Sittichbabys von einer benachbarten Großzucht, um sie aufzupäppeln. Schon 14 Tage alten Nestlingen fütterte sie mit gutem Erfolg einen leicht aufgekochten, warmen Brei aus geschälter Hirse (käuflich im Reformhaus), Haferflocken und Milch (bei heißem Wetter auch Wasser). Nach mehrmaligem Eintauchen ihres Schnabels lernten es die Kleinen rasch, den dickflüssigen Brei von der Spitze des Löffels einzuschaufeln. Waren die Sittiche 4 Wochen alt, wurde der Brei allmählich durch ganze Körner ersetzt, die sie auf die gleiche Weise aufnahmen, bis sie mit 5–6 Wochen selbständig und genauso munter waren wie normal aufgezogene Junge. Darüber hinaus aber waren diese Tiere völlig furchtlos und zahm, weil sie gelernt hatten, den Menschen als Artgenossen zu betrachten. Während der Aufzucht pflegte Frau RAGOTZI liebevoll mit den Tierchen zu sprechen, wie das bei solchen Aufzuchten zur Routine gehört, um den vertraulichen Kontakt herzustellen. Wie erstaunt war sie, als ihr plötzlich eines der Tierchen im gleichen Tonfall mit einigen Worten, die sie gebraucht hatte, ,,antwortete''! Das war die erste Entdeckung der Wellensittich-Sprachbegabung in Deutschland. Frau RAGOTZI hat noch jahrelang in gleicher Weise junge Wellensittiche in ihre ,,Sprachschule'' genommen und schließlich ein auf diesem Gebiet epochemachendes Buch geschrieben.

Später stellte man fest, daß es zum Zähmen und Sprechenlernen nicht erst des Päppelns bedurfte. Auch bereits selbständige junge Wellensittiche werden nach kurzer Zeit ebenso zahm und lernen, die menschliche Stimme nachzuahmen. Sie dürfen nur bei Beginn des Trainings nicht älter als ungefähr 1/4 Jahr sein. Selbst Halbjährige werden manchmal noch zahm und lernen sprechen. Ältere Vögel dagegen lassen sich nicht mehr in gleicher Weise auf den Menschen prägen.

Wie verfahren wir, wenn wir unserem jungen Wellensittich das Sprechen beibringen wollen?

Voraussetzung ist, daß das Tier völlig zahm ist. Es muß freiwillig zum Pfleger kommen und vertraut auf seiner Hand sitzen bleiben. Dann erst hört es aufmerksam genug auf die menschliche Stimme, was es äußerlich durch Öffnen und Schließen der Augen anzeigt.

Wir wiederholen zunächst laut und vor allem deutlich immer nur einige kurze Wörter, die vorwiegend aus Vokalen bestehen sollen. Es ist zweckmäßig, dem Wellensittich zunächst in dieser Weise seinen Namen beizubringen, der möglichst einfach lauten sollte. So ist z. B. der Satz ,,Ei, ei, ei, der Bubi'' ein guter Lernbeginn. Es ist wichtig, dem Sittich von Beginn an kurze Sätze vorzusprechen und sie immer vollständig zu wiederholen, damit sich später für unser Ohr ein sinnvoller Zusammenhang ergibt. Der nächste Satz sollte aus Name und Adresse des Besitzers bestehen, sofern sie nicht zu lang und zu kompliziert sind.

Mitunter dauert es nur 14 Tage, bis der junge Sittich die ersten paar Worte nachspricht. Es können jedoch auch Wochen und Monate vergehen, bis ein ,, menschliches Echo'' zu vernehmen ist. Auffassungsgabe und Lernvermögen der Vögel sind individuell verschieden, und für den Intelligenzgrad können weder Züchter noch Händler garantieren. Schließlich kommt es auch auf die Eignung des menschlichen Lehrmeisters an. Die höhere Stimmlage von Frauen und Kindern entspricht der des kleinen Vogels eher als tiefe Männerstimmen. Außerdem ist die Geduld der Frauen größer, und daher sind weibliche Lehrer häufig erfolgreicher.

Die beste Unterrichtszeit sind die Morgen- und Abendstunden. In der Dämmerung ist der gefiederte Schüler am aufmerksamsten. Hat er erst einmal ein paar Wörter erlernt, so lernt er in der Regel sehr rasch dazu, ja er beginnt sogar, mitunter Wörter aufzuschnappen und seinem Sprachschatz einzuverleiben, die er nur gelegentlich hört. Gerade deswegen sollte man in der Trainingszeit erlernte Lektionen häufig wiederholen. Sonst könnte ein allzu unvollständiges Kauderwelsch entstehen.

Der junge Sittich sollte in seiner ,,Lehrzeit'' nicht zu sehr abgelenkt werden. Es ist daher besser, Spielzeug zu entfernen und ihm nur kurze Ausflüge im Zimmer zu gestatten. Die Fütterung der sogenannten Sprechperlen ist höchst unnötig, da nach meiner Ansicht das in ihnen enthaltene Lezithin die Nerven vieler sensibler Vögel mehr belastet, als es ihnen nützt. Gesunde Sittiche sind von Natur aus temperamentvoll und benötigen kein Aufputschmittel, das sie oft nur nervös macht. Federrupfen und andere Unarten könnten die Folge sein.

In der Regel lernt ein Wellensittich um so besser und schneller, je jünger er ist. Männchen lernen besser als Weibchen, weil das männliche Geschlecht in seinem natürlichen Stimmrepertoire über mehr Laute verfügt als das weibliche. Es gibt aber auch unter den Weibchen gute Sprecher. Männliche gefiederte Sprachvirtuosen sollen angeblich einen Sprachschatz bis zu 500 Wörtern erreichen. Ich habe solche Tiere noch nicht gehört. Weibchen mit weitaus geringerem Wortschatz sprechen oft deutlicher. Überhaupt muß man darauf achten, sich keinen ,,Nuschler'' heranzuziehen. Es ist oft peinlich, wenn man als ,,Sachverständiger'' irgendeinen Sprachkünstler bewundern soll, der mehr bauchredet, als deutlich Wörter nachahmt. Nur der Pfleger versteht dann seinen Vogel, weil er ihm ja die Wörter beigebracht hat. Hinzu kommt noch die Schwierigkeit, daß viele Wellensittiche, die in vertrauter Umgebung redselig sind, zu großen Schweigern werden, sobald ein Fremder zugegen ist. Im übrigen „spricht" ein Wellensittich selten ausschließlich. Vielmehr verwebt er Erlerntes mit seinem zwitschernden, gurgelnden, mitunter auch krächzenden Naturgesang. Nur wenige besonders begabte Tiere trennen deutlich, d. h. sie zwitschern erst eine Weile, dann sprechen sie plötzlich ganze Sätze und umgekehrt.

In den USA gibt es mechanische Sprachschulen für Wellensittiche, die erwerbsmäßig betrieben werden. Sie bestehen aus ganzen Batterien von Einzelkäfigen mit undurchsichtigen Trennwänden. In jedem Abteil sitzt ein „Schüler", und jedes Abteil enthält einen winzigen Lautsprecher. Über ihn wird in regelmäßigen Abständen mit automatischer An- und Abschaltung ein einfacher Text von einem Tonband übertragen. Das wird so lange fortgesetzt, bis die Mehrzahl der Schüler den Tonbandtext ganz oder überwiegend beherrscht. Dann werden sie als vortrainierte Sprecher verkauft und machen neuen Jungvögeln Platz. Damit sollen sehr gute Erfolge erzielt werden. Spricht ein Wellensittich erst einige Sätze, so kann man mit dem intensiven Training aufhören. Von nun an lernt fast jeder zahme Sprecher bis etwa zu seinem 3. Lebensjahr noch dazu. Oft genug überrascht der Vogel mit neuen Wörtern und Wortkombinationen, und das einmal Erlernte bleibt bei nicht wenigen Vögeln bis ins hohe Lebensalter im Erinnerungsvermögen fest verankert. Aber nicht jeder zahme Wellensittich ist ein Sprachgenie. Manche bleiben trotz aller Mühe auf wenige Wörter beschränkte Stümper, einige lernen gar nichts. Unter den Wellensittichen gibt es auch Spezialisten im Nachahmen anderer artfremder Laute. Der Ornithologe nennt Vögel, die Teile aus den Gesängen anderer Arten nachahmen,

„Spötter". Dafür gibt es besonders bei den Singvögeln viele Beispiele. Spotten kann aber auch der Wellensittich, und hier erweisen sich die Weibchen mitunter talentierter als die Hähne. Ich besaß einmal ein zahmes Weibchen, das den gar nicht so unkomplizierten Gesang eines Stieglitz täuschend ähnlich wiedergab. Die beiden Vögel waren den ganzen Tag über allein. Den Stieglitz hatte ich als Wildfang erworben, und er war anfangs sehr scheu. Er ließ deshalb nach meiner Meinung sehr lange auf seinen Gesang warten, obwohl er sonst munter war. Kam ich abends heim, schlief er bereits, und über das Wochenende ließ er nur ein paar Lockrufe hören. Die Sittich-Dame dagegen hatte sich bald darauf eingestellt, erst abends in meiner Gesellschaft so recht munter zu werden.

So war ich äußerst überrascht, als sie mich eines Abends mit Stieglitzgesang begrüßte. Allein durch sie erfuhr ich zunächst, daß der Stieglitz tagsüber – ungestört – bereits fleißig singen mußte, denn woher sonst sollte der Sittich in einer Großstadtwohnung im 2. Stock diesen Gesang erlernt haben. Später sangen die beiden dann um die Wette oder abwechselnd, so daß ich oft erst beim näheren Hinschauen feststellen konnte, wer gerade seine Darbietung gab. Manche Sittiche lernen Lockrufe und Gesänge von Stadtvögeln, die sie durch das offene Fenster hören, z. B. von Grünfinken und Amseln. Zwiegespräche zwischen draußen schilpenden Spatzen und zahmen Wellensittichen sind an der Tagesordnung, weil der Wellensittich ohnedies einen sperlingsähnlichen Lockruf besitzt. So schließen sich auch entflogene Sittiche vorzugsweise Spatzen an. Umgekehrt bekommt der zum Sonnenbad in seinem Käfig am offenen Fenster stehende Wellensittich häufig Spatzenbesuch. Wellensittiche können aber auch knarrende Türen, Geräusche der Wasserleitung, das Läuten der Türglocke, Hundebellen und dgl. verblüffend genau imitieren.

Rassenbildung durch Selektion

Der Mensch kann durch systematische Zuchtwahl ein Wildtier bis zu einem gewissen Grad in einer gewünschten Richtung verändern. Treten z. B. im Gefieder eines Vogels plötzlich Farbveränderungen auf – in Freiheit oder in Gefangenschaft –, so bedarf es oft nur weniger Generationen mit konsequenter Auslese und überlegter Verpaarung, um solche Farbvarietäten in einem Bestand zu fixieren und planmäßig weiterzuzüchten. Es muß sich natürlich um eine echte Mutation handeln, also um eine Veränderung der Erbanlagen. Gelegentlich kommen auch Farbabweichungen vor, meist Aufhellungen einzelner Gefiederpartien, die nicht weiterzuzüchten sind. Es handelt sich dann meist um krankhaften Pigmentausfall, der nicht direkt vererbbar ist.

Bedeutend schwieriger ist es, Form und Größe durch züchterische Maßnahmen zu verändern. Dazu bedarf es vieler Generationen unter Anwendung rigoroser Auswahl. Selbst bei Rassen, die heute als „festgefügt" gelten dürfen, kommen noch Rückschläge vor. Verschiedene Zuchtziele, z. B. die Veränderung von Gestalt und Größe und die Veränderung des Farbkleides, sind nicht immer leicht zu vereinbaren. Gerade das aber sollte bei einem so farbenfrohen Vogel, wie es der Wellensittich ist, erstrebenswert sein und bleiben. Auf diesem Gebiet gibt es noch lohnende und interessante Arbeit zu leisten. Die Entwicklung ist noch keineswegs abgeschlossen. Erschwerend kommt hinzu, daß sich manche Farbschläge von Typ und Größe her schwerer von der Wildform trennen lassen als andere.

Zucht nach Form und Gefiederstruktur

Die Engländer wollten sie zunächst vor allem möglichst groß haben, und daher züchteten sie Jahrzehnte hindurch immer nur mit den größten Tieren weiter.

In den 30er Jahren unterschieden sich englische Wellensittiche noch wenig von den deutschen. Als aber die deutschen Züchter zu Anfang der 50er Jahre nach dem Kriege die ersten englischen Rassevögel wieder sahen, wollten sie zunächst ihren Augen nicht trauen. Während man hier froh war, aus den wenigen Beständen, die die Kriegswirren überlebt hatten, wieder so weit aufgestockt zu haben, daß die Zoohandlungen mit farbenfrohen „Hansis" beliefert werden konnten, hatte man dort einen Vogel von maximal 21,5 cm Länge herausgezüchtet, mit hochgewölbtem Kopf und breiter Brust, mit Kehltupfen bis zu Linsengröße. Heute wissen wir Näheres über die Zusammenhänge. Die selektive Förderung der Größe besteht praktisch in der fortgesetzten Verpaarung der größten Vögel jeder Brut miteinander, wogegen mit den kleinsten konsequent nicht weitergezüchtet wird. So entsteht ganz allmählich in vielen Generationen – beim Wellensittich ist eine Generation gleich ein Jahr zu rechnen – eine gewisse erblich fixierte Körpergröße; es ist aber bei Vögeln unvermeidlich, daß dabei gleichzeitig das Gefieder immer gröber wird, weil die einzelnen Federn größer werden. Der deutlichste Beweis dafür sind die großen Kehltupfen, eine Hauptzierde des heutigen Schau-Wellensittichs. Jeder Tupfen sitzt nämlich nur auf einer Feder, also haben große, runde Tupfen nur auf entsprechend großen Federn Platz. In meinem Büchlein „Farbschläge des Wellensittichs" sind einzelne Kehltupfenfedern eines rasselosen Tieres denen eines modernen Schauvogels gegenübergestellt. Der Unterschied ist erstaunlich.

Eigenartigerweise findet sich dieses Phänomen bei vielen Vogelarten, auch in der freien Natur. Man spricht von der „Yellow- und Buff-Theorie", die jetzt auch bei den Wellensittichzüchtern die nötige Beachtung findet. Was ist darunter zu verstehen?

Das englische Wort yellow heißt deutsch gelb, buff bedeutet eigentlich lederfarben. Für die züchterische Praxis steht für yellow „tief" (im Sinne von farbtief, glänzend) und für buff „blaß" (blassere, mehr stumpfere Farbe).

Bei den Kanarienzüchtern gilt die Grundregel, stets tiefe mit blassen Vögeln zu verpaaren, wobei das Geschlecht keine Rolle spielt, denn beide Formen sind gleichmäßig auf beide Geschlechter verteilt. Im internationalen Sprachgebrauch hat sich für tiefe Vögel als Symbol A, für blasse Vögel das Symbol B eingebürgert. Ich werde diese Symbole von hier an auch in diesem Buch verwenden.

A-Vögel haben durchweg feinere Federn. Jede einzelne Feder ist schmaler und kürzer, dabei bis in die feinsten äußeren Verästelungen mit Farbstoff durchsetzt. Dadurch wirkt der Vogel kleiner und zierlicher, im ganzen aber farbintensiver. Beim B-Vogel ist das gesamte Gefieder gröber und breiter, der Farbstoff aber reicht nicht in voller Tiefe bis in die Außensäume. Beim Wellensittich ist wohl die Grundfarbe noch erkennbar, aber die Säume sind doch deutlich blasser, fast grau bei den dunklen Farbschlägen, fast weiß bei den hellen. Dadurch wirkt der ganze Vogel größer, gleichzeitig aber auch gröber und blasser.

Bei Wellensittichen gibt es freilich viele Zwischenformen, die als A/B-Vögel bezeichnet werden. Diese fließenden Übergänge erschweren eine genaue Trennung.

Den Begründern der englischen Wellensittichrasse muß heute der Vorwurf gemacht werden, daß sie die A-B-Unterschiede lange Zeit nicht erkannt, zumindest nicht genügend beachtet haben. Sie wollten vor allem große Vögel mit möglichst großen Kehltupfen. So wurden Generationen hindurch in England nur B x B-Verpaarungen durchgeführt. Die negativen Folgen, die z. B. die Kanarienzüchter in aller Welt längst erkannt hatten, wurden lange nicht berücksichtigt.

Ein erster Rückschlag dieser naturgemäß negativen Zuchtauswahl trat bald zutage: eine stumpfere, nicht mehr so glänzende Grundfarbe. Da aber die meisten Wellensittichfarbschläge in der Rubrik „Farbe" auf Ausstellungen nur 15 Maximalpunkte bekommen können, wurde dem wenig Bedeutung beigemessen. Nun aber entstand in den USA und England etwa gleichzeitig eine neue Mutation, die auch der Form nach negativ war: die sogenannten Langflügel. Sie hatten schöne Köpfe und gute Kehltupfen, dennoch waren sie nicht schön. Die Spitzen ihrer Schwingen reichten über die Oberschwanzdecken hinaus, der lange Schwanz hing abwärts, anstatt mit dem Rücken die gewünschte gerade Linie zu bilden. Da in extremen Fällen auch das Rückgrat verlängert schien, hatten sie Schwierigkeiten mit dem Schwerpunkt des Körpers. Sie saßen nach vorn geneigt in geduckter Haltung auf der Stange. Das lange Kleingefieder wirkte unordentlich. Schlimmer noch: Viele der Tiere waren auf einem Auge blind, manche sogar auf beiden.

All diese Folgen fortgesetzter B x B-Verpaarung waren in der Kanarienzucht längst bekannt. Leider sind die Spezialisten selten Kenner beider Vogelarten. Die Vererbung der Langflügel erwies sich als dominant. Heute sind sie weitgehend wieder verschwunden, jedenfalls die teilweise blinde Form. Noch vorkommende können bei geschickter Verpaarung an zu kurze, breite Vögel nützlich sein.

Man achte mehr auf die Breite, indem man kurze, gedrungene, nicht zuletzt auch A-Vögel mit den überlangen Tieren paart. Aber auch heute noch werden mehr B x B-Verpaarungen durchgeführt, und so entstand der massige, wohlgerundete Typ modernen Standards. Das war natürlich nicht ohne Inzucht möglich, was hier keine Abwertung bedeutet, denn bei der Herauszüchtung edler Rassen ist Inzucht unumgänglich. Eigenschaften, die von der Norm abweichen, treten zunächst immer nur in wenigen Stücken auf. Sollen sie gefördert werden, so muß man auf Verwandten-Verpaarungen zurückgreifen, um die gewünschte Eigenschaft zu festigen. Man kann also davon ausgehen, daß ein hoch durchgezüchteter, in den gewünschten Eigenschaften einigermaßen rein vererbender Stamm ingezüchtet ist. Das beweist das Resultat von zeitweise unbedingt notwendigen Auskreuzungen. Wenn nämlich in einem Stamm die Fruchtbarkeit und Widerstandskraft nachlassen – Begleiterscheinungen negativer Inzuchtselektion –, so kreuzt man einen oder mehrere ganz blutfremde Vögel ein. In der ersten Generation ist das Ergebnis oft in Hinblick auf die gewünschten Eigenschaften enttäuschend. Es erfolgt ein mehr oder minder starker Rückschlag auf den Ausgangstyp. Dennoch kann kein Züchter auf periodische Fremdverpaarungen verzichten. Will man einen Wellensittichstamm in der vom Standard geforderten Hochform erhalten oder ihr wenigstens nahekommen, so muß man zwei Schritte nach vorn und einen nach rückwärts tun.

Der „Schritt nach rückwärts" ist in unserem Falle das Einkreuzen blutsfremder Vögel. Man erhält dabei nicht ausschließlich mindere Vögel, und es gibt auch blutsfremde Linien, die sich überraschend gut ergänzen. Aber man muß sehr kritisch prüfen, welche Nachzuchttiere sich nach der Einkreuzung von fremdem Blut am besten zur Weiterzucht eignen. Dazu muß man allerdings alle behalten, bis sie ausgewachsen sind, denn gerade Nachzuchten aus fremden Stämmen entwickeln sich unterschiedlich, und bevor der Nachwuchs 9 Monate alt ist, kann man kein endgültiges Urteil fällen. Manche Jungvögel zeigen im Alter von 6 Wochen einen vorzüglichen Typ und eine sehr gute Haltung; mit etwa einem halben Jahr aber bleiben sie ganz oder teilweise in ihrer Entwicklung zurück, sind entweder unproportioniert oder zu klein, wenn ihr Wachstum abgeschlossen ist. Andere wiederum überzeugen

als Jungvögel in allen gewünschten Eigenschaften so wenig, daß der Züchter geneigt ist, sie dem Händler zu geben. Aber gerade unter ihnen können Exemplare sein, die zwischen dem 5. und 12. Monat zu einem schönen Schauvogel werden. Nur ein sehr geübtes Auge kann Rassequalitäten bereits bei Vögeln im Jugendgefieder erkennen.

Die wissenschaftliche Vererbungslehre kann uns wenig Einzelheiten über die Vererbung von Form und Größe speziell beim Wellensittich sagen. Immerhin gilt als Erfahrungstatsache, daß die Größe dominant vererbt wird. Das bedeutet: Auch weniger gute Vögel können mit einem ähnlichen oder höherwertigen Partner qualitativ bessere Nachzucht bringen. Man kann daher von einem erfahrenen, integren Züchter vertrauensvoll sowohl Jungvögel als auch Rassevögel in ausgefärbtem Zustand kaufen, die keine ausgesprochenen Siegervögel sind oder gar einige Fehler haben. Verpaart man die Tiere nach dem Rat des Züchters, so kann man daraus sehr wohl einige Siegervögel züchten, die besser sind als ihre Eltern. Kein ehrgeiziger Züchter gibt nämlich seine ausgesprochenen Spitzentiere gerne ab. Er hat Jahre gebraucht, sie herauszuzüchten, und wird nur ausnahmsweise zu entsprechenden Preisen verkaufen.

Ein Anfänger kann mit einigen Paaren, die mit kleinen Fehlern behaftet sind, jedoch eine hervorragende Abstammung haben, ebenso rasch zum Erfolg kommen wie mit wahllos aus verschiedenen Stämmen gekauften, teuer bezahlten Siegervögeln. Vor gar zu billigem Einkauf allerdings sei gewarnt: „Halbstandardvögel" haben meist wenig mit dem Standard zu tun. Hat man Erfahrung in der Rassezucht gesammelt und verfügt man über genügend Platz und Zeit, so ist es vorteilhaft, sich zwei parallele blutsfremde Linien aufzubauen. Die Züchter, die die schwierigeren rezessiven Farbschläge züchten, müssen dies ohnehin tun.

Aber was heißt „eine Linie aufbauen"?

Gehen wir davon aus, daß ein Hahn erworben wurde, der nach Form, Größe und Gefieder zur Spitzenklasse gehört. Er bekommt das in den gleichen Qualitäten beste Weibchen aus dem eigenen Bestand, unabhängig von der

Farbe. In der nächsten Generation wird er mit seiner besten Tochter verpaart, die Mutter mit dem besten Sohn; ebenso verpaart man die nächstbesten Geschwister untereinander. Damit sind die erwünschten Erbeigenschaften des Ausgangsvogels verdoppelt, allerdings auch die Erbeigenschaften der Mutter. Jetzt zeigt sich, was in beiden Vögeln steckte, denn nicht nur die positiven, sondern auch die negativen Eigenschaften sind verstärkt und treten zutage: ein Nachteil der Inzucht, der in Kauf genommen werden muß. Aus der 2. Generation sind nur die besten Vögel, gleichgültig aus welcher Verpaarung, zur Weiterzucht zu gebrauchen. Sind sie robust und gesund, gibt man die allerbeste Enkelin nochmals an den Großvater als besten Ausgangsvogel. Danach aber wird es Zeit, eine andere Blutlinie zuzuführen.

Ein etwas schwierigerer Weg ist der bessere: Die Verpaarung des besten Stammbegründers mit mehreren unter sich blutsfremden Weibchen gleich im ersten Jahr. Um ergiebige Bruten zu erzielen, braucht man dazu die Hilfe von Ammenvögeln. Das Problem liegt in der wiederholten Umpaarung des Hahns mitten in der Brutsaison, denn zu einer Vielehe lassen sich die von Natur aus monogamen Wellensittiche nur in Ausnahmefällen verleiten. Der Hahn muß vom ersten Weibchen entfernt werden, noch ehe deren Junge ganz selbständig sind. 2–3 Junge kann sie allein großziehen, weitere müssen anderswo unterlegt werden, während der Hahn zu einem neuen, unverbrauchten Weibchen gesetzt wird. 14 Tage muß man rechnen, bis er seine erste Frau vergessen hat und sich der neuen nähert. Da das neue Weibchen normalerweise auch eine Anlaufzeit benötigt, ist diese naturwidrige Zuchtmethode ein Wettlauf mit der Zeit. Soll der Hahn in einem Jahr mit noch weiteren Weibchen Junge zeugen, so ist es vorteilhaft, ihn so rasch wie möglich von einer zur anderen wandern zu lassen. Je weniger er dabei Weibchen und Junge füttern muß, um so geringer ist die Gefahr der Überanstrengung. Das Füttern nämlich nimmt während der Brutzeit die Wellensittiche am meisten mit.

Stehen ausreichend Ammenpaare zur Verfügung, so ist es als einmaliges Experiment zweckmäßig, auch die benutzten Rasseweibchen nur ablegen zu lassen und die Gelege gleich nach Abschluß anderen Paaren unterzuschieben. Solche Methoden dürfen aber nicht zur Regel werden, denn sonst nehmen wir eine negative Auslese des Brut- und Pflegetriebs vor. Hühner, die nur noch Eier legen, aber nicht mehr brüten und Küken führen, seien ein warnendes Beispiel.

Läuft alles einigermaßen nach Wunsch, so haben wir im Herbst eine Reihe von guten bis sehr guten Halbgeschwistern, die wir im nächsten Jahr untereinander verpaaren: Die beste Tochter wieder zum Vater; die Mütter, die bei unserem Beispiel nicht so gut waren, werden nicht weiter zur Zucht in dieser Linie eingesetzt. Wir haben damit die Erbeigenschaften im Züchterjargon ,,das Blut" des Stammhahnspitzenvogels verstärkt, was der Qualität der Nachzucht zugute kommt. Hat unsere Zucht auf Ausstellungen Erfolg, so haben wir einen soliden Grundstock geschaffen und können bei nachfolgenden Generationen aus weiteren Verpaarungen untereinander schon von einem eigenen Stamm sprechen.

Ein ,,Auskreuzen", d. h. Einführen eines blutsfremden Zuchtvogels, wird aber erforderlich, wenn sich Degenerationserscheinungen zeigen. Man darf das ,,Auskreuzen" dann nicht hinauszögern. Es bleiben nicht nur weitere Erfolge aus, sondern der hoffnungsvoll begründete Stamm kann auch rasch wieder aussterben.

Wiederholt treten in der Schaurasse kaum lebensfähige, geschweige denn fortpflanzungsfähige Tiere auf. Vermutlich als Folge ausschließlicher B x B-Verpaarung haben sie ein unnatürlich verlängertes Kleingefieder und ein so degeneriertes Großgefieder, daß sie nicht fliegen können. Der Kopf ähnelt in extremen Fällen dem von Perückentauben, die Augen sind nicht zu sehen, die Tiere entsprechend sehbehindert (siehe ,,Federputzer" S. 173).

Bis jetzt sind das zum Glück noch Ausnahmefälle, während Mauserschwierigkeiten und Kropfstauungen leider nicht zu den Ausnahmen zu rechnen sind. Mauserschwierigkeiten beginnen bei der Mauser in das Alterskleid und zeigen sich vor allem in einer wie aufgerauht wirkenden Unterseite. Dort, wo die Farbe – Hauptzierde des Wellensittichs – glatt und glänzend sein soll, gibt es Stellen, an denen zottige, weißliche Daunen in den Vordergrund treten, während gleichzeitig einzelne farbige Deckfedern verlängert sind und daher abstehen.

Ich will mit diesen Hinweisen den Freunden des Rassevogels keine Illusionen rauben, noch weniger dem Anfänger den Mut nehmen. Hinweisen muß ich aber auf die unabdingbare Notwendigkeit, den intensiven A-Vogel ebenso zu kultivieren und in der Zucht zu verwenden. Kropfstauungen durch reines Luftschlucken kannte man bisher nur bei den Kropftauben, denen diese Eigenschaft als hier nicht zu diskutierendes Schönheitsideal angezüchtet worden ist. Manche Vertreter der englischen Rassewellensittiche neigen zu derselben Erscheinung. Das Resultat sieht höchst unschön aus. Der Kropf des Hahnes schwillt – meist bei der Balzphase, in der er sich unter Gluckstönen vor dem Weibchen verbeugt – auf einmal so stark an, daß die darüberliegenden Federn abstehen und die nackte Haut darunter erkennen lassen. Dann sitzt so ein Bursche höchst unglücklich da, die Balzlust ist ihm für die nächste Stunde vergangen, und er sieht aus, als hätte er einen Riesenkloß verschluckt. Erst allmählich, und nur wenn der Vogel ganz in Ruhe gelassen wird, geht die Luft wieder ab. Im Schaukäfig tritt die Erscheinung nicht auf, weil der einzeln ausgestellte Vogel kaum an Balz denkt. Es gibt allerdings auch luftschluckende Weibchen.

Zucht nach der Gefiederfärbung

Es ist üblich, beim Wellensittich nicht von Farbrassen, sondern von Farbschlägen zu sprechen. Es gibt eigentlich relativ wenige Farbmutationen, aus denen alle Farbschläge durch Selektion und Kombination entstanden sind. Für den Anfänger sind die vielen Farben und Farbkombinationen so verwirrend, daß er

sich zum besseren Verständnis zunächst die Entwicklung vor Augen führen muß.

Alle Wellensittichfarben können in zwei Hauptkategorien untergebracht werden: die Grün- und die Blaureihe. Die Angehörigen der Grünreihe entsprechen, grob betrachtet, der Farbe des australischen Wildlings. Den Angehörigen der Blaureihe fehlt infolge von Fettfarbverlust der gelbe Farbstoff.

Alle Farbnuancen haben sich daraus in den rund 140 Jahren Wellensittichzucht herausgebildet; sie sind hier und dort plötzlich in Einzelindividuen aufgetreten und wurden daraufhin planmäßig durch Rückkreuzungen weitergezüchtet. Das gilt auch für die Farbe der Zeichnung von Schwarz und Braun bis Weiß (weiß durch völligen Farbausfall).

Manche Züchter widmen sich in erster Linie der Förderung des englischen Rassetyps, andere betrachten es als Hauptziel, schöne Farben und Farbkombinationen herauszuzüchten. Es ist eine längst bekannte Tatsache, daß einige dominant vererbende Farbschläge sich leichter im Typ verbessern lassen als andere und daß die rezessiv vererbenden Farbschläge in dieser Hinsicht die schwierigsten sind. Gerade die schwierigeren sind aber farblich die schönsten, und es reizt gerade erfahrene Züchter, sich auch bei ihnen um die Verbesserung von Typ und Größe zu bemühen. Man kann daher nur einteilen in Züchter der englischen Schaurasse und Züchter, die den Markt für zahme Sprecher versorgen, wobei viele beiden Zuchtrichtungen nachgehen.

Wenn wir nun bestimmte Farben herauszüchten wollen, so müssen wir praktisch denselben Weg beschreiten wie bei der Formenzucht. Nur ist es wesentlich einfacher, allein auf Farben zu züchten, weil hier die Erbgänge weitgehend bekannt und durchschaubar sind. Wir merken uns als Grundregel, daß die Grün- und Blaureihe sich wechselseitig heben: Die Einkreuzung von blauen Vögeln in grüne Linien bzw. umgekehrt fördert die Leuchtkraft der Farbe. Aus den Verpaarungen von Grün/blau x Blau fallen die schönsten grünen und blauen Vögel. Ebenso finden wir eine wechselseitige Förderung im Hinblick auf die Weite der Maske und die Größe der Kehltupfen bei der Kreuzung von Wellensittichen mit normaler Zeichnung und solchen mit Opalinzeichnung. Kreuzen wir Normale mit Zimtern, so erhalten wir dichte Gefiederqualität und tiefe Grundfarbe in Wechselwirkung. Besondere Beispiele werden wir bei den einzelnen Farben besprechen.

Der englische Schau-Wellensittich und sein Standard als Schönheitsideal

Wir haben so viel vom englischen Rassevogel gesprochen, daß es höchste Zeit wird, ihn vorzustellen. Wie er aussehen soll, zeigt die Standardabbildung, wobei wir deutlich sagen müssen, daß dieser geforderte Standard nie ganz erreicht wird und auch nicht erreicht werden soll. Würde der Standard erreicht werden, so hätten die Züchter nicht mehr genügend Anreiz, nach Vollkommenheit zu streben. Genau das trat um die Mitte der 60er Jahre in Großbritannien ein. Daher entschlossen sich die Engländer schon mehrmals zu Änderungen des Standards. Die deutschen Vereine mußten nachziehen, obwohl in Deutschland die breite Masse der Züchter noch Schwierigkeiten hatte, dem vorhergegangenen Standardideal nahezukommen. So stellen wir hier das neue international anerkannte Ideal vor. Es verlangt den Wellensittich im Kopf noch größer, in Brust- und Schulterumfang ausladender, die Maske mit noch größeren Kehltupfen verziert. Die letzten deutschen Bundesschauen und auch manche Landesschau haben in fast allen Klassen gezeigt, daß inzwischen auch in unserem Lande Schauvögel vorhanden sind, die diesem neuen Ideal nahekommen.
Um den Anfängern den Start zu erleichtern, hat der DWV* Leistungsstufen eingeführt, wobei er dem englischen System gefolgt ist. Demnach werden die Aussteller in 4 Kategorien eingeteilt. Es sind dies die „Anfänger",

Bild 17: Idealer Schau-Wellensittich des Deutschen Wellensittichzüchtervereins.

die „Züchter", die „Fortgeschrittenen" und die „Champions". Letztere sind die höchste Leistungsstufe in der schärfsten Konkurrenz. Bei allen weiterführenden Stufen ist ein Abstieg möglich, wenn nicht in jedem Jahr eine bestimmte Schauleistung erbracht wird. Alle Anfänger beginnen naturgemäß in der Anfängerstufe und steigen zu den „Züchtern" auf, sobald sie 5 Medaillen auf Bundesschauen gewonnen haben. Nach einer ähnlichen Leistung in der Züchterstufe erfolgt die Versetzung in die fortgeschrittene Stufe. Eine Rückversetzung in die übrigen 3 Leistungsstufen erfolgt u.a. mangels Beteiligung von mehr als einem Jahr. Um Klassensieger konkurrieren die Aussteller der 4 Leistungsstufen nur unter sich. Um Gruppensieger in allen gängigen Farbschlägen, sowie um Landes- und Bundessieger konkurrieren auf Landes- und Bundes-

* Deutscher Wellensittichzüchter-Verein

schauen jedoch alle gemeinsam, so daß jeder Aussteller die gleichen Chancen für die höchsten Auszeichnungen seiner Vögel hat.

Eigenschaften des idealen Schau-Wellensittichs[**]

Kondition: Ist Bedingung. Wellensittiche, die keine Schaukondition haben, werden von der Bewertung ausgeschlossen.

Typ: Kräftig und gedrungen, Körperformen in harmonischen Rundungen. Schultern und Hals breit, Nacken voll ausgefüllt. Bei gerader Rückenlinie, Körper vom Hinterhaupt bis zur Schwanzspitze abfallend. Brust in einer eleganten Kurve gewölbt. Ganzer Vogel kompakt, ohne fett zu sein.

Länge: 24,5 cm von der höchsten Stelle des Kopfes bis zur Schwanzspitze.

Flügel: Gut anliegend und gerade über den Rumpffedern getragen, nicht gekreuzt. Sie sollen vom Bug bis zum Ende der äußersten Handschwingen ca. 12 cm betragen. Jeder Flügel muß 7 sichtbare, voll ausgewachsene, unbeschädigte Handschwingen haben.

Schwanz: In Verlängerung der Körperachse gerade getragen. Federn glatt und eng anliegend, einschließlich der beiden längsten paarweise angeordnet und vollständig ausgewachsen.

Haltung: Furchtlos und natürlich in einem Winkel von etwa 60° zur Horizontalen auf der Stange sitzend.

Kopf: Groß, rund, breit und symmetrisch von jedem Blickpunkt aus betrachtet; Schädelwölbung von der Nasenhaut beginnend, an der Stirn aufwärts und auswärts, über den Scheitel hinweg bis zum Nacken in einem gleichmäßigen, schwungvollen Bogen.

Schnabel: Klein und rund, gut im Gesicht eingezogen; Oberschnabel über den Unterschnabel hinweg reichend.

Augen: In der Farbe den verschiedenen Farbschlägen entsprechend, ausdrucksvoll und klar. Der Abstand von Stirn, Scheitel und Hinterkopf ist aus dem Idealbild ersichtlich.

Hals: Von allen Seiten voll und breit, im Nacken nicht abgesetzt.

Farbe: Den verschiedenen Farbschlägen entsprechend, gleichmäßig ohne Lücken und andere Schattierungen.

Maske und Kehltupfen: Maske reinfarbig, tief und weit vom Scheitelpunkt bis unterhalb der Kehle reichend, zur Brust in einem gleichmäßigen Bogen gut abgegrenzt. Im unteren Drittel der Maske sollen 6 möglichst große, gleichmäßige und runde Kehltupfen im gleichen Abstand voneinander eine Halskette bilden, wobei die beiden äußeren Tupfen zu beiden Seiten des Kopfes von den dort befindlichen Wangenflecken teilweise verdeckt werden. Farben von Maske, Tupfen und Wangenflecken den verschiedenen Farbschlägen entsprechend.

Beine und Füße: Kräftig und gerade, je 2 Zehen nach vorn und nach hinten gerichtet, mit gleichmäßig gebogenen Krallen versehen, die Sitzstange fest umgreifend. Farben den verschiedenen Farbschlägen entsprechend.

Zeichnung: Den verschiedenen Farbschlägen entsprechend, von deutlich hervortretend, über verdünnt oder farbig umrandet bis vollständig verschwunden (Inos).

[**] Nach dem neuesten Standard (1986) des Deutschen-Wellensittich-Züchter-Vereins (DWV) in der AZ.

Schauklasseneinteilung des DWV

Farbe/Zeichnung/ Mutation	Champion		Fortgeschrittene		Züchter		Anfänger	
	CHA	CHJ	FA	FJ	ZA	ZJ	AA	AJ
Hellgrün	1	21	41	61	81	101	121	141
Hellblau incl. Gelbgesicht	2	22	42	62	82	102	122	142
Graugrün	3	23	43	63	83	103	123	143
Grau incl. Gelbgesicht	4	24	44	64	84	104	124	144
Dunkelfarben incl. Gelbgesicht	5	25	45	65	85	105	125	145
Gelbe***	6/1	26/1	46/1	66/1	86/1	106/1	126/1	146/1
Weiße incl. Gelbgesicht***	6/2	26/2	46/2	66/2	86/2	106/2	126/2	146/2
Grauflügel incl. Gelbgesicht*	6/3	26/3	46/3	66/3	86/3	106/3	126/3	146/3
Lutino	7/1	27/1	47/1	67/1	87/1	107/1	127/1	147/1
Albino incl. Gelbgesicht	7/2	27/2	47/2	67/2	87/2	107/2	127/2	147/2
Hellflügel incl. Gelbgesicht	8/1	28/1	48/1	68/1	88/1	108/1	128/1	148/1
Opalin Hellflügel incl. Gelbgesicht	8/2	28/2	48/2	68/2	88/2	108/2	128/2	148/2
Zimt Hellgrün	9/1	29/1	49/1	69/1	89/1	109/1	129/1	149/1
Zimt Hellblau incl. Gelbgesicht	9/2	29/2	49/2	69/2	89/2	109/2	129/2	149/2
Zimt Graugrün	9/3	29/3	49/3	69/3	89/3	109/3	129/3	149/3
Zimt Grau incl. Gelbgesicht	9/4	29/4	49/4	69/4	89/4	109/4	129/4	149/4
Zimt Dunkelfarben incl. Gelbgesicht	9/5	29/5	49/5	69/5	89/5	109/5	129/5	149/5
Zimt Opalin Hellgrün	10/1	30/1	50/1	70/1	90/1	110/1	130/1	150/1
Zimt Opalin Hellblau incl. Gelbgesicht	10/2	30/2	50/2	70/2	90/2	110/2	130/2	150/2
Zimt Opalin Graugrün	10/3	30/3	50/3	70/3	90/3	110/3	130/3	150/3
Zimt Opalin Grau incl. Gelbgesicht	10/4	30/4	50/4	70/4	90/4	110/4	130/4	150/4
Zimt Opalin Dunkelfarben incl. GG.	10/5	30/5	50/5	70/5	90/5	110/5	130/5	150/5

Farbe/Zeichnung/ Mutation	Schauklassen-Nummernschlüssel der Ausstellerstufen							
	Champion		Fortgeschrittene		Züchter		Anfänger	
	CHA	CHJ	FA	FJ	ZA	ZJ	AA	AJ
Opalin Hellgrün	11/1	31/1	51/1	71/1	91/1	111/1	131/1	151/1
Opalin Hellblau incl. Gelbgesicht	11/2	31/2	51/2	71/2	91/2	111/2	131/2	151/2
Opalin Graugrün	11/3	31/3	51/3	71/3	91/3	111/3	131/3	151/3
Opalin Grau incl. Gelbgesicht	11/4	31/4	51/4	71/4	91/4	111/4	131/4	151/4
Opalin Dunkelfarben incl. GG.	11/5	31/5	51/5	71/5	91/5	111/5	131/5	151/5
	12	32	52	72	92	112	132	152
	13	33	53	73	93	113	133	153
Lacewing Gelb*	14/1	34/1	54/1	74/1	94/1	114/1	134/1	154/1
Lacewing Weiß incl. Gelbgesicht*	14/2	34/2	54/2	74/2	94/2	114/2	134/2	154/2
Rez. Sch. Hellgrün***	15/1	35/1	55/1	75/1	95/1	115/1	135/1	155/1
Rez. Sch. Hellblau incl. GG.***	15/2	35/2	55/2	75/2	95/2	115/2	135/2	155/2
Rez. Sch. Graugrün***	15/3	35/3	55/3	75/3	95/3	115/3	135/3	155/3
Rez. Sch. Grau incl. GG.***	15/4	35/4	55/4	75/4	95/4	115/4	135/4	155/4
Rez. Sch. Dunkelf. incl. GG.***	15/5	35/5	55/5	75/5	95/5	115/5	135/5	155/5
Austr. Sch. Hellgrün***	16/1	36/1	56/1	76/1	96/1	116/1	136/1	156/1
Austr. Sch. Hellblau incl. GG.***	16/2	36/2	56/2	76/2	96/2	116/2	136/2	156/2
Austr. Sch. Graugrün***	16/3	36/3	56/3	76/3	96/3	116/3	136/3	156/3
Austr. Sch. Grau incl. GG.***	16/4	36/4	56/4	76/4	96/4	116/4	136/4	156/4
Austr. Sch. Dunkelf. incl. GG.***	16/5	36/5	56/5	76/5	96/5	116/5	136/5	156/5
Spangle Hellgrün**	17/1	37/1	57/1	77/1	97/1	117/1	137/1	157/1
Spangle Hellblau incl. Gelbgesicht**	17/2	37/2	57/2	77/2	97/2	117/2	137/2	157/2
Spangle Graugrün**	17/3	37/3	57/3	77/3	97/3	117/3	137/3	157/3
Spangle Grau incl. GG.**	17/4	37/4	57/4	77/4	97/4	117/4	137/4	157/4
Spangle Dunkelf. incl. GG.**	17/5	37/5	57/5	77/5	97/5	117/5	137/5	157/5

Farbe/Zeichnung/ Mutation	Schauklassen-Nummernschlüssel der Ausstellerstufen							
	Champion		Fortgeschrittene		Züchter		Anfänger	
	CHA	CHJ	FA	FJ	ZA	ZJ	AA	AJ
Falben*	18/1	38/1	58/1	78/1	98/1	118/1	138/1	158/1
Dom. Kont. Schecken***	18/2	38/2	58/2	78/2	98/2	118/2	138/2	158/2
Schwarzaugen incl. GG.	18/3	38/3	58/3	78/3	98/3	118/3	138/3	158/3
Hauben***	18/4	38/4	58/4	78/4	98/4	118/4	138/4	158/4
Halbseiter u. Neumut.***	18/5	38/5	58/5	78/5	98/5	118/5	138/5	158/5
Paare aus 1–5 incl. GG.	19/1	39/1	59/1	79/1	99/1	119/1	139/1	159/1
Paare aus 9 incl. GG.	19/2	39/2	59/2	79/2	99/2	119/2	139/2	159/2
Paare aus 11 incl. GG.	19/3	39/3	59/3	79/3	99/3	119/3	139/3	159/3
Paare aus 10 incl. GG.	19/4	39/4	59/4	79/4	99/4	119/4	139/4	159/4
Paare aus 8 + 15 + 18 incl. GG.	19/5	39/5	59/5	79/5	99/5	119/5	139/5	159/5
Paare aus 6 + 7 + 14 incl. GG.	19/6	39/6	59/6	79/6	99/6	119/6	139/6	159/6
Paare aus 16 + 17 incl. GG.	19/7	39/7	59/7	79/7	99/7	119/7	139/7	159/7
Kollektionen 8 + 15 + 18 incl. GG.	20/1	40/1	60/1	80/1	100/1	120/1	140/1	160/1
Kollektionen Rest incl. Gelbges.	20/2	40/2	60/2	80/2	100/2	120/2	140/2	160/2

Abdruck mit freundlicher Genehmigung der AZ.
Bundes- und Landesgruppensieger wurden wie folgt ermittelt:
Bundes-/Landesgruppensieger aus 1–5
Bundes-/Landesgruppensieger aus 6 + 7 + 14
Bundes-/Landesgruppensieger aus 8 + 15 + 18
Bundes-/Landesgruppensieger aus 9/1–9/5
Bundes-/Landesgruppensieger aus 10/1–10/5
Bundes-/Landesgruppensieger aus 11/1–11/5 + 14/1–2 + 15/1–5
Bundes-/Landesgruppensieger aus 16/1–16/5 + 17
Bundes-/Landesgruppensieger aus 19/1–7 + 20/1–2

Zeichenerklärung

*	incl. Opalin
**	incl. Zimt und Opalin
***	incl. Zimt, Opalin und Zimtopalin

Die Schauklasseneinteilung ist für Landes- und Bundesschauen ab Schausaison 1986 verbindlich.
Für den Aufstieg in eine höhere Züchterstufe gelten alle aufgeführten Schauklassen.
Bei Geschlechtstrennung werden die Klassen durch 1,0 bzw. 0,1 vor der Klassennummer gekennzeichnet.
Zu den Dunkelfarben (vergl. Klassen 5, 25 usw., sowie 9/5, 29/5 usw., 10/5, 11/5, 15/5, 17/5, 36/5 usw.) gehören die Farben: Dunkelgrün, Dunkelblau, Olivgrün, Mauve und Violett, inklusive alle Gelbgesichter und Gelbköpfe in diesen Farben.
Nicht selbst gezüchtete Vögel mit offenen oder nicht den eigenen Ringen werden in einer *Offenen Klasse* ausgestellt, die mit O bezeichnet wird.

Fehler und Richtlinien für die Wertung von Schauwellensittichen

Die auf Seite 86 wiedergegebenen Standardanforderungen (,,Idealer Schauwellensittich") sind Maximalforderungen. Was von ihnen abweicht, zählt als Fehler. Fehler wurden früher in Deutschland auf einer Bewertungskarte in Abzugspunkten ausgedrückt. Es wurde also nach Punkten gerichtet. Seit 1970 ist das britische Plazierungssystem* auch bei uns angenommen, und zwar für größere Ausstellungen wie Landes- und Bundesschauen und für sogenannte ,,offene Schauen" mit freiem Wettbewerb. Für kleinere Lokalschauen gilt noch das Prädikatsystem, eine Übergangslösung zwischen Punktvergabe und Plazierung. Auf Seite 92 findet sich eine Punkttabelle für die einzelnen Wertungsgruppen. (Klasseneinteilung siehe Seite 87-89).
Hinzu kommt eine 0- (= offene) Klasse für alle 4 Stufen, unter der gekaufte und getauschte Vögel mit fremden Ringen ausgestellt werden können, deren Wert geprüft werden soll. Alle übrigen Klassen sind nur für die Eigenzucht offen; der geschlossene Ring mit der Mitgliedsnummer ist der jederzeit überprüfbare Nachweis dafür, daß der Vogel tatsächlich aus der eigenen Zucht des Ausstellers kommt.
Nach welchen Richtlinien die Zuchtrichter bei ihren Bewertungen vorgehen, zeigt der nachstehende Abdruck aus dem AZ-Standard (mit freundlicher Genehmigung des DWV).
Schau-Kondition: – ist Bedingung, heißt es eingangs. Gemeint ist damit im wesentlichen Gesundheits- und Gefiederzustand sowie gutes Sich-Zeigen auf der Stange im Schaukäfig, bedingt durch vorangegangenes Training. Lassen diese für einen Schauvogel nun einmal notwendigen Eigenschaften viel zu wünschen übrig, so sind solche WS mit entsprechenden Vermerken auf den Bewertungskarten von der

Prämiierung oder überhaupt der Wertung auszuschließen. Dazu gehören fortgesetztes Aufblähen des Gefieders und Schlafen auf beiden Beinen, übermäßiger Fettansatz oder spitz hervortretendes Brustbein (starke Abmagerung), verklebtes Aftergefieder, stark blutende Wunden, grobe Gefiederlücken, z. B. ganz fehlender Schwanz, bzw. Fehlen beider langen Schwanzfedern, Fehlen von mehr als 2 Kehltupfen (außer bei Farbschlägen, die solche nicht zu haben brauchen), viele Blutkiele, kahle Stellen und die geringsten Anzeichen von Grindbefall (,,Schwamm") auf der unbefiederten Haut. – Es gilt ebenso für WS, die sich das Gefieder durch fortgesetztes Toben im Käfig zerstoßen haben und sich gar nicht oder nur für Sekunden auf der Stange zeigen. Bei geringfügigen Beanstandungen der Kondition sind hingegen Abzüge von mindestens 2 Punkten je Fehler, je nachdem was betroffen wird, unter Typ, Haltung, Farbe, Zeichnung usw.

Bild 18: Wellensittich-Fehlerfinder (mit freundlicher Genehmigung des DWV in der AZ).
Erklärung zum AZ-Standard Wellensittich-Fehlerfinder
1. *Kopf zu klein und flach*
2. *Grind auf den Lidern*
3. *vorstehender Schnabel, Risse, Grindbefall*
4. *unregelmäßig eng stehende Kehltupfen*
5. *auslaufende Maske*
6. *hohler Nacken*
7. *flache Brust*
8. *voller Bauch und struppiges Gefieder*
9. *langer Flügel und fehlende Schwingen*
10. *struppiger Bürzel*
11. *zerstoßener Schwanz*
12. *hängender Schwanz*
13. *Grindbefall*
14. *fehlende Kralle*
Vogel mit schlechter vorgebeugter Haltung, gekreuzten Langflügeln und vollem Bauch.
A) *zu steile Haltung*
B) *liegender Vogel mit Hängebauch und Rucksackbürzel*
C) *Hohlrücken und Langflügel*
D) *zu voller Nacken und zu fett*

---

* Britisches Plazierungssystem: Plazierung in der Reihenfolge von 1 bis 7 innerhalb jeder Klasse mit entsprechender Markierung der Käfige. Anschließend Kür der Sieger nach den gesamten Klassenbesten einer Schau und nach den oben erwähnten Gruppen.

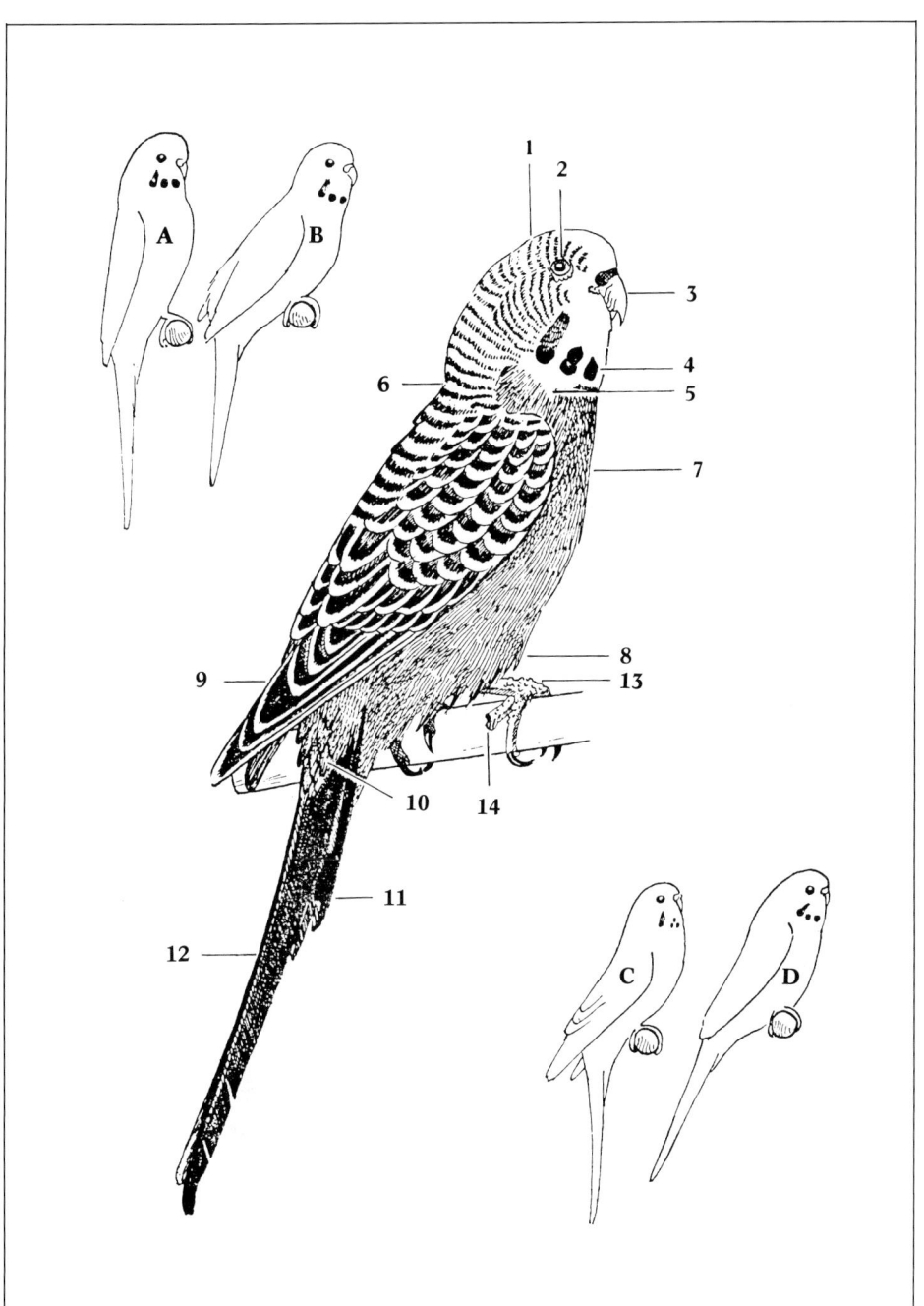

Punkttabelle nach WS-Schauklassen

	Normale, Grauflügel, Zimter, Opaline, Lacewings, Spangles, Falben, übrige Farben	Inos, Gelbe und Weiße mit Anflug, Hellflügel, Gelbe und Weiße Schwarzaugen	Rez. Schecken	Austr. Schecken, kont. Schecken und Hellschwingen	Hauben
Kondition ist Bedingung! Größe, Typ Haltung und Flügelstellung	45	45	45	45	45
Größe und Form des Kopfes	20	20	20	20	20
Farbe	15	35*	20	15**	10
Maske und Kehltupfen	15	–	–	10	10
Zeichnung	5	–	15	10	5
Haube	–	–	–	–	10
Höchstbewertung	100	100	100	100	100

* Bei Normal-Hellflügeln Kontrast zwischen Grund- und Zeichnungsfarbe, bei Opalin-Hellflügeln Farbzusammenspiel.

** Einschließlich Farbverteilung bzw. Band, bei Hellschwingen aufgehellte Schwingen und Schwanzfedern.

Anmerkung: Gewisse Verschiedenheiten in der Auslegung, im besonderen von Farbe und Zeichnung bei manchen Gruppen, siehe unter Beschreibungen für die einzelnen Farben.

Falls Prädikate vergeben werden:
75– 79 Punkte = befriedigend – Abkürzung: - b -
80– 84 Punkte = gut – Abkürzung: - g -
85– 89 Punkte = sehr gut – Abkürzung: - sg -
90–100 Punkte = vorzüglich – Abkürzung: - v -
Jedes Prädikat kann außerdem mit römischen Zahlen (I–...) abgestuft werden.

vorzunehmen. Nicht ausgefärbte Jungvögel sind auszuschließen.

Typ: Wie eingangs erwähnt, hat sich dieser zugunsten eines sehr breiten, kräftigen, gedrungen und nicht mehr schmal wirkenden Vogels geändert, vor allem in der Schulter- und Brustpartie, im Verhältnis zu dem früheren schlanken Typ (vgl. Standard-Idealbild). Nur auf breiten Schultern kommt der heute gewünschte, große, breite und hohe Kopf richtig zur Geltung. Unter Typ allgemein versteht man die harmonisch aufeinander abgestimmten Proportionen aller Körperteile. Alles, was davon abweicht, ist zu vermerken und durch Abzugspunkte von mindestens 3 bei geringfügigen Fehlern, bei schweren von 10 und darüber zu berechnen.

Länge (Größe): Läßt bei der Mehrheit der heutigen Schau-WS kaum noch zu wünschen übrig. Bei Untergrößen hinsichtlich Länge, Breite und Körpervolumen sind mindestens 5, bei auffälligem Zwergwuchs 10 Punkte abzuziehen. Das gilt sinngemäß auch für Unterlängen. Auf beide ist besonders zu achten.

Flügel (einschließlich Flügelstellung): Auffallend gekreuzte Flügel sind selten bei Schauvögeln. Aus Nervosität schwach gekreuzte sind mit 2 Abzugspunkten zu ahnden. „Langflügel" (gelegentlich mutationell bedingt) reichen mit den Spitzen der Handschwingen über die Oberschwanzdecken hinaus und sind zudem meist an im ganzen zu hoch gestellten Flügeln und hängenden Schwänzen erkennbar. Für diesen Fehler sind mindestens 5–10 Punkte abzuziehen, für fehlende Schwingen 2 Punkte je Schwinge, für zerstoßene Schwingen (Kondition) mindestens 3 insgesamt, desgleichen für stark hängende oder hoch stehende Flügel.

Schwanz: Es ist nicht nur auf zerstoßene, verbogene oder auseinanderstehende, sondern auch auf zu lange Schwänze zu achten. Letztere sind meist am Herabhängen unterhalb der Körperachse kenntlich. 2–5 Abzugspunkte je nach Ausmaß des Fehlers. Für eine fehlende lange Schwanzfeder sind 5 Punkte abzuziehen.

Haltung: Gute Schauvögel in guter Kondition, vor allem aber gut trainiert, haben selten eine schlechte Haltung. Eine solche entsteht vielfach nur durch Furcht und ist deshalb noch durch einfühlende Handhabe des Zuchtrichterstabes zu korrigieren. Bleibende Fehler (vgl. Fehlerfinder) sind krummer oder hohler Rücken, von der Norm abweichende Beinstellung oder ein zu langes Rückgrat (vgl. „Langflügel"); Konditionsfehler: mangelnde Brustmuskulatur, häufiger noch ein zu schwerer, fetter Körper, der auf der Stange aufliegt. Abzugspunkte für solche Fehler nicht unter 5 und darüber. Die heute gewünschte vorgewölbte Brust ist nicht mit Fett zu verwechseln. Der Winkel zur Stange ist deshalb bei starken Vögeln auch kleiner, gehen die gleichen WS aber in volle Schau- oder gar Balzpositur, so wird er größer. Hier muß sich der Zuchtrichter auf sein geschultes Auge auch als praktischer Züchter verlassen. So ist z. B. ein älteres Weibchen, dessen Unterleib stärker ist und vielleicht die Stange berührt, nicht so hart zu strafen wie ein junger Hahn mit dem gleichen Fehler.

Kopf: Ist zweifellos das wichtigste Merkmal des Schau-WS, am schwersten in der gewünschten Form und Größe zu züchten und im Bestand zu halten. Mit guten Köpfen seiner Schau-WS hat ein Aussteller schon halb gewonnen. An Kopfweite und -breite von vorn und von oben her gesehen, sowie an der Vorwölbung der Stirn fehlt es noch vielen Schauvögeln. Für die in der Urform typischen kleinen Köpfe mit vorstehenden Schnäbeln, wie sie die meisten rasselosen WS, aber auch immer wieder bestimmte sonst schöne Farbschläge zeigen, sind 12 Punkte abzuziehen, für noch zu kleine, aber schon besser proportionierte Köpfe 8. Wesentliche Fehler sind zu schmale oder zu flache Köpfe, sowie abfallende oder auch zu wenig ausgewölbte Hinterköpfe (geknickte Nackenlinie, vgl. Fehlerfinder). Jeder dieser Fehler verlangt 5 Abzugspunkte. Mit 15 Pluspunkten beginnt erst ein Schau-WS-Kopf. Weibchen dürfen eine flachere, sollen aber eine seitlich noch breiter gewölbte Stirn zeigen. Sogenannte „Hahnenköpfe" bei Weibchen sind aber kein Fehler.

Schnabel: Neben einem vorstehenden ist auch ein zu hoch angesetzter Schnabel ein häufiger Fehler. Weitere Fehler: Risse und Schründe im Horn, Verletzungen und Entartungen der Nasenwachshaut, letztere auch farblich (vgl. Geschlechtsmerkmale), Abzugspunkte 2–5. Das Ruhen des Ober- im Unterschnabel anstatt darüber ist ein Erbfehler, der zur Disqualifikation führt.

Augen: WS mit Augenfehlern und -verletzungen, einschließlich Grindbefall der Augenränder und Lider scheiden von der Bewertung aus. Auf die richtige Stellung inmitten des Kopfes und die Farben laut Musterbeschreibungen ist zu achten; 2 Abzugspunkte, bedarfsfalls mehr. Sogenannte ,,Augenbrauen'', d. h. Federwülste oberhalb der Augen, die dieselben teilweise verdecken, sind kein Fehler, sondern erwünscht.

Hals: Ein zu schmaler, geschnürt wirkender Hals ist ein häufiger Fehler, bis zu 5 Abzugspunkten, im übrigen siehe Kopf.

Farbe: Muß den einzelnen Farbschlägen genau entsprechen. Olivgrüne, Mauve, Inos, Hellflügel und Violette leiden am meisten unter Farbfehlern, Graugrüne, Graue und aufgehellte Schwarzaugen am wenigsten. Bei Dunkelgrünen und Dunkelblauen ist wegen der verbreiteten Einkreuzung des Violettfaktors eine gewisse Schwankungsbreite in der Schattierung von Vogel zu Vogel, aber nicht an ein und demselben Vogel zulässig. Die richtige Beurteilung der Farben erfordert neben farbsicheren Augen ein sorgfältiges Studium ihrer Entstehung und Zusammensetzung ebenso auch des Einflusses wechselnder Lichtverhältnisse auf die verschiedenen Farben. Durch wachsende Schaubeteiligung bei gleichzeitig zunehmendem Mangel an geeigneten Räumlichkeiten muß der Zuchtrichter notfalls sogar bei künstlichem Licht Farben richtig beurteilen können. Dabei hebt gelbes Licht die Farben der Grünreihe und stumpft die der Blaureihe ab, die meiste Neonbeleuchtung umgekehrt, während neutrales weißes Licht noch am brauchbarsten ist, wohl aber das Gelb der Gelbgesichter schluckt. Dämmerungs-Tageslicht hebt Blau bis zu Violett und Violett bis zu Lila. Wesentliche Fehler sind bei allen Dunkelfarben neben wechselnder Schattierung am gleichen Vogel (z. B. andersfarbige

Bürzel und Flanken bei Olivgrünen und Mauven, zu blasse Schwänze bei Opalinen) helle Flecken, die durch Gefiederlücken entstehen und demzufolge eigentlich Konditionsfehler sind (vgl. dort). Viele Lutinos kranken an grünlichem Schimmer, Albinos an bläulichem Schimmer, Hellflügel an Kontrastmangel, Kontinentale Schecken und Opaline an zu blasser, unreiner Farbe, Mutation I-Gelbgesichter an zu viel Gelb. Für die erforderlichen Abzüge sollten Aussteller und müssen Zuchtrichter die Punktskala beherrschen, die für Farbe bei den verschiedenen Gruppen von 10 bis 35 Maximalpunkten reicht, wonach sich auch die Höhe der Abzüge richtet. So können einem Haubenvogel mit nur 10 Farbpunkten 4 bis höchstens 5 für blasse Farbe abgezogen werden, einem Lutino mit 35 Maximalpunkten unter Umständen aber 15, Normalvögeln mit 15 Sollpunkten höchstens 5–7. Umgekehrt darf nicht aus Prinzip oder Bequemlichkeit unter ,,Farbe'' abgezogen werden, wenn volle Punkte verdient sind, aber eine Schecke oder ein Normal-WS, die es in anderen Positionen, z. B. Kehltupfen, wieder schwerer haben, werden eher volle Farbpunkte erreichen als z. B. ein Ino oder Hellflügel. Die Punktskalen versuchen allen Farbschlägen gerecht zu werden, erfüllen diesen Zweck aber nur, wenn mit Sorgfalt und Verantwortungsbewußtsein nach ihnen verfahren wird.

Maske und Kehltupfen: Häufige Fehler sind gespaltene Masken, die zugleich meist am unregelmäßigen Abstand der Tupfen die Schuld tragen, aber auch zu kleine, enge Masken, auf denen die gewünschten großen Kehltupfen nicht genügend Platz finden oder gar über die Maske hinaus wachsen. Für zu kleine und gespaltene Masken sind mindestens 2 und bis zu 5 Punkte abzuziehen, für fehlerhafte und fehlende Kehltupfen mindestens je einer, wobei die unterschiedlichen Maximalpunkte (10 oder 15) zu berücksichtigen sind. Beim Wildvogel sind die Kehltupfen oft nur als Striche angedeutet, bei rasselosen WS sind sie klein bzw. tropfenförmig, beim Schau-WS sollen sie möglichst groß und rund sein. Häufige Fehler sind Tupfen unterschiedlicher Größe und Anordnung, d. h. nicht in einer Reihe stehend, übereinanderfallend und nicht im gleichen Abstand voneinander. Außerdem kennen wir bei gerade sonst guten Vögeln doppelte Tupfenketten und ineinanderlaufende Tupfen. Das Entfernen überzähliger Tupfen ist erlaubt, sofern der Gesamteindruck von Maske und Kehltupfen nicht darunter leidet. Durch ungeschicktes ,,Frisieren'' entstandene Federlücken, Abstufungen usw. sind aber durch mindestens 2 Minuspunkte zu strafen. Die länglichen Wangen- oder Bartflecke sind in der Form meist einwandfrei. Auf typische Färbung gemäß Farbschlagbeschreibung ist zu achten. Eine gefleckte oder sonst unreine Stirn zählt auch zur Maske und führt zu 2–12 Abzugspunkten. Das ist leider heute ein sehr häufiger Fehler. Für Masken und Kehltupfen ohne alle gewünschten Standard-Eigenschaften: 10 Minuspunkte.

Beine und Füße: Sehr schwere Vögel neigen mitunter zur O-Beinstellung, verbunden mit fehlerhafter Fuß- und Zehenstellung (Zehen z. T. auf der Stange liegend, anstatt dieselbe umgreifend). Dadurch kommt es nicht selten zu ungleichmäßig und mehrfach gebogenen, überlangen Zehennägeln, den sog. ,,Korkenziehernägeln'', und man erkennt solche Vögel meist schon an ihrer unkorrekten, irgendwie verkrampften Haltung. Da Fußfehler – ob erworben oder angeboren – außerdem mit zur Kondition zählen, sind in der 1. Position mindestens 5 Punkte dafür abzuziehen, desgleichen für eine fehlende Kralle. 2 fehlende Krallen sowie verkrüppelte Beine, Füße oder Krallen schließen von der Bewertung aus. Die richtige Beinfarbe ist gemäß Farbschlagbeschreibungen zu prüfen.

Zeichnung: Alle Abweichungen von den Farbbeschreibungen: Verdünnungen, unerwünschte Verstärkungen, Verwaschungen und fehlerhafte Anordnungen sind je nach den Maximalpunkten der Farbschläge mit Abzügen von 1–7 Punkten je nach Ausdehnung des Fehlers zu ahnden. Bei nur 5 Punkten für Zeichnung, wie in den meisten Farbschlägen, kann man natürlich nur 1–3 abziehen. Bei Normalvögeln in guter Gefiederkondition läßt die Zeichnung meist auch wenig zu wünschen übrig. Das Opalisieren ist ein häufiger Fehler,

der jedoch nicht mit mehr als 3 Minuspunkten zu strafen ist, desgleichen zu dunkle Zeichnung der Zimt-Hähne. Die Mantelzeichnung der Opalinen wurde zur Farbe geschlagen (vgl. Opalinbeschreibungen), so daß eine spezialisierte Bewertung der Zeichnung mit einer 15-Punkte-Skala nur noch für Rezessive Schecken in Frage kommt. Dort sind 3–5 Punkte unter Umständen pro Fehler abzuziehen. Entsprechende Vermerke können für jeden groben Fehler auf den Bewertungskarten gemacht werden, sofern nach dem Prädikatsystem gewertet wird.

Paare: Sinn der Paarbewertung ist es, in Farbe und Zeichnung gleiche, im Typ wohlausgewogene Paare in einem Schaukäfig zu zeigen und die besten im offenen Wettbewerb auszuzeichnen. Der Zuchtrichter verfährt an sich so, wie wenn er Einzelvögel vor sich hätte. Die in allen Positionen errechneten Fehlerpunkte werden mittelnd abgezogen.

Kollektionen: Für die Wertung von 4 oder 6 WS gleicher Farbe und Zeichnung gilt im wesentlichen das unter ,,Paaren'' bereits Gesagte, jedoch ist eine Kollektion mehr als Ganzes zu bewerten, und die Punkte in den einzelnen Positionen dienen nur als Richtschnur, wobei einzelne schlechte WS die Gesamtwertung natürlich auch in den Einzelpositionen selbst dann herabziehen, wenn zugleich einzelne sehr gute WS dabei sind. 5er-Kollektionen sind wegen rechnerischer Schwierigkeiten nicht zugelassen. Die geschlechtliche Zusammensetzung aller Kollektionen soll möglichst ausgewogen sein, also 2,2 oder 3,3 oder gleichgeschlechtlich (4,0, 6,0, 0,4 oder 0,6), Unpaarigkeit ist aber zulässig und spielt bei sonstiger Harmonie keine entscheidende Rolle, es sei denn im harten Auswahlkampf der allerbesten bei großer Konkurrenz. Sinn der Kollektions-Schau ist der Nachweis einheitlicher Stämme. Es sind WS verschiedener Jahrgänge zugelassen. Sind einzelne Vögel innerhalb einer Kollektion krank oder mit groben Konditionsmängeln (vgl. unter Kondition) behaftet, so scheidet die betroffene Kollektion von der Prämiierung aus. Werden auf einer Schau Junge und Altvögel in getrennten Altersstufen bewertet, so können in der Jungenstufe nur Kol-

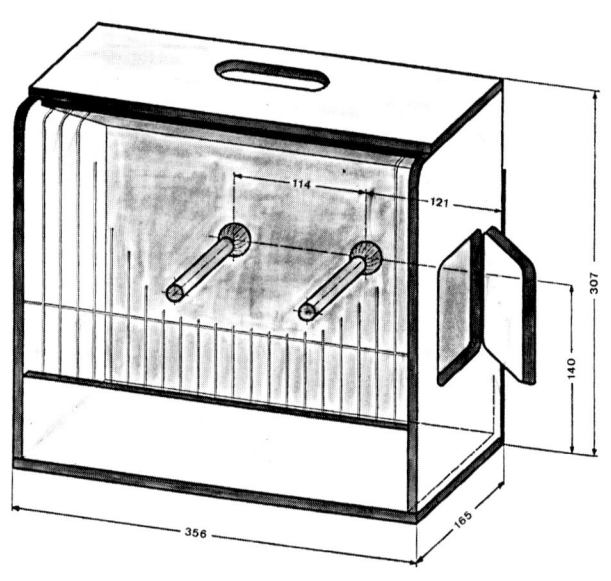

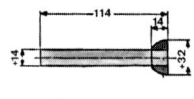

Sitzstange

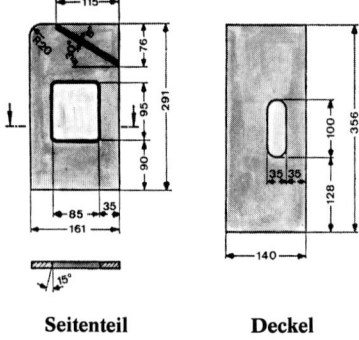

Seitenteil   **Deckel**

Pos.	Stck.	Benennung	
11	1	Vorsatzgitter	
10	1	Türverschluß	
9	2	Scharnier	
8	2	Sitzstange	
7	1	Rückwand	356 x 233 x 4 mm
6	1	Dachschräge	340 x 140 x 8 mm
5	1	Vorderwand	340 x 68 x 6 mm
4	1	Deckel	356 x 140 x 8 mm
3	1	Boden	356 x 161 x 8 mm
2	1	Tür einpassen	99 x 89 x 8 mm
1	2	Seitenteil	291 x 161x 8 mm
Pos.	Stck.	Benennung	

		AZ-DWV
	WS-Ausstellungs-käfig	001

lektionen ausgestellt werden, die nur Jungvögel enthalten, gemischte Kollektionen nur in der Altersstufe.

Die Summe der Abzugspunkte in allen Positionen abgezogen von 100 ergibt das Prädikat. Dieses ist besonders für die Einstufung von – v– bis –g– in I–III für die (Klassen-)Siegerauswahl beim Prädikatsystem zu errechnen, wofür 4 bis 9 unterschiedliche Ergebnisse von Prädikat zu Prädikat zur Verfügung stehen. Die Zuchtrichter sind aber nicht verpflichtet, grundsätzlich für jeden einzelnen WS eine genaue Punktzahl zu errechnen. Die Punkte dienen im wesentlichen nur als Richtschnur für die Bewertung, ausgenommen COM-Schauen.

Käfige:
Einzelne WS und Paare müssen im WS-Einzelkäfig, Kollektionen im WS-Kollektionskäfig ausgestellt werden. (Einzelkäfig siehe Seite 96.)

Kollektionskäfig: Wie Einzelkäfig, aber Außenmaße über alles: Breite 514 mm, Höhe 330 mm, Tiefe 225 mm, Seitenteile: 219 x 314 mm (Tür 100 x 100). Boden: 498 x 212 mm. Deckel: 514 x 194 mm. Dachschräge: 498 x 198 mm. Vorderleiste: 498 x 50 mm. Rückwand: 514 x 243 mm (Stärke 6 mm). Sitzstangen: Länge 194 mm, Stärke 14 mm. Gitter: 477 x 294 mm. Vorgeschriebenes Trinkgefäß: Halbrundes Plastikgefäß über die Vorderleiste nach innen eingehängt oder Einstecknäpfe neben den Sitzstangen (keine Trinkröhrchen). Gitterfarbe weiß, Käfigfarbe innen weiß, außen schwarz.

Bild 19: Wellensittich-Ausstellungskäfig (mit freundlicher Genehmigung des DWV in der AZ).

Die Farbspielarten des Wellensittichs – ihre Entstehung und Entwicklung

Wie kommt es zu der individuellen Färbung im Federkleid des Wellensittichs? Die Grundfarbe des freilebenden Wellensittichs ist grün – ein Grün, das in diesem Fall aus Gelb und Blau gemischt ist. Die Federn grüner Wellensittiche enthalten einen gelben (fettlöslichen) Farbstoff (Psittacin) sowie als winzige Körnchen sogenannte Dunkelfarbstoffe (Melanine), das sind schwarze oder graue bis braune Pigmente in den Federzellen. Das in die Feder einfallende und von ihr reflektierte Licht unterliegt verschiedenen Veränderungen: Der Rotanteil des Spektrums wird von den Melaninen „verschluckt"; die blauen Anteile kehren zu unserem Auge zurück, passieren dabei jedoch den als Gelbfilter wirkenden gelben Farbstoff, so daß wir eine rein grüne Fläche wahrnehmen.

In den ganz oder teilweise schwarz gefärbten Gefiederpartien sitzen die Melaninfarbstoffe oberflächlich und verschlucken das Gelb. Die Melaninkörnchen sind in verschiedener Stärke, Form und Anordnung in den Federzellen eingelagert. So erklärt sich die Verschiedenfarbigkeit der Zeichnung von schwarz über braun bis dunkelgrau, hellgrau und verdünnt blaßgrau.

Bei rein gelben Wellensittichen (Lutinos, gelbe Schwarzaugen) fehlt das Melanin. Dasselbe gilt für die vollständig aufgehellten Gefiederpartien bei Schecken.

So setzen sich die vielen verschiedenen Wellensittichfarben aus relativ wenigen Bausteinen zusammen, die immer wieder verschieden kombiniert sind. Die Farbschattierung der Blaureihe kommt dadurch zustande, daß den Federn dieser Vögel der „Gelbfilter" fehlt. Fehlen sowohl Melanin als auch der gelbe Farbstoff, so erscheinen die Vögel weiß; graue Tiere kommen durch andersartige Melanine bzw. abweichende Anordnung der Melaninfarbstoffe zustande. Mischformen sind die „blauen Gelbgesichter", die in zwei verschiedenen Mutanten auftreten. Bei der Mutante I ist das Gelb auf die Gesichtsmaske und die aufgehellte Bänderung der kürzeren äußeren Schwanzfedern beschränkt (bei Opalinen ist die Gesichtsmaske auf den größten Teil des Kopfes ausgedehnt, weshalb man von Gelbköpfen spricht). Die Federn dieser gelben Partien enthalten gelben Farbstoff, den übrigen Partien, die uns blau erscheinen, fehlt das Gelb. Vögel der Mutante II sehen im Jugendkleid genauso aus; bei der Ausfärbung ins Alterskleid aber entwickeln sie in geringem Maße gelben Farbstoff in nahezu allen Federn. Dies verstärkt sich noch mit zunehmendem Alter von Mauser zu Mauser. Deshalb sehen hellblaue Altvögel dieser Mutante türkisfarben aus, dunkle Formen erscheinen kobaltblau und türkis gemischt, mauve und graue seegrün bis olivfarben. Die dunkle Zeichnung all dieser Vögel ist gelb überhaucht. Melaninverdünnte Weißblaue oder Weißflügel bringen in der Verbindung mit Mutante Gelbgesicht I und II zart creme- bis champagnerfarbene Formen hervor, mehr noch gilt dies für melaninlose Albinos. Auch die berühmten regenbogenfarbenen Wellensittiche sind auf das Zusammenwirken der Gelbgesichtmutationen zurückzuführen.

Auch grüne Wellensittiche haben blaue Federn, nämlich die langen mittleren Schwanzfedern und die Wangenflecke. Die langen mittleren Schwanzfedern sind türkis- bis ultramarinblau, die Wangenflecke violett. Hier enthält die Hornsubstanz der Schwanzfedern nur sehr wenig gelben Farbstoff, in den Federn der Wangenflecke fehlt er ganz. Die Wangenflecke sind überhaupt ganz anders strukturiert. Ihre Federäste sind stärker und bis zum äußeren Saum pigmentiert, weshalb hier die blauen Anteile des Spektrums absorbiert und nur die violetten reflektiert werden. Ähnlich kommt bei einer anderen Mutante der Eindruck einer violetten Grundfarbe zustande. Überhaupt spielt neben der Wechselwirkung der gelben Farbe und der Melanine auch die Struktur der Federn für das farbliche Erscheinungsbild des Wellensittichs eine wichtige Rolle.

Vererbungslehre – die wissenschaftliche Basis der Wellensittich-Zucht

Ohne die Ergebnisse der Vererbungslehre oder Genetik kommt der moderne Züchter nicht aus. Er muß, um die Zusammenhänge zu verstehen, die Grundzüge der Vererbungslehre kennen.

Die Erbanlagen eines jeden Lebewesens liegen im Zellkern, und dort in den sogenannten Chromosomen. Die Chromosomen sind mikroskopisch kleine, fadenartige Gebilde, die sich und die auf ihnen sitzenden Erbanlagen durch Selbstverdoppelung vermehren können. Jedes Lebewesen hat in jeder Zelle eine bestimmte, für die Art kennzeichnende Zahl von Chromosomen, und zwar liegen in den Körperzellen der höheren Tiere und Pflanzen stets zwei identische Chromosomensätze vor. Beim Menschen z. B. enthalten alle Körperzellen 46 Chromosomen, also 2 Sätze zu je 23 Chromosomen. Diese Chromosomensätze sind, mit Ausnahme der sogenannten Geschlechtschromosomen, identisch: Jedes Nichtgeschlechtschromosom hat in der Zelle einen Partner, der dieselben Erbanlagen in anderer (mischerbig) oder gleicher (reinerbig) Ausprägung trägt.

Zellen vermehren sich durch Teilung, und vor jeder Teilung verdoppeln sich die Chromosomen. Nach der Teilung erhält dann jede Tochterzelle eines der Tochterchromosomen. So ist dafür gesorgt, daß alle Zellen eines Lebewesens genau dieselben Chromosomen enthalten und damit auch genau dieselben Erbanlagen. Da die Chromosomen doppelt vorhanden sind, ist auch jede Erbanlage normalerweise zweifach in jeder Zelle vorhanden. Die Befruchtung beruht auf dem Verschmelzen von Spermium (Samenzelle) und Eizelle, wobei auch die Kerne von Samen und Eizelle verschmelzen. Damit hierbei keine vier Chromosomensätze zusammenkommen, wird vor der Entstehung von Ei- und Samenzellen die Chromosomenzahl halbiert: In einem komplizierten Vorgang, den sogenannten Reifungsteilungen, entstehen aus einer Zelle mit zwei Chromosomensätzen vier Zellen, die nur je einen Chromosomensatz enthalten. Die befruchtete Eizelle enthält daher wieder zwei Chromosomensätze, einen von der Mutter, einen vom Vater stammenden. So erhält auch der Embryo je die Hälfte der Erbanlagen vom Vater und von der Mutter.

In jedem Chromosomensatz findet sich ein Geschlechtschromosom. Die Geschlechtschromosomen legen das Geschlecht des betreffenden Organismus fest. Dabei unterscheidet man X-Chromosom und Y-Chromosom. Bei den Vögeln bestimmt das Y-Chromosom das weibliche Geschlecht, das Zusammentreffen von zwei X-Chromosomen ergibt ein Männchen (also umgekehrt wie bei den Säugetieren!). Die Samenzellen der Vögel enthalten in ihrem einzigen Chromosomensatz stets das X-Chromosom, die Eizellen entweder das X- oder das Y-Chromosom. Demnach enthält die befruchtete Eizelle entweder zwei X-Chromosomen – es entsteht ein Männchen, oder sie enthält ein X- und ein Y-Chromosom – es entsteht ein Weibchen.

Diese zunächst kompliziert erscheinenden Zusammenhänge sind für den Wellensittichzüchter überaus wichtig, denn nicht wenige Merkmale werden geschlechtsgebunden vererbt, d. h. die Erbanlagen für diese Merkmale sitzen auf dem X-Chromosom.

Geschlechtsgebunden werden z. B. die Farbvarietäten der Lutinos und Albinos vererbt, die Lacewings, Zimter, Opaline, Schiefer.

Wählen wir als Beispiel die Lutinos. Es gilt zugleich für die anderen genannten Farbschläge.

1. Ein Lutino-Hahn (XX) trägt die Anlage für die Lutino-Vererbung auf beiden X-Chromosomen, besitzt sie also doppelt. Ein Lutino-Weibchen (XY) vererbt ebenfalls die Anlage für Lutino, aber nur auf seinem einen X-Chromosom. Die ganze Nachkommenschaft eines solchen Paares, Männchen wie Weibchen, bekommt mindestens ein X-Chromosom mit. Die Eigenschaft vererbt sich in diesem Falle rein: 1,0 Lutino x 0,1 Lutino = 100% Lutinos in einer Geschlechtsverteilung von etwa 50 : 50.

2. Wird derselbe Lutino-Hahn mit einem Nicht-Lutino-Weibchen verpaart, sagen wir mit einem grünen Weibchen, so kann die Lutino-Eigenschaft nur vom Hahn und nur auf die Töchter vererbt werden. Das einzige X-Chromosom des grünen Weibchens besitzt nämlich die Anlage für Lutino nicht. Die männlichen Nachkommen aus dieser Verpaarung erhalten vom Vater nur ein X-,,Lutino''-Chromosom. Das 2. X-Chromosom, das sie von der Mutter erhalten, enthält nicht die Lutino-Eigenschaft. Da sich helle Farben meist rezessiv verhalten, d. h. von dunklen überdeckt werden, setzt sich das Grün der Mutter bei den männlichen Nachkommen durch: Diese Hähne gleichen in der Farbe ihrer Mutter, können aber die Lutino-Eigenschaft, die sie im einen X-Chromosom

vom Vater erhalten haben, noch weiter vererben. Die Töchter aus dieser Verpaarung dagegen haben vom Vater das X-Chromosom mit der Lutino-Eigenschaft mitbekommen, von der Mutter das farblich neutrale Y-Chromosom – bei ihnen setzt sich die Lutino-Eigenschaft durch und zeigt sich dann im äußeren Erscheinungsbild. Bezeichnen wir das X-Chromosom, das die Lutino-Eigenschaft enthält, mit ,,X'', dasjenige, das sie nicht enthält, mit ,,x'', so würde die genetische Formel für die Hähne Xx lauten. (Um Mißverständnisse zu vermeiden: Wir wählen hier absichtlich des besseren Verständnisses wegen diese sehr einfache Bezeichnungsweise, die mit der in der Wissenschaft üblichen und z. B. auch in den Schullehrbüchern der Biologie zu findenden nicht übereinstimmt.)

3. Nun verpaaren wir einen reinblütig grünen Hahn (xx = *keine* Lutino-Eigenschaft auf dem X-Chromosom) mit einem Lutino-Weibchen (XY = Lutino-Eigenschaft nur auf dem X-Chromosom). Das Ergebnis wird den Anfänger überraschen: Alle Jungen, Hähne wie Weibchen, sind grün. Wie kommt das zustande?

Die Lutino-Mutter gibt ihr X-,,Lutino''-Chromosom an die Söhne weiter, aber deren Erbformel ist wiederum Xx, gleichbedeutend mit Beispiel 2. Die Lutino-Eigenschaft ist zwar noch vorhanden, wird aber durch Grün verdeckt. Die jungen Hähne sind Grün/lutino. Ihrem äußeren Erscheinungsbild (Phänotyp) nach erscheinen sie grün, sie sind aber spalterbig in Lutino. Spalterbigkeit deuten wir immer durch einen Schrägstrich (/) an und schreiben die Farbeigenschaft, in der der Wellensittich spalterbig ist, hinter dem Schrägstrich klein. Alles, was das Tier an Erbeigenschaften verdeckt oder überdeckt in sich birgt, fassen wir unter dem Sammelbegriff ,,Genotyp'' zusammen. Phänotyp und Genotyp brauchen demnach äußerlich durchaus nicht immer übereinzustimmen.

Zurück zu unserem 3. Beispiel. Die Töchter können von dem grünen Vater (xx) keine Lutino-Eigenschaft erben, weil er keine hat. Die Lutino-Eigenschaft der Mutter aber liegt auf dem einzigen X-Chromosom, das nur die

Söhne erhalten (die Töchter erhalten das farblich neutrale Y-Chromosom). Also sind auch die Töchter grün, und zwar reinerbig. Daraus können wir nun eine wichtige Regel ableiten, die wir für alle Verpaarungen brauchen, bei denen die geschlechtsgebundene Vererbung eine Rolle spielt: Weibchen können bei einer geschlechtsgebundenen Eigenschaft, die auf dem X-Chromosom lokalisiert ist, nie spalterbig sein. Ihr Phänotyp entspricht farblich ihrem Genotyp, auch wenn ihre Mütter Lutino- oder Albino- oder Zimt- oder Opalin-Weibchen waren.

In der Schriftsprache unter Züchtern hat sich eine Abkürzung zur Kennzeichnung der Geschlechter eingebürgert: Das männliche Geschlecht wird durch Zahlen vor einem Komma, das Weibchen durch Zahlen hinter einem Komma ausgedrückt. Handelt es sich nur um ein Tier, so wird vor oder hinter dem Komma eine Null verwendet. 1,0 ist also ein Hahn, 0,1 ein Weibchen, 2,0 sind zwei Hähne, 0,3 sind drei Weibchen, 1,1 ist ein Paar, 2,3 sind zwei Hähne und drei Weibchen usw. 1,0 Grün/lutino ist folglich ein grüner Hahn, spalterbig in Lutino.

4. Paaren wir einen 1,0 Grün/lutino zu einem Lutino-Weibchen, so sind theoretisch vier verschiedene Formen von Jungen zu erwarten, und zwar zu etwa gleichen Teilen: Lutino-Hähne, die von jedem Elternteil ein X-Chromosom geerbt haben und demzufolge phänotypisch (ihrem äußeren Erscheinungsbild nach) Lutinos sein müssen (genotypisch XX = Lutino); grüne Hähne, die spalterbig in Lutino sind (Xx), weil sie nur ein X-,,Lutino"-Chromosom mitbekommen haben, während ihr anderes X-Chromosom die Anlage für Grün trägt, das Lutino überdeckt; Lutino-Weibchen, die je ein X-Chromosom vom Vater und von der Mutter geerbt haben, und schließlich grüne Weibchen, bei denen das X-Chromosom des Vaters, das keine Lutino-Eigenschaft trägt, auf das ohnehin farblich neutrale weibliche Y-Chromosom gestoßen ist. Sie sind, obwohl ihre beiden Eltern die Ei-

genschaft Lutino vererben können, reinerbig grün.
5. Als letzte Möglichkeit der Verpaarung bleibt 1,0 Grün/lutino x 0,1 Grün (Xx x xY). Aus dieser Paarung wären theoretisch 25% Lutino-Weibchen zu erwarten, bei denen das X-,,Lutino"-Chromosom des Männchens auf das Y-Chromosom des Weibchens trifft. Die übrigen 25% Weibchen sind reinerbig grün. Bei ihnen hat sich xY verbunden. Ebenso sind nur 50% der zu erwartenden Männchen spalterbig in Lutino, die nämlich, die das ,,X-Lutino"-Chromosom des Vaters mitbekommen haben. Es verbindet sich mit dem x der Mutter wiederum zu Xx. Die verbleibenden 50% Männchen haben die Formel xx, sind also reinerbig grün. Da die spalterbigen wie die nichtspalterbigen Hähne sich trotz ihres unterschiedlichen Genotyps phänotypisch vollkommen gleichen, ist diese Verpaarung für die Lutinozucht nicht zu empfehlen. Nur durch Kontrollverpaarungen in der Folgegeneration kann man nämlich feststellen, welche der Tiere spalterbig sind und welche nicht.
Unser Lutino-Beispiel steht für alle anderen geschlechtsgebundenen vererbenden Farbschläge. Fassen wir noch einmal tabellarisch die Ergebnisse von Kreuzungen von Wellensittichen mit Opalinzeichnung mit solchen von normaler Wellenzeichnung zusammen. Statt ,,Opalin" könnten wir ebensogut ,,Zimt" oder ,,Albino" oder ,,Schiefer" usw. einsetzen.
1,0 Opalin x 0,1 Opalin = 50% Opalinhähne und 50% Opalinweibchen. 1,0 Opalin x 0,1 normal = 50% Normalhähne/opalin, 50% Opalin-Weibchen.
1,0 Normal x 0,1 Opalin = 50% Normalhähne/opalin, 50% Normalweibchen.
1,0 Normal/opalin x 0,1 Opalin = 25% Opalinhähne, 25% Normalhähne/opalin, 25% Opalin-Weibchen, 25% Normalweibchen.
1,0 Normal/opalin x 0,1 Normal = 25% Normalhähne, 25% Normalhähne/opalin, 25% Normalweibchen, 25% Opalinweibchen.
Nur bei 100 Jungen von einem Paar würden die angegebenen Verhältnisse genau stimmen. Das gilt sowohl für das Verhältnis der Geschlechter als auch für das der Farben bei der geschlechtsgebundenen Vererbung.

Dominante und rezessive Erbgänge folgen den Mendelschen Gesetzen. Für die bis dahin bekannten Wellensittich-Farbschläge sind sie bereits Ende der 20er Jahre von DUNCKER in Deutschland und STEINER in der Schweiz erforscht worden. Auf deren Ergebnisse konnten spätere Wellensittich-Genetiker bei der Erforschung der noch hinzugekommenen Farbmutationen fußen.

Wer tiefer in die allgemeine Genetik eindringen möchte, dem sei das Handbuch von BENL empfohlen (siehe Literaturverzeichnis).

Auch bei der dominanten bzw. rezessiven Vererbung von Gefiederfarben und Zeichnungsmerkmalen sind die Erbfaktoren oder Gene jeweils doppelt vorhanden. Sind beide Gene in einem Individuum gleich, so spricht man von Reinerbigkeit, im Gegensatz zur Spalterbigkeit, wenn die beiden auf den einander entsprechenden Chromosomen sitzenden Gene für eine bestimmte Eigenschaft sich voneinander unterscheiden.

Unterscheiden sich die beiden Gene, die für ein bestimmtes Merkmal zuständig sind, so kann in einem einfachen Erbgang nur eines davon dominieren, d. h. hervortreten (dominante Vererbung). Der andere Erbfaktor verhält sich rezessiv, d. h. er tritt zunächst aus dem Erscheinungsbild (Phänotyp) zurück; dennoch bleibt auch dieser Erbfaktor im Erbgut des Vogels erhalten und kann in folgenden Generationen wieder zutage treten. Nach diesen Regeln lassen sich alle übrigen Wellensittich-Farbschläge züchten und kombinieren. Aus dem Zusammenspiel von Dominanz und Rezessivität läßt sich auch die zu erwartende Nachkommenschaft einer jeden Verpaarung ungefähr vorausberechnen. Mit einer einzigen Ausnahme (australisch-grau) ist die Wildfarbe des Wellensittichs (normalhellgrün) dominant über alle anderen Gefiederfarben. Die blaue Mutante verhält sich rezessiv zur grünen Wildfarbe. In der züchterischen Praxis sieht das folgendermaßen aus:

Grün x Blau = 100% Grün/blau (Phänotyp: Grün).

Grün x Grün/blau = 50% reinerbig Grün, 50% Grün/blau (diese Wellensittiche sind alle phänotypisch grün; reinerbig nur durch Kontrollverpaarungen in der nächsten Generation von spalterbigen zu unterscheiden).

Grün/blau x Grün/blau = 50% Grün/blau, 25% reinerbig Grün (beide Formen nicht voneinander zu unterscheiden), 25% reinerbig Blau (rezessiv vererbende Farben sind, wenn sie im Phänotyp auftreten, immer reinerbig).

Grün/blau x Blau = 50% Grün/blau und 50% Blau (woraus zu ersehen ist, daß sich diese Verpaarung für die Grün-Blau-Zucht am besten eignet).

Bei all diesen Beispielen ist es gleichgültig, ob die Männchen oder die Weibchen grün bzw. blau sind. Unser Beispiel gilt für alle Verpaarungen einer dominanten mit einer rezessiven Varietät.

Über die eigentlichen Grundfarben hinaus unterscheiden wir beim Wellensittich *drei verschiedene Schattierungen*, die in allen Farbschlägen mehr oder minder deutlich erkennbar wiederkehren. Auch sie sind erblich bedingt. Bleiben wir zur Erläuterung beim grünen Wellensittich. Es hat sich eingebürgert, die Erbfaktoren (Gene), die die verschiedenen Schattierungen bewirken, Dunkelfaktoren zu nennen. Der hellgrüne Wildvogel besitzt keinen Dunkelfaktor. Der dunkelgrüne Wellensittich besitzt einen Dunkelfaktor. Die eingebürgerte Farbbezeichnung „Dunkelgrün" ist etwas irreführend; früher nannte man diese Vögel treffender „Lorbeergrüne". Tritt der Dunkelfaktor reinerbig auf (in beiden einander entsprechenden Genen), also doppelt, so ist der Vogel olivgrün.

Beispiele:

Hellgrün x Hellgrün = 100% Hellgrün.

Hellgrün x Dunkelgrün = 50% Hellgrün, 50% Dunkelgrün.

Dunkelgrün x Dunkelgrün = 50% Dunkelgrün, 25% Hellgrün, 25% Olivgrün.

Dunkelgrün x Olivgrün = 50% Dunkelgrün, 50% Olivgrün.

Olivgrün x Olivgrün = 100% Olivgrün.

In der Blaureihe bewirken die Dunkelfaktoren die Farben Hellblau (kein Dunkelfaktor), Dunkelblau (ein Dunkelfaktor) und Mauve (zwei Dunkelfaktoren). Daraus ergibt sich:

Hellblau x Hellblau = 100% Hellblau.

Hellblau x Dunkelblau = 50% Hellblau, 50% Dunkelblau.

Dunkelblau x Dunkelblau = 50% Dunkelblau, 25% Hellblau, 25% Mauve.
Dunkelblau x Mauve = 50% Dunkelblau, 50% Mauve.
Mauve x Mauve = 100% Mauve.
Wir sehen, daß die Dunkelgrünen bzw. die Dunkelblauen mischerbig sind. Sie besitzen nur einen Dunkelfaktor und spalten daher zu je 25% auf in Individuen, die keinen Dunkelfaktor mitbekommen (die Hellgrünen und die Hellblauen), und die Individuen, die den Dunkelfaktor doppelt erben (die Olivgrünen und Mauven). Wird schließlich ein Sittich ohne Dunkelfaktor mit einem Sittich kombiniert, der beide Dunkelfaktoren besitzt, so erbt die gesamte Nachzucht einen Dunkelfaktor. Das ergibt:
Hellgrün x Olivgrün = 100% Dunkelgrün.
Hellblau x Mauve = 100% Dunkelblau.
Diese Verpaarungen sind für die reine Farbenzucht sehr zu empfehlen, weil dunkelgrüne und dunkelblaue Wellensittiche wegen ihrer kräftigen Farbe besonders beliebt sind.
Bei Kreuzungen zwischen Grün und Blau vererbt sich der Dunkelfaktor mit einer Ausnahme nach den gleichen Regeln. Dazu einige weitere Beispiele für die theoretische Erwartung der Nachzucht:
Hellgrün/blau x Hellgrün/blau = 50% Hellgrün/blau, 25% Hellgrün (reinerbig), 25% Hellblau (reinerbig).
Hellgrün/blau x Dunkelblau = 25% Hellgrün/blau, 25% Dunkelgrün/blau, 25% Hellblau, 25% Dunkelblau.
Hellgrün/blau x Mauve = 50% Dunkelgrün/blau, 50% Dunkelblau.
Olivgrün/blau x Mauve = 50% Olivgrün, 50% Mauve.
Diese Regeln gelten unabhängig vom Geschlecht für sämtliche Kreuzungen von Wellensittichen der Grünreihe mit denen der Blaureihe. Sie beeinflussen und betreffen nur die Grundfarbe, nicht die erblichen Veränderungen der Zeichnung. Ebenso gelten die Beispiele auf Seite 102 f. für alle Verpaarungen innerhalb der Grünreihe oder der Blaureihe bei sämtlichen Varietäten, die alle in diesen drei Schattierungen auftreten und in diesem Verhältnis gezüchtet werden. Lediglich bei Grau-

grünen und Grauen sind sie für ein ungeübtes Auge schwerer erkennbar. Mit der Zeit aber lernt jeder Züchter hell-, mittel- und dunkelgraugrün bzw. hell-, mittel- und dunkelgrau zu unterscheiden und findet bei der Nachzucht die Vererbung der Dunkelfaktoren bestätigt.
Eine abweichende Vererbung haben die dunkelgrünen Wellensittiche, die spalterbig in Blau sind. Sie muß gesondert betrachtet werden. Normalerweise müßten wir aus einem Paar Dunkelgrün/blau x Hellblau nach den bisher in Beispielen erläuterten Ergebnissen stets ungefähr gleiche Teile 25% dunkelgrüne, hellgrüne, hell- und dunkelblaue Junge erhalten. Tatsächlich erhalten wir aber jeweils nur etwa 6,5% hellgrüne und dunkelblaue und 43,5% dunkelgrüne und hellblaue, oder umgekehrt 43,5% hellgrüne und dunkelblaue und 6,5% dunkelgrüne und hellblaue Junge. Das liegt an einem kreuzweisen Faktorenaustausch bei den Reifeteilungen (bei den Reifeteilungen werden die Chromosomensätze so verteilt, daß vier Keimzellen mit je nur einem Chromosomensatz entstehen). In einem bestimmten Stadium der Reifeteilungen legen sich die einander entsprechenden Partner-Chromosomen aus den beiden Chromosomensätzen dicht aneinander. Dabei können bestimmte Teile der Chromosomen gegeneinander ausgetauscht werden und damit auch die auf diesen Teilen sitzenden Erbfaktoren. Diesen Vorgang nennt man *Crossing over*, und der scheinbar von der Norm abweichende Erbgang bei Wellensittichen der Farbe Dunkelgrün/blau dürfte auf einem solchen Crossing over beruhen. So kann es vorkommen, daß durch ein Crossing over dominante und rezessive Gene gegeneinander ausgetauscht werden.
Wellensittiche in Dunkelgrün/blau besitzen Erbfaktoren für dunkel = D und für blau = B. Die rezessiven Partner dieser Faktoren wären mit d und b zu bezeichnen. Einen Wellensittich Dunkelgrün/blau vom Typ I müßten wir die Erbformel BD/dd zuschreiben (er hat ja jeweils zwei einander entsprechende Chromosomen, auf denen die Anlagen für sich entsprechende Merkmale liegen). Kreuzen wir diesen Wellensittich mit einem hellblauen Partner, so wird die Nachzucht überwiegend

dunkelgrün und hellblau sein, nur wenige Tiere hellgrün und dunkelblau.

Dagegen hat der Typ II Dunkelgrün/blau auf jedem der sich entsprechenden Chromosomen einen dominanten und einen rezessiven Erbfaktor. Seine Erbformel würde Bd/bD lauten. Von ihm ist eine Nachzucht im umgekehrten Verhältnis zu erwarten.

Der Vorgang des Crossing over, der die beiden unterschiedlichen Genotypen in Dunkelgrün/blau hervorbringt, ist kaum zu verstehen, wenn man sich nicht in die Grundzüge der Zellenlehre einarbeitet. Hier ist nicht der Ort, einen Abriß der Zellenlehre zu geben; der interessierte Züchter findet anschauliche Darstellungen in jedem Schulbuch der Biologie, oder bei BENL (siehe Lit.-Verzeichnis). Diese Werke sind heute sehr preiswert und gut illustriert.

Für die Züchterpraxis sind die Ergebnisse wichtig. Im äußeren Erscheinungsbild unterscheiden sich die beiden dunkelgrünen Typen nicht voneinander. Ist ihre Abstammung nicht bekannt, zeigt sich erst bei der Nachzucht aus entsprechenden Verpaarungen, welchem Typ sie angehören, wobei Typ I-Vögel vorwiegend aus Paaren kommen, bei denen der grüne Elternteil dunkler als der blaue ist. Typ II-Vögel fallen aus Paaren, bei denen der grüne Elternteil heller ist als der blaue. Einige *Beispiele*:

Olivgrün/blau x Hellblau = Dunkelgrüne/blau Typ I

Olivgrün/blau x Dunkelblau = Dunkelgrüne/blau Typ I

Hellgrün/blau x Dunkelblau = Dunkelgrüne/blau Typ II

Hellgrün/blau x Mauve = Dunkelgrüne/blau Typ II.

In der Praxis gibt es heute sehr viel mehr Vögel vom Typ II als vom Typ I. Das rührt daher, daß die leider oft recht kleinen und unansehnlichen Olivgrünen aus der Mode gekommen sind; sie wurden durch die farblich ähnlichen, aber körperlich ansehnlicheren Graugrünen verdrängt. Das gleiche gilt für die Mauven im Verhältnis zu den Grauen. Da auch der dunkelgrüne Wellensittich selbst, gleichgültig ob Typ I oder Typ II, als Schauvogel schwierig ist, weil er in Form und Größe oft nicht befriedigt

und im Farbton stark variiert, noch dazu leicht fleckig in der Grundfarbe ist, gibt es davon unter Schauzüchtern auch nicht so viele.

Aus Verpaarungen, bei denen Dunkelblaue und Violette verwendet werden, gehen aber wiederum mehr Typ II Dunkelgrüne hervor.

Außer den dominanten und rezessiven (überdeckenden und verdeckten) Erbgängen finden wir in der Farbwellensittichzucht noch einen intermediären Erbgang, bei dem die beiden sich entsprechenden Erbfaktoren gewissermaßen ,,gleich stark'' sind. Wir finden diesen Erbgang vor allem bei der Zucht der verschiedenen Scheckenfarbrassen und ihrer Kombination. Nehmen wir zunächst als Beispiel die rezessiven Schecken oder ,,Harlekine''. Darunter gibt es sehr helle, also fast gelbe oder weiße Vögel wie auch ganz dunkle, fast grüne oder blaue mit viel schwarzer Zeichnung und nur wenig nach Gelb oder Weiß aufgehellten Gefiederpartien. (Am Rande sei vermerkt, daß die Hähne allgemein stärker zur Aufhellung neigen.)

Der Schau- wie der Farbzüchter will vor allem einen Vogel, in dessen Gefieder Hell- und Dunkelfarben möglichst gleichmäßig vertreten sind. Hier kann er sich die intermediäre Vererbung zunutze machen, indem er einen Vogel, der dem Standard nach zu hell ist, mit einem zu dunklen verpaart. Etwa 50% der Nachzucht werden dann die erwünschte Farbe und Zeichnung zeigen. Hell und Dunkel haben sich zu einer in der Mitte zwischen beiden Eltern stehenden Form kombiniert.

Durch intermediäre Vererbung können aber auch Typen entstehen, die von beiden Eltern erheblich abweichen. Eine davon hat AF ENEHJELM † herausgezüchtet. Es handelt sich auch dabei um Schecken als Ausgangsformen, und zwar um die sogenannten Harlekine, in Kombination mit den Kontinentalen Schecken. Die Harlekine vererben rezessiv, die Kontinentalen Schecken dominant. Was kommt dabei heraus? Aus einem rezessiven Harlekin und einem dominanten (besser: teildominanten) Kontinentalen erhält man in der ersten Generation etwa 50% dieser Dominanten Schecken und 50% nicht gescheckte Wellensittiche. Die ganze Nachzucht ist spalterbig

in ,,Harlekin". Verpaart man die nicht gescheckten Vögel in der nächsten Generation
miteinander, so erhält man 50% dunkle, in
,,Harlekin" spalterbige Vögel, 25% reinerbige
dunkle und 25% reinerbige Harlekine. Verpaart man jedoch die gleichfalls in ,,Harlekin"
spalterbigen Dominanten Schecken, so kommt
die Überraschung: Wir erhalten etwa 50% Dominante Schecken verschiedener Zeichnungs-
und Aufhellungsstufen, 25% nicht gescheckte
Wellensittiche und 25% *rein gelbe* Vögel aus
der Grünreihe bzw. *rein weiße* Vögel, wenn
die Ausgangsvögel der Blaureihe angehört haben. Sie alle haben tiefschwarze Augen ohne
hellen Irisring, die sie wie die Harlekine auch
als alte Vögel behalten. Ebenso haben sie oran-
gegelbe Schnäbel, rosa Füße und Beine, und
die Männchen bekommen auch nur eine rosa-
bis schwachviolette Nasenhaut – alles Merkmale der Harlekine mit Ausnahme der Gefie-
derzeichnung. Eigenartigerweise wurden hier
nicht die Zeichnungsmerkmale der beiden
Scheckenrassen erblich kombiniert, sondern
sämtliche Dunkelfarbe und Zeichnung aufge-
löst. Übrig blieb ein rein aufgehellter Wellensittich. Diese Form bleibt jedoch genotypisch
ein Rezessiver Schecke, eine Kombination
zweier verschiedener Scheckenrassen, die in
dieser Form nicht rein weitervererbt. Verpaaren wir die aufgehellten Tiere untereinander,
so erhalten wir zwar 75% aufgehellte Schwarzaugen, aber auch 25% reinerbige Harlekine.
Unter den Aufgehellten sind noch 75% mit
nur einem Erbfaktor für ,,aufgehellt", so daß
auch sie in der nachfolgenden Generation weitere 25% Harlekine bringen. Nur die restlichen 25% der Aufgehellten besitzen schon
zwei Erbfaktoren für dieses Merkmal. Sie vererben rein weiter. Um zu diesem Ergebnis zu
gelangen, braucht man also drei Generationen. Um die Schwarzaugen in Typ und Größe
zu verbessern und auf einem für Schauvögel
lohnenden Niveau zu halten, rate ich parallel
dazu einen Stamm Kontinentaler und Rezessiver Schecken zu züchten, um periodisch entsprechende Einkreuzungen vornehmen zu
können.
Auch bei der Herauszüchtung von Größe,
Form und Zeichnung liegen die Nachkommen

oft zwischen den Elterntieren, obwohl die
Größe nach OSER (zitiert STEINER) theore-
tisch dominant vererbt wird. So wird der
Züchter einen etwas klein geratenen, aber
formschönen Vogel in einer Farbe, die er erhalten will, an einen möglichst großen, schweren Formvogel stellen, in der Hoffnung, daß
wenigstens ein Teil der Nachzucht dann in der
Größe zwischen den beiden Elterntieren liegt.
Ähnlich verfahren viele Züchter, wenn sie die
Form verbessern wollen, obwohl sich nicht in
jedem Fall der gewünschte Erfolg einstellt.
Von einer intermediären, ,,vermittelnden"
Vererbung können wir auch bei der Anordnung und Größe der Kehltupfen sprechen,
ebenso bei der Größe und der Ausdehnung
der Maske. Wellensittiche mit normaler Wellenzeichnung neigen zu genügend weiten Masken, gleichzeitig aber zu kleinen, wenn auch
gleichmäßig angeordneten Kehltupfen. Umgekehrt sind Sittiche mit Opalinzeichnung für ihre vielfach zu engen Masken bekannt, aber
ebenso für ihre großen, oft in Doppelketten
angeordneten Kehltupfen. Bis zu einem gewissen Grade lassen sich diese unschönen
Tupfenansammlungen durch Kreuzungen von
Opalin- mit Normalvögeln ausgleichen. Mindestens bei einem Teil der Nachzucht bewirkt
die Kreuzung weite Masken, auf denen die gewünschten großen, runden Kehltupfen symmetrisch angeordnet sind.
Diese Methode hört sich allerdings etwas einfacher an, als sie in der Praxis ist. Hier sind
viele verschiedene Erbfaktoren im Spiel, und
die vom Züchter gewünschte Kombination ist
doch relativ selten. Außerdem bringt die Normal x Opalin-Kreuzung leider häufig eine unerwünschte Intermediärform hervor: Die Wellenzeichnung eines Normalvogels soll scharf
abgegrenzt schwarzgelb in der Grünreihe und
schwarzweiß in der Blaureihe sein; die des
Opalinvogels unterscheidet sich durch
schwarze Tupfen mit grüner bzw. blauer Um-
randung. Das bringt bei guten Opalinen jenen
gewünschten opalisierenden Schimmer hervor, von dem diese Varietät den Namen er-
hielt. Die Intermediärform weist nun häufig eine weitläufige, unregelmäßige Normalzeichnung mit opalisierenden grünen oder blauen

Federrändern auf. Das führt zu einem unharmonischen Gesamteindruck, einer unschönen Mischform, die auf den Ausstellungen selten oder nie vorne liegt. Bei den Opalinen aus Normalen wiederum führt die Zufuhr des vermehrten schwarzen Pigmentes des Normalvogels häufig zu jenen höchst unerwünschten schwarzen Flecken vom Hinterhaupt abwärts zum Rücken („Mantel" im Standard); gerade diese Gefiederzonen sollen bei einem guten Opalinvogel möglichst fleckenlos reinfarbig sein. Man muß also bei fortgesetzten Opalin x Normal-Kreuzungen neben guten Vögeln auch mit sehr viel Ausschuß rechnen. Viele Züchter hat das veranlaßt, normale und opaline Linien vorzugsweise rein zu züchten und nur gelegentlich Anleihen bei der einen oder anderen Linie zu machen. Dem Schauvogelzüchter möchte ich raten, diesen Weg einzuschlagen. Mit der Zeit bekommt man Fingerspitzengefühl dafür, wann eine Kreuzung dieser Art erfolgversprechend ist und wann nicht. Schließlich neigen Opaline eher zu den berüchtigten Stirnflecken als Normale. Dieser sich hartnäckig vererbende Fehler läßt sich nur durch wiederholte Verpaarungen mit reinstirnigen Normalen eliminieren.

Die Farbschläge

Wellensittiche mit normaler Zeichnung

Normal-Hellgrüne (Wildfarbe)

Dieser Wellensittich ist nicht nur der ursprünglichste, er ist für viele Liebhaber nach wie vor der schönste. In England war er lange Zeit als Schauvogel führend und diente zur Verbesserung vieler anderer Farbschläge. Leider hatte man um der Schönheit willen und in dem Irrglauben, der Wildgrüne behielte seine robuste Gesundheit und Fruchtbarkeit für alle Zeiten bei, extreme Inzucht betrieben. So ließen die positiven Zuchteigenschaften empfindlich nach. Erst durch Einkreuzung der später populär gewordenen Graugrünen wurde die Fruchtbarkeit der Hellgrünen wieder verbessert, wo-

bei sich beide Farben im Hinblick auf Formqualitäten vortrefflich ergänzten.

In Deutschland hat die Zucht der Hellgrünen ebenfalls einen hohen Stand erreicht. Auch hier werden sie mit bestem Erfolg zusammen mit Graugrünen als Schauvögel gezüchtet. Graugrüne Wellensittiche sind die einzige Mutante, die gegenüber der Wildfarbe zum Teil dominiert. Aus Hellgrün x Graugrün erhalten wir gleich in der ersten Generation etwa 50% Hellgrüne und 50% Graugrüne von fast gleichwertiger Qualität, vorausgesetzt, daß die Ausgangsvögel aus hoch durchgezüchteten Stämmen kommen. Bei sehr harter Konkurrenz schneiden auf großen Schauen allerdings die Graugrünen nicht selten doch noch ein wenig besser ab.

Es lohnt sich, Hellblaue mit dem gleichen Stamm zu züchten. Auf diese Weise erhält man auch Graue und damit vier verschiedene Farben von etwa gleich guter Qualität.

Beispiele: Hellgrün/blau x Hell-Graugrün/blau = jeweils 75% Hellgrüne und Graugrüne und 25% Hellblaue und Graue.

Hellgrün/blau x Grau/blau = (etwa) 25% in den genannten vier Farben.

Reinerbige Hellgrüne findet man heute höchst selten, weil die englische Schaurasse in dieser Farbe in Reinzucht zur Sterilität neigt. Die Einkreuzung von Blau (oder Grau, das spielt keine negative Rolle) fördert die Intensität der grünen Farbe und umgekehrt.

Normal-Hellblaue

Normal-Hellblaue waren die ersten blauen Wellensittiche, die in den 20er Jahren in Deutschland aus den wildfarbigen Hellgrünen mutierten. Ihnen fehlt der erwähnte „Gelbfilter" in den Federn. Dieses Gelb ist eine Fettfarbe, die bei papageienartigen Vögeln als „Psittacin" wissenschaftlich klassifiziert ist. Denken wir uns diese weg, so bleibt der leuchtend hellblaue Wellensittich. Früher wurde diese Farbe „Himmelblau" genannt, doch ist das Blau des Himmels zu variabel, um diese bei den meisten Vögeln gleichbleibend schöne Farbe zu kennzeichnen. Die gelbe Maske wird zu einer weißen, die Wellenzeichnung ist schwarzweiß, die Kehltupfen sind schwarz

Bild 20: Hahn, Normal-Hellgrün

Bild 21: Hahn, Normal-Graugrün

flecke violett, die langen Schwanzfedern von einem tiefen Türkisblau.

Die Hellblauen sind inzwischen unter den Konsumvögeln genauso zahlreich und beliebt, wie unter den Schauvögeln. Sie haben schon mehrfach Bundessieger gestellt und sind häufig unter den Landessiegern zu finden. Man kann sie unter Berücksichtigung ihrer rezessiven Vererbung sehr gut mit Hellgrünen in einem Stamm züchten und bei entsprechendem Typ der Ausgangsvögel auch ruhig über einige Generationen rein züchten. Sobald das Blau verblaßt, wird wieder eine Einkreuzung von Grünen notwendig. Da sie keinen Dunkelfaktor besitzen, worin sie den Hellgrünen gleichen, sind aus den Verpaarungen Hellgrün/blau x Blau nur Hellgrüne und Hellblaue zu erwarten. Lassen Typ und Größe nach, so empfiehlt sich die Einkreuzung guter Grauer und ruhig auch Graugrüner/blau, wobei allerdings die Hellgrauen und Hellgraugrünen vorzuziehen sind (Unterscheidungsmerkmale sie-

Bild 22: Hahn, Normal-Grau, Buff-Typ

obwohl die Konkurrenz deshalb natürlich groß ist, besonders auf Bundes- und Offenen Schauen. Auf Vereins- und manchen Landesschauen bestehen jedoch noch Chancen, zumal nicht überall hochwertige Stämme vorhanden sind. Im übrigen halten sich die Preise für gute Vögel in diesen Farben schon in Grenzen, wenn man nicht gerade Siegervögel kaufen möchte. Die Verwandten aus einem Siegerstamm tun es auch, wenn man sich ehrlich beraten läßt.

Normal-Dunkelgrüne und -Dunkelblaue

Diese beiden schönen, aber nicht ganz so einfach in guter Schauqualität zu züchtenden Farbschläge können zusammen besprochen werden, weil sie einen Dunkelfaktor und auch sonst manches gemeinsam haben. Als Schauvögel neigen beide zu geringerer Größe und zu einem schwächeren Typ. Für den Konsumvogelzüchter stellt sich dieses Problem nicht. Er braucht nur je einen dieser Dunkelvögel mit den eingangs erwähnten Sittichen ohne Dunkelfaktor zu verpaaren und bekommt schon je zur Hälfte dunkle und helle Junge. Verpaart er dagegen 2 Dunkelvögel miteinander, so bekommt er nur 50% Junge in diesen Farben, daneben 25% ohne Dunkelfaktor, also Hellgrüne und/oder Hellblaue und 25% mit doppeltem Dunkelfaktor. Das sind die Olivgrünen und Mauven, von denen noch gesondert die Rede sein wird und die wegen der gedeckteren Farben als Konsumvögel nicht so beliebt sind. Der Schauzüchter hat außer den genannten Schwierigkeiten mit Typ und Größe noch Probleme mit der Farbe, die bei den Dunkelvögeln mit *einem* Dunkelfaktor ziemlich stark variiert. Bei den Dunkelgrünen kommen Vögel mit nur wenig dunklerem Grün als das der Hellgrünen vor. Sie sind also nicht recht Fisch noch Vogel, und es gibt auch Vögel von recht stumpfer, dunkler Farbe. Gewünscht wird aber ein leuchtendes, glänzendes Lorbeergrün. Bei den Dunkelblauen gibt es wieder Tiere, die den Hellblauen recht ähnlich sind, bis zu solchen mit einem stumpfen Dunkelblau. Gewünscht wird jedoch ein leuchtendes Kobaltblau. Beide haben tief dunkelblaue lan-

he S. 112), da auch diese keinen Dunkelfaktor haben. Wer in dieser Form vorgeht, ist durchaus und ohne viel Kopfzerbrechen in der Lage, die genannten 4 Farben in gleich guter Qualität und mit der Aussicht auf Ausstellungserfolge in einem Stamm zu züchten. Voraussetzungen sind nur der richtige Blick und die Kenntnis der einfachen Grundregeln der dominanten sowie rezessiven Vererbung. Diese Farbengruppe ist deshalb auch Anfängern in der Schauwellensittich-Zucht zu empfehlen,

DEUTSCHER WELLENSITTICHZÜCHTER-VEREIN (DWV)

Austauschzentrale d. Vogelliebhaber u. Züchter e.V.

(AZ)

Nr.

Zucht-Stammkarte

. . . .

Geschlecht: . . . . DWV-Ring: . . . . Amtl. Ring: . . . .

Farbe: . . . .

spalterbig in: . . . .

Alter (Monat u. Jahr): . . . .

abgegeben an: . . . .

. . . .

Bemerkung: . . . .

. . . .

Züchter: . . . .

. . . . AZ-DWV-Mitglied Nr.: . . . .

Abstammungsnachweis

Eltern	Großeltern	Urgroßeltern
1,0 Ring Nr.: . . . . Farbe: . . . . spalt: . . . . Züchter: . . . . Bemerk.:	**1,0** Ring Nr.: . . . . Farbe: . . . . spalt: . . . . Züchter: . . . . Bemerk.:	**1,0** Ring Nr.: . . . . Farbe: . . . . Züchter: . . . . **0,1** Ring Nr.: . . . . Farbe: . . . . Züchter: . . . .
	0,1 Ring Nr.: . . . . Farbe: . . . . spalt: . . . . Züchter: . . . . Bemerk.:	**1,0** Ring Nr.: . . . . Farbe: . . . . Züchter: . . . . **0,1** Ring Nr.: . . . . Farbe: . . . . Züchter: . . . .
0,1 Ring Nr.: . . . . Farbe: . . . . spalt: . . . . Züchter: . . . . Bemerk.:	**1,0** Ring Nr.: . . . . Farbe: . . . . spalt: . . . . Züchter: . . . . Bemerk.:	**1,0** Ring Nr.: . . . . Farbe: . . . . Züchter: . . . . **0,1** Ring Nr.: . . . . Farbe: . . . . Züchter: . . . .
	0,1 Ring Nr.: . . . . Farbe: . . . . spalt: . . . . Züchter: . . . . Bemerk.:	**1,0** Ring Nr.: . . . . Farbe: . . . . Züchter: . . . . **0,1** Ring Nr.: . . . . Farbe: . . . . Züchter: . . . .

ge Schwanzfedern, da gibt es keine Schwierigkeiten. Beiden ist aber auch gemeinsam, daß sie bei der geringsten Mauser an Stellen, wo das Untergefieder hindurchschimmert, helle Gefiederstellen zeigen. Sie zeigen überhaupt gern fleckige Farben, was jeweils zu Abzügen auf den Ausstellungen führt.

Die beiden klassischen Dunkelfarben sind schon recht alt. Die ersten Dunkelgrünen mutierten bereits in französischen Massenzuchten Ende des 19. Jahrhunderts aus Hellgrünen heraus, lange bevor es Blaue gab. Die ersten Dunkelblauen waren dann eine rasche Folge nach Erscheinen der Hellblauen in der 2. Generation durch die Verpaarung Dunkelgrün x Hellblau gegen Ende der 20er Jahre.

Erst durch das Auftreten der Graugrünen und Grauen wurden auch die Dunkelgrünen und Dunkelblauen vollwertige Schauvögel, von denen man heute zumindest auf größeren Ausstellungen volle Klassen sehr schöner Tiere durch alle Leistungsstufen sieht. Jedoch sind die Beschickungszahlen noch längst nicht so hoch wie bei leichter zu züchtenden Farben, weshalb es für den fortgeschrittenen Züchter schon noch lohnend ist, sich darauf zu spezialisieren.

Wir nehmen zum Einkreuzen am besten die Parallelvögel, nämlich die Mittelgraugrünen und -Grauen, die ebenfalls einen Dunkelfaktor besitzen, um bis zu 50% verbesserte Dunkelgrüne und Dunkelblaue dann zu züchten, wenn wir von hervorragender Qualität bei den Graugrünen und Grauen ausgegangen sind. Aus einer Verpaarung Graugrün/blau x Dunkelblau können wir zum Beispiel sowohl gute Dunkelgrüne als auch Dunkelblaue in einem Nest liegen haben. Es ist ein Irrglaube, daß das eher stumpfe Graugrün und Grau die Leuchtkraft der dunkelgrünen und dunkelblauen Farben negativ beeinflußt. Das Gegenteil ist der Fall (siehe S. 112, unter Graugrüne und Graue). Besonders hingewiesen sei hier nochmals auf die beiden genetisch verschiedenen Typen I u. II bei den Dunkelgrünen/blau, die wir verschieden einsetzen müssen, je nachdem ob wir Dunkelgrüne und Dunkelblaue oder Hellgrüne und Hellblaue in der Nachzucht bevorzugen. Wer solche Dunkelgrünen kauft, sollte deshalb einen Abstammungsnachweis (Stammkarte) verlangen, sonst muß er erst testen, welchem Typ sie angehören. Das gilt im übrigen auch für die Mittelgraugrünen/blau. Die Hellgraugrünen/blau bringen ohnehin mehr Hellgrüne und Hellblaue, die Dunkelgraugrünen/blau auch Olivgrüne und Mauve (siehe S. 108). Die Verpaarung Dunkelgrüner/blau und Dunkelblauer untereinander bringt u. a. auch solche und empfiehlt sich zudem versuchsweise bei ganz hervorragenden Vögeln, weil sich die Farben in ihrer Intensität ebenso fördern wie bei der Verpaarung Hellgrün/blau x Hellblau. Wird sie aber über mehrere Generationen wiederholt, so gehen Typ und Größe wieder zurück. Selbst die meisten Konsumzüchter möchten heute nicht bei zu kleinen und deswegen unansehnlichen Vögeln landen.

Normal-Olivgrüne und -Mauve

Diese Wellensittiche besitzen 2 Dunkelfaktoren und zeigen deshalb auch die dunkelste Ausfärbung. Tatsächlich ist die Farbe der Olivgrünen ein eher stumpfes, in den besten Stücken sehr dunkles Olivgrün, während das Gelb der Gesichtsmaske nicht dunkler als bei Hell- und Dunkelgrünen ist. „Mauve" ist das französische Wort für „malvenfarbig", ein stumpfes Blaugrau mit einem schwach rosa Schimmer bei den besten Vögeln. Die Bezeichnung hat sich eingebürgert, weil beide Farbschläge erstmals in Frankreich aus Dunkelgrünen und Dunkelblauen fielen. 25% erhält man jeweils aus solchen Verpaarungen. Beide zeigen schwarzgelbe bzw. schwarzweiße Wellenzeichnung und besonders tief dunkelblaue Schwanzfedern. Das Weiß der Gesichtsmaske ist bei den Mauven ebenso sauber wie bei den Hell- und Mittelvögeln.

Beide Farben sind apart zu nennen und haben früher bei der reinen Farbenzucht eine große Rolle gespielt. Man bekommt nämlich aus Hellgrün x Olivgrün 100% Dunkelgrüne und aus Hellblau x Mauve 100% Dunkelblaue, wobei noch dazu das Geschlecht keine Rolle spielt. Weil jedoch die Olivgrünen und Mauven von Hause aus recht kleine Vögel sind, werden auch so gezüchtete Dunkelgrüne und Dunkelblaue keine Riesen und sind oft unansehnlich im Typ, mit zu kleinen Köpfen usw. Für den Schauzüchter haben diese Verpaarungen deshalb wenig Zweck. Immerhin haben die Olivgrünen bei der Zucht der Gelben und Lutinos (siehe S. 140), und die Mauven bei der Zucht der Violetten (siehe S. 114) eine Rolle gespielt, weil sie deren Farben intensivieren. Darum ist nicht einzusehen, warum sie bei reinen Farbzüchtern nicht auch weiterhin in dieser Richtung Verwendung finden sollten. Es sind nur kaum noch welche vorhanden, was wiederum auf das Erscheinen der Graugrünen und Grauen zurückzuführen ist, deren Farben oberflächlich betrachtet recht ähnlich sind. Außerdem haben sie auch die Verbesserungsrolle, jedenfalls nach Typ und Größe, als Partner zu den genannten Farben übernommen (siehe S. 108). An sich könnten die Bestände an Dunkelfarben mit Doppelfaktor jederzeit leicht aufgefrischt werden, denn paart man sie untereinander, so vererben sie rein weiter, d. h. wir erhalten wieder 100% Dunkelvögel. Die werden aber meist noch kleiner und hinzu kommt die häufig fleckige Farbe, die sich durch dererlei Verpaarungen noch verstärkt. So haben Olivgrüne gern dunkelgrüne Stellen im Gefieder, Mauve dunkelblaue, besonders an Rumpf und Flanken.

Immerhin ist es seither einigen geschickten Züchtern gelungen, auch diese gleich in mehrfacher Hinsicht schwierigen Farben als gute Schauvögel herauszubringen, obgleich deren Klassen noch selten voll sind. Der Weg dorthin führt wieder über Graugrüne und Graue, die besten Vögel, die man bekommen kann. In diesem speziellen Falle verwendet man Dunkelgraugrüne und -Graue, also Vögel mit doppeltem Dunkelfaktor, die man sogar besser erkennen kann als die Mittelvögel mit einem Dunkelfaktor. Bei diesen Farben sind die Vögel mit 2 Dunkelfaktoren nicht unbedingt kleiner und unansehnlicher als diejenigen mit einem oder gar keinem Dunkelfaktor, und hier liegt die alleinige Möglichkeit für die Verbesserung der Dunkelvögel schlechthin. Leider wird sie bisher viel zu wenig genutzt, obwohl schon BINKS in seinem 1974 erschienenen

Buch meint, ein erfolgreicher Schauzüchter von Olivgrünen hätte in Zukunft auf den Ausstellungen und finanziell ausgesorgt! Zum Start dazu empfehle ich die Verpaarung Dunkel-Graugrün x Olivgrün, woraus wir bei Reinerbigkeit und unter der Voraussetzung, daß der graugrüne Partner nur einen Faktor für Graugrün besitzt (siehe S. 112), 50% graugrüne und 50% olivgrüne Nachzucht erhalten. Davon wählen wir nur die dem Standard nach besten in beiden Farben für die Weiterzucht aus und kommen dabei um so rascher voran, wenn wir von mehreren, möglichst blutsfremden oder doch nur leicht verwandten Ausgangspaaren ausgehen könnten, denn enge Inzucht zahlt sich bei Dunkelvögeln erst recht nicht aus. Mangels Masse ist es im Zweifelsfalle besser, notfalls auf Mittel-Graugrüne mit nur einem Dunkelfaktor auszuweichen, eventuell sogar auf Dunkelgrüne mit der gleichen Erbeigenschaft. Wir bekommen dann freilich nur noch 25% Dunkelvögel, und die hellen und mittleren Geschwister werden mit Abstand nicht alle Schauvögel sein.

Wenn man so vorgeht, ist es nicht sehr schwierig, gleichzeitig die Mauven zu verbessern. Man braucht nur in beiden Ausgangsfarben von Spalterbigen in Blau auszugehen, dann fallen mit etwas Glück auch verbesserte Mauve. Wer vorwiegend solche zu züchten wünscht, geht allein von Dunkelgrauen und Mauven aus, mangels Masse von Mittelgrauen und Dunkelblauen. Dabei kommt er zu den gleichen Ergebnissen, wie unter den oben erwähnten Beispielen angegeben.

Da die beiden schwierigen Dunkelfarben häufig zu klein sind und zum großen Teil ein glattes, kurzes Gefieder tragen, sollte man sie an Graugrüne und Graue mit ausgeprägter Buff-Gefiederstruktur (B) verpaaren, also an ausgesprochen voluminöse Vögel. Sonst kommt man nicht weiter, und man braucht andererseits den Mangel an Fruchtbarkeit nicht so sehr zu befürchten, weil es bisher kaum B-Vögel bei den Olivgrünen und Mauven gibt. Die grauen Farben in fülliger Gefiederstruktur tragen außerdem dazu bei, die häufig fleckige Farbe bei den Dunkelfarben zu verbessern oder doch zu kaschieren. So gezüchtete Olivgrüne und Mauve könnten dann auch wieder dazu dienen, andere Farben zu verbessern (s. o.).

Normal-Graugrüne und -Graue

Auch in diesem Falle waren erst die Graugrünen da und tauchten nach SCOBLE 1935 in einem australischen Zoogeschäft auf. Nach der Einkreuzung in Blaue fielen dann auch bald Graue, also Sittiche in dieser Farbe ohne gelbes Psittacin. Unter dem Sammelbegriff „Australisch-Graue" haben sie nach dem letzten Krieg von England aus in ganz Europa Epoche gemacht, ja man kann sagen, sie haben der englischen Schaurasse überhaupt erst zu dem Typ verholfen, der heute Zuchtziel ist. Sieht man einmal vom ausreichend besprochenen Dunkelfaktor ab, so sind sie die einzige Mutation, die durch besondere Pigmentanhäufung in den Federn dunkler als die Wildfarbe ist. Wohl waren in England zwischen den Kriegen ebenfalls graue Wellensittiche gezüchtet worden. Diese rezessiv vererbenden „Englisch Grauen" starben jedoch ebenso wieder aus wie die dort schon länger existent gewesenen, geschlechtsgebundenen vererbenden Schieferfarbenen, ohne die Schau-Wellensittichzucht positiv beeinflußt zu haben.

Die Schieferfarbenen waren eigentlich blau mit einem grauen Überhauch und sind in England nie sehr populär gewesen. Was die Australisch-Grauen mehr noch als ihre dominant vererbende, besondere Farbe auszeichnet, ist ihre gleichfalls beispiellose Eigenart, bei entsprechender Zuchtwahl auch Größe und Typ dominant zu vererben. Sie sind dadurch zu den erfolgreichsten „Pas-par-tout"-Partnern für eine entsprechende Verbesserung praktisch aller Wellensittich-Farbschläge geworden. Freilich nicht nur zu ihren Gunsten, denn durch fortgesetzte Kreuzung mit mehr oder minder rasselosen Vögeln gehen auch bei ihnen die guten Typeigenschaften nach einigen Generationen verloren, und es bleibt nur noch die Farbe. Wer also glaubt, nur einmal einen guten Grauen einkreuzen zu müssen und fortan nur noch Siegervögel zu züchten, irrt

gewaltig! Und selbst bei der Verpaarung an andersfarbige Partner besten Typs leidet unter Umständen ihre eigene Farbe, wie wir weiter unten noch sehen werden.

Australisch-Graugrüne dominieren praktisch auch als einzige über die Wildfarbe. Nur auf diese Weise war die Standardverbesserung der Wildgrünen (Hellgrünen) überhaupt möglich. Ihre Grundfarbe ist ein gedecktes Senfgrün, wodurch sie den Olivgrünen ähnlich sehen. Ihre Farbe variiert jedoch stärker, da sie wie alle Wellensittich-Grundfarben dem Einfluß des Dunkelfaktors unterworfen sind. Die Hellgraugrünen ohne Dunkelfaktor sind lichter graugrün und damit optisch die schönsten, wenn sie gut im Gefieder sind. Die Farbe der Mittel-Graugrünen mit einem Dunkelfaktor ist etwas dunkler und damit unauffälliger, und die Dunkel-Graugrünen mit doppeltem Dunkelfaktor sind ausgesprochen düster graugrün. Ihr Gefieder kann jedoch glänzen, wenn sie in entsprechender Kondition sind. Die Unterschiede bleiben indessen geringfügig und sind deshalb schwer zu beschreiben. Man muß sich schon eine Zeitlang mit ihnen beschäftigen, um dafür ein geübtes Auge zu bekommen, und die Fähigkeit des menschlichen Auges zum Erkennen feiner Farbnuancen ist verschieden. Erlernbar dürfte sie immer sein. Das Gleiche gilt entsprechend abgewandelt für die Grauen in Hell, Mittel und Dunkel, wobei die Farbe der Dunkelgrauen derjenigen der Mauven am ähnlichsten ist, jedoch ohne blauen Schimmer, wenn sie reinblütig sind.

Von allen anderen Dunkelfarben lassen sich Graugrüne und Graue an zwei Merkmalen sehr gut unterscheiden, sofern sie nicht noch bestimmte andere Farben in sich tragen. Sie haben graue statt violette Wangenflecke, und schwarze statt dunkelblaue lange Schwanzfedern. Ihre Wellenzeichnung ist kräftig schwarzgelb bzw. schwarzweiß, und sie haben ein graues statt weißes Untergefieder. Wer Graugrüne und/oder Graue um ihrer selbst willen züchten möchte, achte außer auf Größe und vor allem Typ auch auf diese Merkmale. Er achte aber auch darauf, nicht nur superstarke Buff-Vögel zu kaufen, sondern als Partner für solche auch Intensiv-(A)-Vögel, die bei möglichst gleichbleibender Länge und guter Kopfform schlanker wirken und deswegen nicht immer und überall unter den Schausiegern zu finden sind. Diese Vögel sind mitunter auch billiger. Mit der sprichwörtlichen Fruchtbarkeit der Graugrünen und Grauen ist es nämlich nicht mehr sehr gut bestellt, sobald fortgesetzt Buff x Buff-Verpaarungen vorgenommen werden!

Es gibt noch andere Schwierigkeiten, die sich dem Anfänger in der Schauzucht entgegenstellen, der da glaubt, allein mit Graugrünen und Grauen wegen ihrer dominanten Typ-Eigenschaften schnell auf der Erfolgsleiter emporsteigen zu können. Vor allem ist es auf die Dauer nicht jedermanns Sache, nur noch Sittiche in diesen gedeckten Farben zu haben, denn sie ergeben z. B. in einer noch so schönen Freivoliere ein doch recht eintöniges Bild. Dann schnell ein paar andere Farbschläge einzukreuzen bringt zunächst gar nichts, weil die Grauen neben den Dunkelfaktoren auch noch vom einfachen und vom doppelten Faktor in dieser Farbe selbst genetisch regiert werden. Schon aus den ersten Verpaarungen von Graugrünen und Grauen untereinander oder auch miteinander fallen 25% mit Doppelfaktor in diesen Farben, die nur noch Nachzucht in diesen Farben bringen, egal womit sie verpaart werden. Von den noch Spalterbigen mit nur einem Faktor für Graugrün oder Grau sind sie äußerlich nicht zu unterscheiden! Ob man will oder nicht, landet man auf diese Weise relativ rasch bei einem reinblütigen Stamm in diesen Farben. Es gibt Spezialisten, denen das nichts ausmacht, und gerade sie sind logischerweise auf den Ausstellungen in diesen Farben meist am erfolgreichsten, ja sie haben wegen der hervorstechenden Typqualitäten der Graugrundigen schon mehrfach Bundessieger gestellt. Sie haben deshalb auch kaum Absatzschwierigkeiten, selbst wenn sie in aller Regel hohe Preise verlangen. Der Anfänger aber, der ihnen nacheifern möchte, hat einen schweren Weg vor sich, selbst wenn er konsequent das beste Zuchtmaterial erwirbt und sich bei den Verpaarungen beraten läßt. Schon auf Vereinsschauen stößt er auf volle Klassen, beschickt von Züchtern, die früher begannen.

Auf Landes- und Bundesschauen muß er gegen 20–60 und mehr Vögel in einer Klasse konkurrieren, von denen jeweils nur die besten 7 mit Plätzen ausgezeichnet werden. Dazwischen zu kommen oder gar zu gewinnen ist selbst bei sehr guten Vögeln schon mehr oder weniger Glückssache, weil in dieser Konkurrenz auf die kleinsten Feinheiten geachtet wird und die manchmal täglich wechselnde Kondition der Schauvögel hinzukommt. Schließlich ist die Nachfrage nach reinblütigen Graugrünen und Grauen (also mit Doppelfaktor) aus noch unbekannter Herkunft nicht sehr groß, wonach sich wieder die Verkaufspreise richten müssen. Die Züchtermehrheit verlangt zwar nach möglichst ebenso guten, aber spalterbigen Vögeln, da sie sie zur Verbesserung anderer Farbschläge benötigt.

Hier ein paar *Verpaarungsbeispiele*, um zu erläutern, was gemeint ist:

Grau-reinerbig x Grau-reinerbig = 100% Graue-reinerbig (mit Doppelfaktor)
Grau-reinerbig x Grau/blau (1 Faktor) = 100% Graue, davon 50% reinerbig, 50% spalterbig blau (1 Faktor)
Grau/blau x Grau/blau = 50% Graue/blau, 25% Graue-reinerbig (Doppelfaktor), 25% Blaue-reinerbig (ohne Graufaktor)
Grau/blau x Blau = 50% Graue/blau (1 Graufaktor) und 50% Blaue-reinerbig (ohne Graufaktor)

Wir ersehen daraus, daß die Beispiele 1 und 2 nur etwas für Grau-Spezialisten sind, 3 für niemand empfehlenswert ist, es sei denn wegen der wenigen vielleicht besseren Blauen, weil sämtliche Grauen hinsichtlich ihrer Vererbung erst getestet werden müssen. Dagegen ist Beispiel 4 das wohl am meisten praktizierte, weil es im Falle von sehr gutem Ausgangsmaterial zu gleich guten Grauen und Blauen führen kann. Wenn wir einfachheitshalber von Hell-Graugrünen und Hellgrünen ausgehen, kommen wir zum gleichen Ergebnis im entsprechenden Farbenverhältnis. Graugrün zu Grau verhält sich wie Grün zu Blau, Graugrün ist also bei solchen Verpaarungen voll dominant, Grau rezessiv, also: Graugrün x Grau = 100% Graugrün/grau usw... Da Graugrüne und

Graue ebenso wie Grüne und Blaue außerdem dem genetischen Einfluß des hinlänglich besprochenen Dunkelfaktors unterliegen, kommen wir bei der Verwendung von Vögeln mit ein oder zwei Dunkelfaktoren zu deckungsgleichen Ergebnissen. Wir können demnach beim Einsatz von Mittel- und Dunkel-Graugrünen und -Grauen, Dunkelgrünen, Olivgrünen, Dunkelblauen und Mauven, im entsprechenden Verhältnis auch alle diese Farben in einem Stamm züchten. Die Chance, auf diesem Wege zu konkurrenzfähigen Schau-Olivgrünen und Mauven zu kommen, erwähnte ich bereits.

Schließlich werden die Graugrünen heute auch weitgehend zur Typ- und Größenverbesserung der Lutinos verwendet, die Grauen im gleichen Sinne für die Albinos. Dort sind sie noch dazu für die Gewinnung eines reinen Weiß unentbehrlich, und dafür werden sogar die Grauen mit Doppelfaktor bevorzugt gebraucht (siehe S. 113). Für die Lutinozucht braucht man dagegen unbedingt die Graugrünen mit einem Faktor (genauer gesagt Graugrüne, spalterbig in Grün, nicht in Blau) zur Hebung der Farbe (siehe S. 112). Wir haben richtig gelesen: Graugrüne können spalterbig in Grün sein, weil sie der einzige Farbschlag sind, der über die Wildfarbe dominiert!

Zum Schluß darf eine negative Seite der fortgesetzten Verwendung guter Graugrüner und Grauer, spalterbig in Grün oder Blau, also mit einem Graufaktor, für die Typverbesserung der verschiedenen anderen Grünen und Blauen, nicht zuletzt der Violetten, nicht unerwähnt bleiben: Die Graugrünen können teilweise nach mehreren Generationen einen Farbstich ins Hell- bis Dunkelgrüne bekommen, die Grauen einen entsprechenden ins Blaue, und die Wangenflecken von beiden einen Stich ins Violette, schließlich auch die schwarzen Schwanzfedern einen Stich ins Dunkelblaue. Das ist besonders dann der Fall, wenn das Zuchtziel Dunkelfarben heißt. Bei der Zucht von Hellgrünen und Hellblauen kommt es weniger vor. Der Liebhaber von Dunkelfarben, besonders von Violetten, wird also nicht gleichzeitig auch noch mit seinen Graugrünen und Grauen siegen können, weil bei der genannten

scharfen Konkurrenz in diesen Farben schon geringfügig abweichende Farbschattierungen zur Rückstufung bei der Platzverteilung führen, mag der Typ usw. noch so gut sein. Ein kleiner Ausgleich der Gerechtigkeit, auf daß die Bäume nicht in den Himmel wachsen! Umgekehrt stimmt es nicht, daß andere Farben vom Grau negativ beeinflußt werden. Beispielsweise werden die besten heutigen Violetten über Grau gezüchtet (siehe unten).

Den Farbenzüchtern für den Sprechermarkt möchte ich nicht empfehlen, überhaupt Graugrüne und Graue zu züchten, weil diese gedeckten Farben bei Privatliebhabern weniger gefragt sind. Merkwürdigerweise sieht man dennoch jetzt in den Zoohandlungen ziemlich viele davon und zwar keineswegs nur sogenannte „Halbstandard", also mittelgroße Sittiche noch ganz guten Typs, die von den Schauzüchtern abgegeben wurden, weil sie das Klassenziel nicht erreicht hatten, sondern auch ausgesprochen kleine Vögel vom rasselosen Wildtyp. Das ist ein Zeichen, wie schnell bei Wellensittichen selbst bei diesen dafür klassifizierten Vögeln Rassemerkmale verlorengehen können, wenn gedankenlos gekreuzt wird. Leider scheinen sich viele Konsumzüchter nicht für die einfachsten Vererbungsregeln zu interessieren, sonst hätte das Auftauchen dieser unscheinbaren „Hansi-Bubis" gar nicht passieren können. Wenn man diese Farben nicht haben möchte, muß man keine davon zur Zucht ansetzen, denn von allein können diese dominant vererbenden Mutanten nicht kommen, so einfach ist das! Gewiß kann ein Anfänger sie mit Olivgrünen und Mauven verwechseln, aber wirklich nur ein Anfänger, da die ziemlich auffälligen Unterschiede leicht zu merken sind.

Normal-Violette

Dieser für viele Wellensittichhalter schönste Farbschlag wird bewußt an den Schluß der eigentlichen Wellensittichfarben gestellt, weil er keine selbständige Farbvariante mehr ist, sondern von einem die Melanine (Dunkelfarbstoffe) verändernden Faktor regiert wird, dessen Vorhandensein das Erscheinungsbild aller genannten Wellensittichfarben abwandeln kann. Zu optisch Violetten kommt es dagegen nur in Verbindung mit der dunkelblauen Farbe. Nach SCOBLE für Australien und MERTES† für Europa, in diesem Fall speziell für Deutschland, traten die ersten sichtbaren Violetten aus Dunkelblauen um 1930 auf. Man hielt sie zunächst für besonders gute Dunkelblaue und bemühte sich anfangs, sie rein weiterzuzüchten. Erst als dies nicht gelang, kam man durch verschiedene Experimente mit anderen Farben hinter den eigentlichen Sachverhalt. Der Violettfaktor macht genotypisch Hellblaue im Phänotyp (Erscheinungsbild) zu fast Dunkelblauen, die nur noch in der Farbe der langen Schwanzfedern Hellblauen gleichen. Mauve plus Violettfaktor bekommen einen rosa bis lila Schimmer an Rumpf und Flanken, Hellgrüne gleichen fast Dunkelgrünen, Dunkelgrüne zeigen ein eher stumpfes, sehr dunkles Lorbeergrün und Olivgrüne haben eine ganz dunkle Gefiederfarbe, die am besten mit der halbreifer Oliven vergleichbar ist. Sie sind die dunkelsten Wellensittiche überhaupt, werden nur leider kaum gezüchtet, weil hier 2 Faktoren für geringes Wachstum zusammenkommen. Aber warum sollte sich nicht einmal jemand auf ganz dunkle Zwerge aus dem Sittichvolk spezialisieren, nachdem nun kaum noch neue Farben zu erwarten sind?

Daß der Violettfaktor sogar Graugrün und Grau zu beeinflussen vermag, wurde schon im Abschnitt über diese Farben gesagt. Seine optische Auswirkung beruht auf der gleichen unterschiedlichen Anordnung der Melanine in den Federzellen, die auch das Violett in den Wangenflecken hervorbringt.

Wegen der vielen schönen Farben, die der Violettfaktor auch unabhängig von den eigentlichen Violetten hervorbringen kann, sollte angenommen werden, es gäbe reichlich solche intensiv gefärbten Wellensittiche, mehr noch, weil seine Vererbung teildominant ist. Das ist aber leider nicht der Fall, denn Vögel mit Violettfaktor neigen generell zu geringer Größe und zu minderem Typ einschließlich Kopfform. Hinzu kommt noch, daß meist die intensivsten Violetten, nämlich die mit Doppelfaktor, die kleinsten sind. Das sollte jedoch die

Bild 23: Hahn, Normal-Violett mit unfrisierter Tupfenkette

reinen Farbenzüchter weniger berühren, da phänotypische Violette unabhängig von der Größe bei den vielen Freunden zahmer „Hansis" sehr beliebt sind. Wenn dennoch das Angebot vielerorts unter der Nachfrage liegt, muß das generell am Unverständnis zur besonderen Vererbungsweise der Violetten liegen. Darum nachfolgend und unabhängig von der

115

Beeinflussung durch andere Gefiederfarben einige einfache Beispiele, wobei wir uns vor allem merken, daß Violett genotypisch = *Dunkelblau + Violettfaktor* ist und sich auch wie Dunkelblau verhält, der Violettfaktor sich aber in einfacher Form nur teildominant vererbt:

Violett x Hellblau = 25% Violette, 25% Dunkelblaue, 25% Violett-Hellblaue und 25% Hellblaue
Violett x Dunkelblau = 25% Violette, 25% Dunkelblaue und zu je 12,5% Violett-Hellblaue, Hellblaue, Violett-Mauve und Mauve
Violett x Mauve = 25% Violette, 25% Dunkelblaue, 25% Violett-Mauve und 25% Mauve

Wir ersehen daraus, daß bei diesen einfachen Verpaarungen mit je einem violetten Partner der Anteil an sichtbaren Violetten an sich immer der gleiche und kein gar so geringer ist, wenn auch Prozent „von Hundert" heißt und 100 Junge erst einmal gezüchtet werden müssen. Deswegen liegen natürlich nicht immer Junge in genau anteiligen Gefiederfarben in den Nestern. Anteilig mehr Violette gibt es, wenn wir nun nicht nur Violett x Violett verpaaren, sondern auch die Violett-Hellblauen und vor allem die Violett-Mauven in der Zucht weiter verwenden. Warum dies so wenig geschieht, liegt sicherlich daran, daß sie als solche von ungeübten Augen nicht erkannt werden. 50% Violette bekommen wir z. B. schon aus Violett-Hellblau x Violett-Mauve. Die andere Hälfte ist Dunkelblau und besitzt keinen Violettfaktor, wenn wir von Violetten mit einem Faktor ausgegangen sind. Unter diesen Violetten haben theoretisch 25% schon den Doppelfaktor für Violett. In der Praxis sieht das allerdings nicht ganz so gut aus, denn es fallen weniger. Leider ist bisher nie genau erforscht worden, inwieweit vielleicht ein Letalfaktor mit dem doppelten Violettfaktor verbunden ist. Manche Autoren schließen diese Möglichkeit nicht aus, doch konsequente Test-Verpaarungen wurden meines Wissens bis jetzt nicht gemacht. Auf alle Fälle gibt es Violette mit doppeltem Faktor, ich habe selbst schon welche gehabt, wenn auch nur wenige.

Man kann sie sogar äußerlich erkennen. Ihre Grundfarbe ist wahrhaft lila zu nennen, während sie bei Violetten mit einem Faktor immer noch eine blaue Beimischung hat. Im übrigen handelt es sich um ausgesprochen kleine Vögel, meist mit schmalen Köpfen und vorstehenden Schnäbeln, wohingegen es unter den Violetten mit einem Faktor doch inzwischen Sittiche ansehnlichen Typs und ausreichender Größe gibt, selbst wenn sie keine reinblütigen Schauvögel sind.
Ein gesunder Violetter mit Doppelfaktor vererbt rein weiter. Von 2 solchen Vögeln, z. B. aus Violett-Hellblau (Doppelfaktor) x Violett-Mauve (Doppelfaktor) wären 100% lila Nachzucht zu erwarten, genotypisch Violette mit Doppelfaktor. Anscheinend sind solche Verpaarungen nicht realisierbar, sonst wären bereits mehr Züchter darauf gekommen, und es gäbe mehr von diesen begehrten lila Wellensittichen. Erneute Versuche wären die Sache aber durchaus wert.
Wer viele leuchtende Farben unter Einbeziehung von Violetten züchten möchte, wie die Mehrheit der Farbenzüchter, begnügt sich mit Violetten mit einem Faktor und verpaart sie mit Blauen und Grünen ohne Violettfaktor. Bei den Verpaarungen geht er genauso vor, als wenn er keinen Violettfaktor im Bestand hätte, denn die Vererbung folgt den gleichen Gesetzen, mit der alleinigen Ausnahme, daß anteilmäßig Blaue und entsprechend auch Grüne mit Violettfaktor dabei sind. Der Schauvogel-Züchter muß freilich anders vorgehen, vor allem sollte er zur Beibehaltung guter Farbe oder Farbvertiefung seine besten Grauen (spalterbig in Blau) einbeziehen, außerdem Dunkelgrüne/blau vom Typ II (siehe S. 110). Wer unter den einzusetzenden Grauen die Wahl hat, sollte Mittelgraue mit einem Dunkelfaktor bevorzugen. Hierzu einige praktische *Beispiele*:

Mittelgrau/blau x Violett = Hell-, Mittel- und Dunkelgraue mit und ohne Violettfaktor, Violette und Dunkelblaue, Hellblaue und Mauve mit und ohne Violettfaktor
Mittelgrau-Violett/blau x Violett = Ergebnis wie oben, jedoch anteilmäßig mehr mit Vio-

lettfaktor, einschließlich phänotypischer Violetter

Dunkelgrün/blau Typ II x Violett = Dunkel- und Olivgrüne mit und ohne Violettfaktor, desgleichen höherer Anteil Dunkelblaue und Violette, wenige Hellblaue und Hellgrüne mit und ohne Violettfaktor

Violett-Dunkelgrün/blau Typ II x Violett = gleiche Farben wie oben, jedoch überwiegend mit Violettfaktor, einschließlich Violetter

Aus diesen Beispielen wird klar, daß wir immer nur wenige verbesserte Violette züchten können, die Chancen haben, auf den Ausstellungen zu bestehen. Dennoch ist ein solches Zuchtvorhaben durchaus lohnend, weil mit etwas Glück auch unter den anderen Farben Tiere sein werden, die man mit Erfolg ausstellen kann, einschließlich solcher mit Violettfaktor, ausgenommen wahrscheinlich die Grauen mit Blauschimmer (siehe S. 114). Dagegen haben Violett-Dunkelgrüne und mehr noch Violett-Hellblaue durchaus die Möglichkeit, gut bewertet zu werden, weil geringe Farbabweichungen bei Dunkelvögeln gering bestraft werden, wenn sie sonst in allem gut sind. Violett-Hellblaue muß man natürlich für dunkelblaue Klassen melden, bei den Hellblauen bekommen sie „F.K." d. h. *Falsche Klasse.* Beim Nachwuchs aus dem letzten Beispiel werden nur wenige Tiere sein, die es sich lohnt auszustellen, dafür aber vielleicht der eine oder andere Violette mit guten Chancen. BINKS empfiehlt bevorzugt gute Hellgrüne und Dunkelblaue als geeignete Partner für Violette, doch haben die Engländer inzwischen kaum bessere als wir. Der Boom in England für Violette dauerte nur von etwa 1947–54, dann gingen sie wegen der genannten Schwierigkeiten stark zurück. In der BRD begann deren Zucht überhaupt erst um 1955 durch damals illegale Importe, denn die wenigen Vorkriegsvögel waren ausgestorben. Schon ab 1960 gingen sie wieder zurück und waren um 1970 so gut wie vergessen. Erst nachdem ab Mitte der 70er Jahre die englische Schaurasse in Deutschland in einigen klassischen Farben auf einem breiteren Sockel stand, begann man mit Erfolg mit der rassemä-

ßigen Aufbesserung der schwierigen Farbschläge. Auf diese Weise sind auch die Violetten heute wieder in sehr schönen Exemplaren in der Spitze vertreten, wenn auch mengenmäßig nicht in großen und nicht immer in vollen Klassen. Ein guter Violetter muß in allem einem guten Blauen entsprechen, dabei von deutlich erkennbarer violetter Grundfarbe sein, mit langen, tief-ultramarinblauen Schwanzfedern.

Normal-Gelbgesicht-Blaue

Wie bei den Violetten handelt es sich bei diesen Wellensittichen um eine ganze Farbgruppe, die von einem zusätzlichen Faktor bestimmt werden, denn sie treten in allen Blaufarben einschließlich Grau auf. Außerdem kennen wir zwei verschiedene Mutationen davon, mit unterschiedlichem Aussehen und abweichender Vererbungsweise. Leider sind sie zunächst aus Unkenntnis so untereinander vermischt worden, daß es nur mehr wenig reinblütige Vögel von beiden gibt. Die ersten Gelbgesichter traten nach af ENEHJELM† in Belgien, wenig später auch in Deutschland um 1930 auf, die ersten in England nach SCOBLE erst 1937. Wie der Name schon sagt, ist das Gelb der gelbgesichtigen Blauen zumindest bei der Form der *Mutation I* auf die Gesichtsmaske beschränkt. Weiterhin zeigen sie noch eine gelbe Binde, die diagonal über die Unterseite der äußeren Schwanzfedern verläuft. Sonst entsprechen die Blaufarben einschließlich Grau den weißgesichtigen blauen Spielarten. Die Jungen der *Mutation II* kommen im gleichen Jugendkleid aus dem Nistkasten. Bei der Ausfärbung ins Alterskleid werden sie jedoch immer gelber, d. h. das Gelb aus der Gesichtsfarbe überzieht sozusagen das Blau vom Hals abwärts bis zur Brust und dringt sogar vom Nacken abwärts bis in die Wellenzeichnung des Rückens vor. Selbst die Oberschwanzdecken sind ganz oder teilweise von Gelb durchzogen, so daß die Original-Blaufarbe in manchen Stücken nur noch am Bauch erkennbar bleibt, teilweise auch an den Flanken. Auf diese Weise wird das Hellblau überwiegend zu Türkisblau, Dunkelblau und

Bild 24: Hahn, Normal-Gelbgesicht-Dunkel-blau; Mutation I

Mauve werden zu blasserem bis tiefem See-grün, Violett und Grau bekommen einen Stich ins Olivgrüne.

Die Ausfärbung der Mutation II der Gelbge-sichter kann recht apart sein. Dennoch wer-den die Gelbgesichter der Mutation I im allge-meinen für schöner gehalten. Unter ihnen ist der Violette mit Gelbgesicht zweifelsohne der schönste, aber auch mit am schwersten in der

Farbe rein zu halten. Am einfachsten sind in dieser Hinsicht die Grauen, weil die überwie-genden schwarzen Pigmentanteile im Gefieder das Gelb ganz oder teilweise schlucken. Nach Typ und Größe stellen sie heute zusammen mit den Hellblauen, die übrigens in beiden Mutationen verhältnismäßig rein Türkis aus-färben, die besten Schauvögel.

Die Vererbung der Mutation I – Gelbgesichter ist eigenartig, und man kam erst nach man-chen Mißverständnissen dahinter, wie sie funktioniert, was wahrscheinlich auch zu ih-rem Rückgang beigetragen hat. Sie ist domi-nant, wobei auch dieser Faktor in einfacher und doppelter Form gezüchtet werden kann. Werden 2 solche Gelbgesichter miteinander verpaart, so wären daraus theoretisch 100% gelbgesichtige Nachzucht zu erwarten, von de-nen 25% den Faktor doppelt tragen. Das stimmt auch in der Praxis, nur sind diese 25% *weißgesichtig*, wofür die Genetiker noch kei-ne plausible Erklärung gefunden haben. Eine hypothetische Theorie nach TAYLOR & WAR-NER besagt, daß es sich hierbei um einen soge-nannten Inhibitationsfaktor handelt, der das Gelb eigentlich grüner Vögel bis auf Gesichts-maske und Schwanzfedern aus dem Gefieder verdrängt, so daß eben dieser Phänotyp ent-steht. In doppelter Dosis verdrängt dieser Fak-tor das Gelb ganz, auf welche Weise wieder gewöhnliche blaue Wellensittiche mit weißer Gesichtsmaske entstehen. Tatsache ist, daß so gezüchtete Vögel, an einen gewöhnlichen weißgesichtig Blauen gestellt 100% gelbge-sichtige Nachzucht mit einem Faktor bringen. Bei der Abgabe von Sittichen ohne Abstam-mungsnachweis hat das schon öfter Ärger ge-geben, wenn Züchter plötzlich von einem ge-wöhnlichen blauen Paar ein ganzes Nest voll Gelbgesichter liegen hatten. Wahrscheinlich hat das zum Rückgang der Mutation I und zur Verkreuzung mit der Mutation II beigetragen, denn bei dieser gibt es eine solche Ausfaller-scheinung nicht, obwohl sie auch dominant vererbt. Abgesehen davon kommt heute kaum noch ein Schauzüchter auf die Idee, zwei Gelb-gesichter miteinander zu verpaaren, weil das Gelb im Gefieder sich dadurch unnötig ver-stärkt, während Typ und Größe nicht besser werden, im Gegenteil. Vom Geschlecht unabhängig bringt ein gelbgesichtig blauer Partner mit einem weißgesichtigen je etwa zur Hälfte gelbgesichtigen und weißgesichtigen Nachwuchs, wovon auch nur wieder die Gelbgesichter ebensolche bringen können. Inwieweit der Gelbgesichtfaktor, englisch kurz YF = *Yellow Face* genannt, unsichtbar auf Grün übertragen werden kann, ist strittig. Es ist aber anzunehmen, daß alle über Gelbgesicht-Blau gezogenen Grünen, spalterbig in Blau, also aus YF-Blau x Grün, auch spalterbig in Gelbgesicht sind. Ich züchte jetzt seit gut 30 Jahren u. a. Gelbgesichter und habe noch keine Ausnahme von dieser Hypothese festgestellt.

Auf die unterschiedlichen Blaufarben bedingt durch den Dunkelfaktor, wie auch auf Grau in seiner dominanten Vererbungsweise, hat der YF-Faktor keinen verändernden Einfluß, d. h. sie vererben sich davon unabhängig, und analog treten die Gelbgesichter in den verschiedenen Farben auf.

Nachdem man überdies heute von einer Mischpopulation beider Mutationen ausgehen muß, hat der DWV-Standard in Angleichung an internationale Maßstäbe in seiner neuesten Auflage die Gelbgesichter in allen Farben und unabhängig von der Beschickungszahl den jeweiligen weißgesichtigen Farbklassen beigestellt. Man steht auf dem Standpunkt, daß die Gelbgesichter inzwischen gleichwertig in Typ und Größe durchgezüchtet worden sind. Das ist sicher nicht von Vorteil für diesen besonderen Farbschlag, denn schon ein Blick auf die veröffentlichten Siegerlisten zeigt, daß die Gleichwertigkeit nur in wenigen Ausnahmefällen stimmt. Außerdem stört diese Maßnahme das einheitliche Bild farbgleicher Schauklassen auf unseren Ausstellungen, weil Gelbgesichter gleich welchen Farbschlags doch recht unterschiedlich aussehen. Es läßt sich aber nicht anders machen, wenn man bedenkt, daß die gesamte Blaureihe einschließlich Schecken in die verschiedenen Mutanten und bis hin zu Albinos in gelbgesichtig gezüchtet werden kann. Gerechterweise müßte man sie sonst alle trennen, obwohl z. B. Albinoklassen und noch manche andere ohnehin selten voll werden. Dann hatte beispielsweise ein 1.

Platz in Konkurrenz mit 2–3 Vögeln wenig Wert, nachdem erst ab 7 Käfigen pro Klasse eine Medaille zu gewinnen ist und andererseits ein Gruppensieg bei Gelbgesichtern mit mehr als einem Fragezeichen verbunden ist.

Für die Züchter dieser schönen, wenngleich nicht so einfachen Vögel bleibt der Anreiz, doch hier und dort weißgesichtige blaue Wellensittiche zu schlagen und weiter an der Verbesserung der Gelbgesichter zu arbeiten.

Damit sind wir schon am Ende der eigentlichen Wellensittichfarben angelangt, so merkwürdig das angesichts der sprichwörtlichen vielen Hundert Farbschläge erscheinen mag. Nachdem wir die Violetten und die Gelbgesichter eigentlich wegen ihres Auftretens in verschiedenen Nuancen und Farben gar nicht mehr dazu rechnen dürfen, sind es ganze *acht*. Wie wir noch sehen werden, sind alle anderen hinsichtlich Zeichnung nach Anordnung und Farbe, Farbverteilung, Farbverdünnung und Farbausfall besonderen Faktoren und deren möglicher Kombination unterworfen. Führt man sich das vor Augen, so fällt es leichter, den Zusammenhang zu verstehen. Der ist gar nicht so kompliziert, wie es für Anfänger den Anschein hat, weil sich wie in der Mathematik eines aus dem anderen aufbaut bzw. nach Ursache und Wirkung ergibt. Vom Wildvogel angefangen sollte man darum erst die Normalvögel in den verschiedenen Farben studieren, dann darauf aufbauen und nicht gleich die Flinte ins Korn werfen, wenn man z. B. von „Gelbgesicht-Zimt-Opalin-Violett-Hellblauen-Harlekin-Schecken" in Züchtergesprächen hört. Die gibt's tatsächlich, obwohl sie gar nicht so toll aussehen, doch das lesen wir noch.

Zusammenfassung

Zusammengefaßt haben die 10 nach Farbe und Zeichnung voll durchgefärbten *Normalvögel* folgende Merkmale gemeinsam: Schwarze Augen mit perlgrauem Irisring; gelblich-grüne Schnäbel; blaugraue Füße und Beine; gelbe bzw. weiße Gesichtsmasken etwa vom Auge abwärts über die Stirn bis zum Hals, der mit einer Halskette von 6 schwarzen Tupfen verziert ist; längliche violette oder graue Wangenflecke auf beiden Seiten halsabwärts; schwarzgelbe bzw. schwarzweiße gleichmäßige Wellenzeichnung, beginnend etwa am Scheitel, halb um die Augen herum bis zu den Wangenflecken, über Nacken und Schultern bis über die Flügel; dunkelgraue Schwingen mit gelblich-grünen oder blauen Säumen, abgestuften, grün-gelb oder blau-weiß gezeichneten Schwanzfedern, die beiden langen mittleren Schwanzfedern einfarbig dunkelblau oder schwarz in verschiedener, nur unauffällig unterschiedlicher Schattierung.

Besonders *häufige Fehler* bei Schauvögeln sind: kleine oder unregelmäßig angeordnete Kehltupfen; über das Auge zur Stirn hinausreichende Wellenzeichnung, oft auf der Stirn selbst durch unregelmäßige, dunkle Flecken fortgesetzt und grüne oder blaue Federränder statt gelber oder weißer in der Wellenzeichnung der Oberseite der Normalen, besonders im Nacken und auf den Flügeln wie bei den Opalinen. Dieser deshalb als „Opalisieren" bezeichnete Fehler muß nicht, kann aber eine Spalterbigkeit in Opalin andeuten. Es gibt aber auch reinwie spalterbige Normale, die ihn nicht haben.

Wellensittiche mit verdünnter Zeichnung

Normale Grauflügel

Abgesehen von der Zeit ihres Neuerscheinens ist diese bereits seit den 20er Jahren existierende Mutation nie sehr populär gewesen. Sie wurde zunächst „Apfelgrün" genannt, weil es noch keine Blauen gab, sie aus Hellgrün herausmutierte und in der Grundfarbe grünen Äpfeln ziemlich nahe kam. Bei den typischen Grauflügeln sind Grund- und Zeichnungsfarbe um die Hälfte reduziert, womit ihr Erschei-

nungsbild am einfachsten erklärt ist. An die Stelle des Schwarz in der Wellenzeichnung und in den Kehltupfen ist Grau getreten, während die Tiefe der verschiedenen Grün- und Blautönungen in der Mitte zwischen Normal und 0 liegt. Es gibt sie selbstverständlich inzwischen in allen anderen Farben, und sie sind trotz der Verdünnung ganz gut unterscheidbar, wenn man erst einmal ein paar Grauflügel gesehen hat. Das ist allerdings vielerorts heute schon ein Kunststück, denn es gibt nicht mehr viele typische, da es schon länger kaum Züchter gibt, die sich auf Grauflügel spezialisiert haben. In den 70er Jahren wurde in England zwar eigens ein Sonderverein gegründet, um sie wieder zu beleben, aber Nennenswertes hat man seither auch von dort nicht gehört. Einige Grauflügel tauchen noch als Nebenprodukte in Hellflügel-Zuchten auf (siehe S. 124), weil jahrelang versucht worden ist, die Hellflügel mit Grauflügel zu verbessern, übrigens mit negativem Resultat und unerwünschten Überraschungen. Der Hauptgrund für die Unbeliebtheit der Grauflügel dürfte aber ihre große Variationsbreite in Farbe und Zeichnung sein. Sie reicht nämlich von dunklen Vögeln, die sich kaum von Normalen unterscheiden bis zu blassen, die den nachfolgend besprochenen gelben und weißen „Anflugvögeln" ähnlich sehen. Damit kann heute weder der moderne Farben- noch der Schauzüchter viel anfangen. Hierzu kommt noch ihre Neigung zu geringer Größe und wenig überzeugendem Typ. Das kann aber auch daran liegen, daß sich bisher zu wenig Züchter um eine Verbesserung in dieser Richtung bemüht haben. Die Graugrünen und Grauen sind wieder die stärksten Vögel, aber wenn schon im weitesten Sinne Grau zu Grau kommt, kann dabei nichts sonderlich Schönes herauskommen, da der Wellensittich immer noch in erster Linie ein Farbvogel ist. So bieten Grauflügel für den Sprechermarkt erst recht keinen Anreiz und für den Schauzüchter angesichts der vielen anderen Farben einschließlich Neuheiten zu wenig Motivation. Sogar das Violett der Wangenflecke ist bei Grauflügeln mit Grau durchsetzt. Ihr Großgefieder ist ebenfalls grau, die langen Schwanzfedern sind

rauchgrau bei den Grünen und blaßbläulich bei den Blauen.

Die Kreuzung von Grauflügeln mit Hellflügeln hatte beiden keine Verbesserung gebracht, statt dessen eine Intermediärform, die unter dem Namen „Grauflügel voller Körperfarbe" in den 60er Jahren zeitweise populär gewesen ist, in den 70er Jahren aber aus den Schauvogelklassen wieder gestrichen wurde, nachdem sie wiederholt durch Verwechslungen Ärger

gemacht hatte. Wohl war fast allen diesen Vögeln eine mehr oder weniger intensive Körperfarbe eigen, wie sie bei Hellflügeln gewünscht wird, aber die Zeichnungsfarbe variierte von sehr Dunkelgrau bis Weißgrau und war damit den Hellflügeln ähnlich. Von diesen waren sie nur noch durch mehr oder weniger graue Wangenflecke zu unterscheiden und wurden deshalb immer wieder mal als Grauflügel, mal als Hellflügel verkauft und ausgestellt, wie es „gerade paßte". Dem haben die Züchterverbände mit der Streichung einen Riegel vorgeschoben.

Grauflügel vererben rezessiv zur normalen schwarzen Zeichnung, aber dominant über die hellen Anflugvögel, zu denen wir jetzt kommen.

Normal-Gelbe mit grünem und Normal-Weiße mit blauem Anflug

Die „Normal-Gelben" waren die ersten andersfarbigen Wellensittiche, die gelegentlich in Einzelstücken auch unter den freifliegenden Schwärmen Australiens gesichtet wurden. Sie sind infolgedessen auch die erste, bereits im vorigen Jahrhundert gezüchtete Mutation. Bei ihnen ist die grüne Wildfarbe überwiegend zu Gelb verdünnt und als solche nur noch in einer Art Überhauch an Rumpf und Flanken erkennbar. Ebenso ist die Zeichnungsfarbe zu einem ganz blassen Grau verdünnt, weshalb die Züchter von einer „Geisterzeichnung" sprechen, die jedoch noch deutlich erkennbar ist. Das Großgefieder verblaßte von Schwarz nach Blaßgrau, und in den langen Schwanzfedern blieben Blauanteile erhalten, wodurch dort die sogenannte „rauchgraue" Farbe entstand.

Solange es sonst nur Hellgrüne gab, wurden die Gelben logischerweise nur in Hellgelb gezüchtet, wobei die Engländer von Beginn an bemüht waren, durch die Verpaarung der am stärksten verdünnten Vögel möglichst rein Gelbe zu bekommen, die sie „Buttercups" = „Butterblumengelbe" nannten. Tatsächlich haben einige Spezialisten auf diesem selektiven Weg fast gelbe Wellensittiche erzielt, als die inzwischen anderswo aufgetauchten, reingelben Lutinos mit roten Augen (siehe S. 140) ihnen rasch den Rang abliefen. Immerhin sind heute Bemühungen im Gange, die ,,Buttercups'' rückzuzüchten. Natürlich hatten die Engländer diese bevorzugt auch mit Hellblauen nach deren Auftauchen verpaart und auf diese Weise aus Grün x Blau fast Weiße mit schwach blauem Anflug gezüchtet. Das Ziel waren dabei rein-weiße Wellensittiche! Wieder machte das Erscheinen wirklich reinweißer Albinos dieser mühevollen Selektivzucht ein vorzeitiges Ende.

Auf dem Kontinent, besonders in Deutschland, war man – wie so oft – andere Wege gegangen und hatte unter Einbeziehung des bekannten Dunkelfaktors die Gelben außer in Hellgelb (kein Dunkelfaktor), in Dunkelgelb (1 Dunkelfaktor) und in Olivgelb (2 Dunkelfaktoren) gezüchtet, die Weißen entsprechend in Weiß-Hellblau, Weiß-Dunkelblau und Weiß-Mauve, später auch in Weiß-Violett. Viel hat dazu die Arbeit des Vererbungsforschers Dr. DUNCKER† beigetragen, der seinerzeit die Zeitschrift ,,Vögel ferner Länder'', Vorläufer der heutigen ,,AZ-Nachrichten'', herausgab und es verstand, viele Züchter zu animieren, für ihn Verpaarungsversuche zu machen und ihm die Ergebnisse mitzuteilen. Hinzu kam der Reiz der Neuheit, mit den entsprechenden Absatzmöglichkeiten, nicht zuletzt nach Japan und zu sehr hohen Preisen. Nicht alle der so gezüchteten Sittiche waren farblich überzeugend. Die ,,Dunkelgelben'' z. B. sind im Grunde mehr grün als gelb, die ,,Olivgelben'' zwar ansprechend goldfarbig, sonst aber recht klein und unscheinbar. Bei den Weißblauen kann der Kenner wohl die Grundfarben erkennen, aber für den Laien ist der eine blasser, der andere stärker blau. Nicht jeder Weiß-Violette hat den gewünschten rosa Überhauch, obwohl es solche Vögel gibt, und die Weißmauven erscheinen schließlich blaß graublau. Nach dem Kriege zahlten die Händler in der BRD niedrigere Preise für diese Anflugvögel, weil die Mehrheit der Privatliebhaber lieber leuchtende Farben haben wollte. So waren sie zeitweise fast vom Markt verschwunden.

Erst mit dem Populärwerden der Graugrünen und Grauen in England, der britischen Schaurasse in der BRD, und der Hellflügel (siehe dort) in beiden Ländern, konnten die Anflugvögel, wie wir sie als Sammelbegriff nennen, ein Comeback feiern. Dabei war es gar nicht so leicht, sie aus wenigen Restbeständen wieder aufzubauen. Man hatte international erkannt, daß sich diese blaßfarbigen Sittiche besser als manche anderen Farbschläge zur Herauszüchtung von Typ und Größe nach dem britischen Rassestandard eigneten, mehr noch, wenn man Graugrüne und Graue einbezog. Was u. a. herauskam, waren Graugelbe und Grauweiße, die zwar noch weniger an Farbschönheit brachten, in ihrem Gesamterscheinungsbild aber dennoch imponieren konnten. Bei den Graugelben kommt ein blasses Senfgelb heraus, und die ursprünglich graugrüne Grundfarbe ist noch gut an Rumpf und Flanken erkennbar, bei den Grauweißen erscheint eine entsprechend weißlichgraue Grundfarbe. Die Wangenflecke sind bei beiden blaßgrau, ebenso das Großgefieder in einem entsprechenden Ton, d. h. am dunkelsten sind die langen Schwanzfedern.

Bei den Gelben und Weißen in anderen Grundfarben sind die Wangenflecke übrigens auch blaßgrau, jedoch mit einigen bläulichen Federchen durchsetzt. Dadurch heben sie sich in einer Art ,,Geisterzeichnung'' mehr von den ganz blaßgrauen Kehltupfen ab. Diese Geisterzeichnung ist von weitem nicht mehr erkennbar. Weil die Farben bei den Graugelben und Grauweißen so unscheinbar sind, wird das Augenmerk des Betrachters um so mehr auf ihr Erscheinungsbild gelenkt, und es gibt heute viele, die darin sehr gut sind. So wurde z. B. ein Graugelber schon einmal Bundessieger und andere wiederholt Landessieger beim DWV in der AZ.

Die Vererbungsweise der Anflugvögel kann man sich leicht merken. Sie ist rezessiv zu allen Sittichen, die nach Farbe und Zeichnung dunkler sind, also zu allen mit normaler schwarzer Zeichnung, zu Grauflügeln und auch zu Hellflügeln. Besonders letztere wurden dadurch sehr positiv beeinflußt (siehe S. 124). Auch im Handel findet man diese Pastellfarben jetzt wieder häufiger, weil der Geschmack sich gewandelt hat und für manche Wohnungen zarte Farbtöne vorgezogen werden.

Bild 26: Hahn, Gelbgrau mit Geisterzeich-nung

Bild 27: Weibchen, Weißblau mit Geister-zeichnung

Im übrigen ist für den Farbzüchter die Verpaa-rung Blau x Gelb interessant: Daraus fallen grüne Jungen, die spalterbig in Weiß sind, Kurzbezeichnung *Grün/weiß*. Werden diese untereinander verpaart, so fallen nach dem Vererbungsverhältnis Grün zu Blau und Gelb zu Weiß unter günstigen Umständen alle 4 Farben (Grün, Blau, Gelb und Weiß) in einem Nest, und man hat für jeden Geschmack etwas.

Die Vererbung des Dunkelfaktors muß in die-ser Zucht natürlich auch berücksichtigt wer-den, je nachdem, ob man hellere oder dunkle-re Farbtöne vorzieht. Sie verhält sich unab-hängig von der Verdünnung aller Anflugvögel wie bei den Normalvögeln (mit schwarzer Zeichnung) beschrieben.

Die Dunkelgelben und Weißmauven haben bis heute keine sonderliche Bedeutung erlangt, aber die Weißdunkelblauen und Weißvioletten können sehr hübsch aussehen, um so mehr, wenn sie der intensiveren Phase angehören. Die Anflugvögel fallen nämlich unabhängig vom Dunkelfaktor noch in verschiedenen *Phasen*, die Intensität des farblichen Anfluges betreffend: Von ganz blaß (vergl. „Buttercups" und fast Weißen mit hellblauem Anflug, beide auf selektivem Wege gezüchtet) bis zu so intensiv, daß sie mit Hellflügeln verwechselt werden können, dazu in verschiedenen Zwischenstufen.

Hier kann sich der Züchter durch entsprechende Zuchtwahl frei entfalten, je nachdem, was er bevorzugt. Feste Regeln lassen sich dazu nicht aufstellen. Man darf nur das Vererbungsverhältnis der Farben zueinander und zum Dunkelfaktor nicht außer acht lassen. In der Hellflügelzucht kann man unter Umständen beide Phasen gebrauchen (siehe S. 125). Früher wurden in der Lutinozucht bevorzugt Olivgelbe verwendet, weil sie deren dottergelbe Farbe verstärken können. Man ist nur wegen Vererbung geringer Größe davon wieder abgekommen. Dem Schauzüchter ist zu empfehlen, grundsätzlich die hellen Phasen mit geringem Farbanflug vorzuziehen. Einmal weil sie häufig größer und ansehnlicher sind und einheitliche Farben höher bewertet werden, zum anderen, um immer noch vorkommenden Verwechslungen mit Hellflügeln vorzubeugen. Es ist besonders ärgerlich, wenn sonst gute Vögel unbewertet und mit dem Vermerk „F.K." (Falsche Klasse) von einer Ausstellung zurückkommen, obwohl sie richtig gemeldet waren. Auch das kommt vor, denn kein Zuchtrichter ist unfehlbar, hinzu kommen manchmal schlechte Lichtverhältnisse usw. Die reinsten, wenn auch nicht die schönsten Farben haben die Graugelben und Grauweißen.

Normal-Hellflügel

Die Besonderheit dieser schönen Wellensittiche liegt im Farbkontrast zwischen der Grundfarbe und der möglichst hellen Zeichnungsfarbe. Die Grundfarbe gleicht bei den besten Exemplaren derjenigen der Normalvögel mit schwarzer Zeichnung. Die Zeichnungsfarbe entspricht bei den besten Vögeln der bereits er-

wähnten „Geisterzeichnung" und verläuft wie bei den Anflugvögeln vom Scheitel abwärts über den Hinterkopf, die Wangen, den Nacken und Rücken über die Flügel bis zum Rumpf. Diese Geisterzeichnung soll auf möglichst gelbem oder weißem Grund stehen, was aber nie ganz zu erreichen ist.

Die besten Tiere haben gemäß dort veröffentlichter Farbfotos (SCOBLE) die Australier gezüchtet. Dort soll diese Mutation auch schon 1930 gefallen sein. 1934 kamen die Hellflügel nach England und schon vor dem Kriege auch nach Deutschland, wo sie tatsächlich in wenigen Exemplaren überlebten, so daß sie später in mühevollem Neubeginn nachgezüchtet werden konnten. Es waren zunächst recht kleine Tierchen, ohne alle Rassemerkmale außer dem mehr oder weniger guten Farbkontrast. Anfangs wurden die Vertreter der Grünreihe „Gelbflügel", die der Blaureihe „Weißflügel" genannt. Heute gebraucht man diese Begriffe nur noch zur Unterscheidung der grünen und der blauen Hellflügel, nachdem sich herausgestellt hat, daß sich doch keine rein gelben und weißen Flügel züchten lassen. Bestenfalls die Schwingen sind gelb bzw. weiß zu nennen, während die langen Schwanzfedern denen der Anflugvögel entsprechen.

Die Zeichnung bei den Hellflügeln reicht von der auf S. 121 beschriebenen Geisterzeichnung bei den darin besten Vögeln bis zu einer so starken Zeichnung, wie sie die bereits behandelten Grauflügel (siehe S. 120) zeigen. Auf diese Weise kommen die schon erwähnten Verwechslungen in beiden Gruppen sowohl der Anflug- als auch der Grauflügel vor. Leider haben die Vögel mit der stärksten Zeichnung zugleich auch die intensivste Körperfarbe, und umgekehrt die mit der blassesten Zeichnung auch die matteste Farbe. Dazwischen gibt es alle Abstufungen. Das ist eine der Schwierigkeiten in der Hellflügelzucht. Hinzu kommt die Neigung zu geringem, wildvogelähnlichem Typ und zu nicht ausreichender Größe, was die Anforderung an Schauvögel betrifft. So führten Hellflügel auf den Ausstellungen bis in die 70er Jahre hinein noch ein Schattendasein, bis sie mit Hilfe der bereits erwähnten Graugelben und Grauweißen schlagartig in diese

Bild 28: Weibchen, Hellflügel-Dunkelgrün

Bild 29: Weibchen, Normal-Hellflügel-Dun-kelblau

Richtung verbessert werden konnten. Heute sind sie selbst auf kleinen Vogelausstellungen in wirklich schönen Exemplaren zu finden. Anfängervögel sind es trotzdem keine, da man nur selten mit Aussicht auf Erfolg Hellflügel x Hellflügel verpaaren kann. Nur zu leicht gibt es Rückschläge, die alle Aufbauarbeit wieder zunichte machen. So arbeiten heute die meisten erfolgreichen Hellflügelzüchter nebenher mit einem Stamm bester Anflugvögel, vorzugsweise mit Graugelben und Grauweißen mit je einem Graufaktor. Nimmt man nämlich Tiere mit Doppelfaktor, die es natürlich bei den Anflugvögeln ebenso wie bei solchen mit schwarzer Zeichnung gibt, so landet man wieder nur bei Anflugvögeln und Hellflügeln in diesen Farben.

Wenn von Reinerbigen ausgegangen wurde,

fallen wegen der rezessiven Vererbung der Anflugvögel zu Hellflügeln wohl gleich in der 1.
Generation neben Anflugvögeln bis zur Hälfte
Hellflügel, aber nur in Graugrün bzw. Grau.
Auch diese sehen in ihren gedeckten Farben
durch den Farbkontrast zur hellen Zeichnung
gut aus und haben schon oft Siegervögel gestellt, aber die meisten Wellensittich-Freunde
möchten doch auch leuchtend Grüne und
Blaue dabei haben. Solche fallen beispielsweise u. a. aus Graugelb (1 Faktor) x Hellflügel-
Hellgrün usw. Die Grundfarben verhalten sich
in der Vererbung wie bei Normalvögeln, und
auch die Dunkelfaktoren spielen die uns nun
schon bekannte Rolle. Bei graugelben und
grauweißen Anflugvögeln sind sie allerdings
sehr schwer zu unterscheiden, aber in einem
größeren Schwarm solcher Sittiche kann man
sie doch erkennen, bei den Hellflügeln um so
leichter, wenn sie von guter Grundfarbe sind.
Hellflügel lassen sich im Verhältnis wie Normalvögel mit schwarzer Zeichnung in allen bekannten Farben züchten, wobei die klassische
Verpaarung Grün x Blau wieder die positive
Rolle der Farbverbesserung spielt. Mit anderen Worten: über einen blauen Partner gezüchtete grüne Hellflügel sind ebenso spalterbig in Blau usw., wie es so gezüchtete Normalvögel sind. Durch die viel geübte Zuchtmethode über Anflugvögel sind allerdings die
meisten Hellflügel heute spalterbig in Gelb
oder Weiß. Auf diese Weise fallen häufig auch
aus Hellflügel x Hellflügel wieder 25% Anflugvögel, das läßt sich nicht vermeiden nach dem
Motto: ,,Das Eine was man will, das Andere
was man muß.''
Zum besseren Verständnis noch einige praktische *Verpaarungsbeispiele*:

Weißgrau (1 Faktor) x Hellflügel-
Dunkelblau/weiß
= Weißgraue, Weißblaue und Hellflügel in
Grau und Blau, dabei sowohl in Hell- als auch
in Dunkelblau möglich, je nachdem ob der
Weißgraue Hell-, Mittel- oder Dunkelblau
war. Im letzteren Fall auch Mauve möglich.
Aber:
Hell-Graugelb (2 Faktoren) x Hellflügel-
Hellgrün/gelb =

Nur Graugelbe (1 Faktor) und Hellflügel-
Graugrün/gelb (1 Faktor).
Hellflügel-Hellgrün/gelb x Hellgelb = 50%
Hellflügel—Hellgrün/gelb, 50% Hellgelb.
Hellflügel-Dunkelgrün/blau x Weiß-Hellblau
= 50% Hellflügel in Hellgrün, Dunkelgrün,
Hellblau, Dunkelblau und 50% gelbe und
weiße Anflugvögel in diesen Farben.
Aber:
Hell-Graugrün (Doppelfaktor) x Hellflügel-
Hellgrün (reinerbig)
= 100% Graugrüne spalterbig in Hellgrün (=
1 Faktor) **und** in Hellflügel.

Diese Beispiele sollen auch ein wenig zum
Nachdenken anregen, und aus dem letzten ersehen wir zugleich, daß Hellflügel natürlich
rezessiv zu Normalvögeln (mit schwarzer
Zeichnung) vererben. Auch solche Verpaarungen werden in der Hellflügelzucht gelegentlich
zur Typ- und Größenverbesserung vorgenommen, besonders dann, wenn keine Anflugvögel mit der notwendigen Qualität in diesen Eigenschaften zur Verfügung stehen. Die Spalterbigen daraus bringen dann schon untereinander wieder 25% Hellflügel, die in aller Regel
zwar gute Typvögel sein werden, durch die zu
dunkle Zeichnung aber zu wünschen übrig
lassen. Sie sind dann erst wieder an Hellflügel
mit ganz heller Zeichnung, besser noch an
ebensolche Anflugvögel zu verpaaren, um *einige* sehr gute Hellflügel in der nächsten Generation zu erhalten.
Der Anfänger möge daraus erkennen, wie mü-
hevoll die Schau-Hellflügelzucht ist und daß er
besser erst mit einfacheren Farben Erfahrung
sammeln sollte!
Wer bis hierher gefolgt ist, kann sich aus den
angegebenen Beispielen alle beliebigen ableiten und erkennen, wie Hellflügel in allen gewünschten Farben zu züchten sind. Besonders
farbschön sind wiederum die Violetten, aber
noch schwieriger in das gewünschte Format zu
bringen, weil hier zwei Mutanten mit der Neigung zu geringer Größe zusammenkommen.
Es wird davon immer nur wenige gute Schauvögel geben, so reizvoll diese Aufgabe auch ist.
Für den Farbenzüchter ohne Schau-Ambitio-
nen spielt das freilich keine Rolle. Hier bietet

sich ein weiteres Experimentierfeld, z. B. Versuche mit den Sittichen mit doppeltem Dunkelfaktor Olivgrün und Mauve wegen des stärksten Farbkontrastes bei diesen Vögeln. Man sieht sie allerdings kaum bisher (siehe S. 158).

Auch Gelbgesichter sehen als Hellflügel interessant aus und können vielfarbig sein. Grauflügel einzukreuzen lohnt sich nicht mehr (siehe S. 120). Noch weniger lohnt es sich, ganz oder teilweise aufgehellte Wellensittiche wie Lutinos, Albinos, Schecken oder Zimter einzukreuzen, weil bei all diesen der Farbkontrast ganz oder teilweise verlorengeht, der für die Schönheit der Hellflügel bestimmend ist.

Das beste Unterscheidungsmerkmal zwischen Hellflügeln und Anflugvögeln oder Grauflügeln sind ihre stets intensiven violetten Wangenflecke. Eine Ausnahme bilden graugrüne und graue Hellflügel, die blaßgraue Wangenflecke haben, meist ohne alles Blau, aber da muß man schon genauer hinschauen. Außerdem zeigen die meisten Hellflügel eine gröbere, d. h. weiter auseinanderstehende Wellenzeichnung, entfernt mit einem Schachbrettmuster vergleichbar. Ein ganz sicheres Merkmal ist das allerdings nicht. Im Gegensatz zu den intensiven Wangenflecken hat die Mehrheit der Hellflügel recht blasse, mitunter kaum sichtbare Kehltupfen. Das ist nach internationalem Schönheitsstandard kein Fehler. Im Gegenteil, denn gerade die Vögel mit der gewünschten, ganz schwachen Zeichnung und der fast gelb oder weiß erscheinenden Oberseite haben logischerweise auch diese schwachen Tupfen. Deutliche, große Kehltupfen sind dagegen überwiegend mit zu dunkler Wellenzeichnung verbunden.

Partiell aufgehellte Wellensittiche – Schecken

Im Rahmen der Domestikation haben fast alle Tiere zunächst geschekte Formen ausgebildet, entstanden durch teilweisen Farbausfall im Fell oder Gefieder. Der Wellensittich ist darin keine Ausnahme, wenn auch geschekte Formen später gefallen sind als andere Mutationen. Dafür sind seither sogar drei verschieden aussehende und zum Teil verschieden vererbende Varietäten, beruhend auf verschiedenen Faktoren, herausgezüchtet worden.

Anfang der 30er Jahre sind als erste in Holland die *Kontinentalen Schecken* entstanden, die so lange ,,Holländische Schecken" genannt wurden, bis sie im Ursprungsland kaum noch vorhanden waren. Dann wurden sie in ,,Kontinentale" von den Züchterverbänden umbenannt. Zu Beginn unterschieden sich diese Schecken von Normalen nur durch einen bis daumennagelgroßen, aufgehellten Nackenfleck. Aus der Verpaarung dieser Vögel miteinander fielen dann außer den ursprünglichen auch heller Geschekte mit ganz oder teilweise aufgehellten Schwingen oder Schwanzfedern und anderen pigmentlosen Stellen im Kleingefieder. Den hellen Nackenfleck in unterschiedlicher Größe behielten alle bei, auch war ihnen eine verschieden weit zur Brust herab ausgezogene Gesichtsmaske in Form eines ,,Bäffchens" gemeinsam. Im großen und ganzen also recht ansprechende Vögel, hätten nicht die stärker aufgehellten auch fast alle denselben Fehler. Ihre hellen Gefiederflecken sind meist nicht scharf abgegrenzt, sondern gehen fließend und an den Rändern verwaschen in die dunklen Gefiederpartien über. Trotzdem erregten sie zunächst großes Aufsehen und erzielten hohe Preise. Bald kam man dahinter, daß sie dominant vererbten und sogar die nur mit Nackenfleck gekennzeichneten Sittiche genotypisch vollwertige Schecken waren. Manche brachten sogar mit einem nicht geschekten Partner neben den ursprünglichen Nackenfleckenschecken schon stärker aufgehellte, mitunter besonders schön gezeichnete Vögel, die ,,Hellschwingen". Bei diesen waren dem immer vorhandenen Nackenfleck nur die sieben äußeren Schwingen und die langen Schwanzfedern sowie das ,,Bäffchen" aufgehellt. Viele Züchter spezialisierten sich jahrelang darauf, diese Form rein und konstant herauszuzüchten. In den ersten beiden Ausgaben des Nachkriegs-DWV-Standards, der damals noch überwiegend nationalen Charakter hatte, wurden die Hellschwingen sogar als Schaurasse anerkannt und mit entsprechenden Musterbeschreibun-

Bild 30 (links): Hahn, dominante Kontinentale Schecke Grau

Bild 31 (rechts): Hahn, dominante Kontinentale Schecke Graugrün

gen versehen. Es wurden Wanderpokale für sie ausgesetzt, und es gab einen heftigen Konkurrenzkampf um die besten Plätze. Aber je länger man sie züchtete, um so mehr mußte man feststellen, daß sich die Hellschwingen-Merkmale erblich nicht fixieren ließen. Sie blieben seltene Zufallsprodukte, wobei die meisten noch aus einem ganz dunklen und einem stärker aufgehellten Schecken fielen. Setzte jemand gar ein gut passendes und schönes Hellschwingen-Paar zusammen, so erlebte er die größte Enttäuschung: Die Nachzucht war meist 100% zu stark aufgehellt und zudem vollkommen verwaschen gescheckt. Da brachten die meist aufgehellt gebliebenen Schwingen und Schwanzfedern auch nicht mehr viel, weil der Kontrast fehlte.

Mit dem Auftauchen schöner gezeichneter Scheckenformen (siehe S. 130) verloren die Kontinentalen Schecken rasch an Bedeutung. Sie verschwanden zeitweise fast ganz, auch verursacht durch die deutsche Anlehnung an den englischen Rassestandard, denn in England kannte man die Kontinentalen merkwürdigerweise nicht. Es waren dort wohl keine gefallen, und man hat sie nie eingeführt. Erst mit der Herauszüchtung der ,,*Aufgehellten Schwarzaugen*'' durch af ENEHJELM† gegen Ende der 50er Jahre in Dänemark (siehe S. 138) gewannen sie wieder Interesse, weil deren Züchter sie brauchten. Als Schauvögel haben sie wieder etwas zugenommen, seit alle Scheckenrassen im neuen internationalen Standard nach anderen Kriterien beurteilt werden. Abgesehen davon, daß dort grundsätzlich Typ und Größe vor Farbe gehen, wird

Bild 32: Hahn, dominante Kontinentale Schecke Gelbgesicht-Dunkelblau

von allen Schecken jetzt nur noch eine möglichst symmetrische Scheckung im Verhältnis von 50:50 Hell zu Dunkel verlangt. In Typ und Größe lassen sich Kontinentale Schecken relativ leicht verbessern, wobei die Betonung auf „relativ" liegt, z. B. nicht so leicht wie Australische Schecken (siehe S. 135). Von Hause aus sind die Kontinentalen nicht unbedingt klein, aber auch keine Riesen, nachdem Jahrzehnte lang keine Vertreter der englischen Schaurasse eingekreuzt worden sind. Man hat sie inzwischen vor allem mit Hilfe der Graugrünen und Grauen aufbessern können, so daß Schecken in diesen Farben heute meist vorne auf den Schauregalen stehen. Selbstverständlich lassen sie sich theoretisch in allen Farben züchten, doch verbietet sich das Einkreuzen von verdünntfarbigen Vögeln (siehe S. 120) von selbst mangels Farbkontrast. Diese blassen Schecken sind auch als Schauvögel nicht anerkannt, ausgenommen Zimtschecken (siehe S. 152).

Schecken sollen möglichst ebenso große, dunkle Kehltupfen in der gleichen Anzahl haben wie Normalvögel, doch das ist längst nicht bei allen der Fall. Deshalb werden ihnen bei der Bewertung 1–2 fehlende oder angeschnittene Kehltupfen nicht unbedingt als Fehler angerechnet. Nur bei sonst völliger Gleichwertigkeit wird eine vollständige Tupfenkette bevorzugt. Sie dürfen im übrigen auch eine lange dunkle Schwanzfeder haben. Erst wenn beide dunkel sind, werden Fehlerpunkte abgezogen. Die möglichst gleiche Anzahl aufgehellter Schwingen in beiden Flügeln ergibt sich schon aus der geforderten Symmetrie. Vögel mit überwiegend dunklen Schwingen in einem Flügel haben keine Chance, aber wenn sie in beiden Flügeln gleichmäßig angeordnet einige dunkle Schwingen haben, so wird das nicht (mehr) als großer Fehler angesehen. Die früheren „Hellschwingen" wurden als Sonderklasse gestrichen.

Rezessive („Dänische") Schecken – Harlekine

Gescheckte Wellensittiche mit einer lustigen Tupfenzeichnung auf gelbem oder weißem Grund traten wenig später oder gleichzeitig in Dänemark auf. Sie wurden zunächst unter dem Liebhaber-Namen „Harlekine" populär, weil sie in ihrem getupften Gefieder an den Dress der gleichnamigen Clowns erinnerten. Später nannte man sie wegen ihrer rezessiven Vererbung und zur besseren Unterscheidung von den Kontinentalen offiziell „Rezessive Schecken". Sie waren viele Jahre lang ebenso klein wie Wildvögel und glichen diesen auch vollständig im Typ, zeigten also kleine, schmale Köpfe mit nur angedeuteten Kehltupfen und vorstehenden Schnäbeln. Ihre ungemein bunten Gefiederfarben gefielen aber von Beginn an Züchtern wie Privatliebhabern, obwohl ihre Preise rasch fielen. Sie haben nämlich erfreulicherweise mit den Wildvögeln auch die große Vitalität und Fruchtbarkeit gemeinsam, ließen sich von Anfang an auch untereinander verpaaren und infolgedessen rasch vermehren.

Harlekine haben aber noch andere Besonderheiten: Ihre Augen sind wie bei Jungvögeln ganz schwarz und verändern sich auch nicht, d. h. sie bekommen keinen hellen Irisring. Ihre Schnäbel sind kräftig gelb und bleiben auch so. Beine und Füße sind fleischfarben. Die Nasenwachshaut der Männchen ist rosa-violett wie bei ganz jungen Hähnen und bleibt auch so, d. h. eine blaue Wachshaut bilden sie im Gegensatz zu allen bisher behandelten Mutanten nicht aus. Die Farbe der Nasenhaut der Weibchen ist dagegen wie bei allen anderen erst weißlichblau, in Brutkondition kaffeebraun. Die Wangenflecken beider Geschlechter sind violett mit silberweiß durchsetzt.

In der Regel sind beide Geschlechter etwas unterschiedlich gezeichnet. Die Hähne haben eine überwiegend gelbe Oberseite in der Grün- und eine weiße in der Blaureihe, übersät mit unregelmäßigen, ziemlich kleinen dunklen Tupfen. An den etwas größeren, aus mehreren Federn bestehenden Tupfen kann man erkennen, daß sie dort dieselbe dunkle Querwellung haben wie normale Wellensittiche. Diese Wellenzeichnung in zusammenhängender Form befindet sich auch an den Halsseiten und Wangen, sowie in einem schmalen Streifen über dem Scheitel, während die Maske ebenso aufgehellt ist wie bei allen anderen Wellensitti-

Bild 33: Hahn, Rezessive Schecke Dunkelblau

Bild 34: Hahn, Rezessive Schecke Grau

chen. Kehltupfen sind oft gar nicht vorhanden, sehr klein oder in verschiedener Größe
und ungerader Anordnung von 1–6. Die Unterseite ist bis zur Brust oder bis zum Bauch
rein gelb bzw. weiß. Erst dort fängt die Grundfarbe an, die in den am besten gezeichneten
Stücken in einer geraden Trennungslinie von
Hell zu Dunkel und von Flanke zu Flanke verläuft. Auch der Rumpf ist von sauberer, kräfti-

ger Grundfarbe, einschließlich der Oberschwanzdecken. Viele zeigen aber hier Unre-
gelmäßigkeiten, und gerade die oberseits fein
getupften Hähne haben oft keine gleichmäßige
Farbtrennungslinie am Bauch, sondern helle
Flanken und Oberschwanzdecken, wenn
nicht gar einen gescheckten Rumpf. Manche
haben sogar nur einen Zwei- bis Fünfmark-
stück großen dunklen Fleck am Bauch.

Die Weibchen sind meist im ganzen dunkler. Statt Tupfen haben sie zusammenhängende Felder aus dunkler Wellenzeichnung oberseits, jedoch weniger verwaschen als Kontinentale Schecken und zu den aufgehellten Gefiederzonen besser abgegrenzt. Dafür besitzen sie eine reinfarbigere dunkle Unterseite, die schon an der Brust beginnt.

Alle gewünschten Merkmale sind selten bei einem Vogel vorhanden, was jedoch die Zucht reizvoll macht. Die am besten gezeichneten Harlekine bekommt man durch Ausgleichsverpaarungen, indem man zu helle Hähne mit zu dunklen Weibchen zusammengibt. Das gilt aber nur für die reine Farbenzucht, denn der Schau-Züchter wird in den wenigsten Fällen zwei Rezessive Schecken miteinander verpaaren, weil die Nachzucht in aller Regel zu klein wird. Wer sich auf Rezessive Schecken als Ausstellungsvögel spezialisieren möchte, muß wie bei Hellflügeln parallel einen Stamm möglichst großer Schauvögel halten, und zwar Normalvögel mit schwarzer Zeichnung unter Einbeziehung von Graugrünen und Grauen. Letztere sollten wieder nur einen Faktor für Grau besitzen, damit auch leuchtende Farben fallen. Auf diese Weise sind die inzwischen schon wesentlich verbesserten Rezessiven Schecken gefallen, die man heute auf größeren Ausstellungen sieht.

Die Kreuzungszucht eines rezessiven Farbschlags ist recht einfach. Wir wenden vergleichsweise das Beispiel Grün x Blau an und setzen lediglich für „Blau" „Rez. Schecke" ein.

Selbstverständlich vererben sich die Farben als solche wie unter Normalvögeln ausgeführt, also unabhängig vom Scheckungsfaktor. Dazu einige praktische *Beispiele* unter Einbeziehung von Graugrün:

N. Graugrün (1 Faktor) x Rez. Schecke Hellgrün

= 50% Graugrüne und 50% Hellgrüne, alle spalterbig in Rez. Schecke in beiden Geschlechtern.

Graugrün/grün und Rez. Schecke x Hellgrün/rez. Schecke

= 75% Graugrüne (1 Faktor), die Hälfte von beiden spalterbig in Rez. Schecke, die andere nicht, und 25% Rez. Schecken in Graugrün und Hellgrün.

Rez. Schecke Hellgrün x Graugrün/grün und rez. Schecke

= 50% Graugrüne/grün und Grüne, alle spalterbig in Rez. Schecke und 50% Rez. Schecken in Graugrün und Hellgrün, die Graugrünen wieder mit 1 Faktor = /grün.

Rez. Schecke Graugrün/grün x Rez. Schecke Hellgrün
= 100% Rez. Schecken in Graugrün/grün und Hellgrün.

Aus naheliegenden Gründen ist die im dritten Beispiel angegebene Verpaarung die am meisten geübte, weil daraus bis 50% Schecken zu erwarten sind, obwohl das Zahlenverhältnis natürlich nicht aus jedem Gelege aufgeht. Außerdem sind alle nicht geschecktem Wellensittiche spalterbig in Rez. Schecke.
Grau/blau, also mit 1 Faktor, x Rez. Schecke Blau verhält sich genauso im Verhältnis, *aber*:

Grau (Doppelfaktor) x Rez. Schecke Blau
= 100% Graue/blau (1 Faktor), spalterbig in Rez. Schecke.

Diese Verpaarung, ebenso mit Graugrün, ist immer dann zu empfehlen, wenn die Schecken mehrheitlich wieder zu klein geworden sind, da die Graugrünen und Grauen mit Doppelfaktor häufig die stärksten sind. Wenn man nicht ausgerechnet einen Rezessiven Schecken in Graugrün oder Grau damit verpaart, besitzen ja alle Spalterbigen wieder nur einen Faktor für Graugrün oder Grau, so daß man in der nächsten Generation auch wieder Schecken in leuchtenden Farben zu erwarten hat. Im übrigen sehen graugrüne und graue Rezessive Schecken auch sehr gut aus und waren schon häufig unter den Siegervögeln zu finden, weil die Aufhellungen stets von kräftigem Gelb in der Grün- und von reinem Weiß in der Blaureihe sind. Sie sind ganz unabhängig vom Farbschlag.
Auch Rezessive Schecken lassen sich in allen Farben züchten, wobei man aber die verdünnten usw. mangels Kontrast vermeiden sollte. Farblich am schönsten sind natürlich die Dunkelgrünen, Dunkelblauen und Violetten. Sie sind jedoch alle schwer in der für Schauvögel erforderlichen Größe und in gutem Typ mit entsprechend großem Kopf usw. zu züchten, am schwersten die Violetten.
Spalterbige in dieser Scheckenrasse kann man häufig, aber nicht immer, an einem kleinen hellen Nackenfleck erkennen, obwohl sie sonst nichts mit den Kontinentalen Schecken

Bild 36: Hahn, Rezessive Schecke Gelbgesicht-Violett

zu tun haben. Auf der Ausstellung ist das ein Fehler, doch sind ohnehin die wenigsten Spalterbigen gut genug, um mit Normalvögeln in einer Klasse zu konkurrieren. Man sollte auch nur die Allerbesten davon in der Weiterzucht verwenden, will man mit Rezessiven Schecken weiterkommen oder oben bleiben. Es empfiehlt sich bei dieser Zuchtrichtung, gute Beziehungen zu Zoohändlern anzuknüpfen, die

Bild 37: Rezessives Schecken-Weibchen in Gelbgesicht-Mauve Mutation I in guten Farben und verhältnismäßig großen Kehltupfen. Die Zeichnung ist am Kopf und auf den Flügeldecken zu dunkel, sehr schön aber auf den Schwingen und langen Schwanzfedern.

die zu klein geratenen Sittiche abnehmen. Sie werden das um so lieber tun, wenn sie regelmäßig auch Rezessive Schecken mitbekommen, weil sie die besonders gut verkaufen können.

Australische Schecken
(„Band"-Schecken)

1935 fiel nach SCOBLE in Sydney, Australien, aus normalen Wellensittichen ein Tierchen, das außer einem hellen Nackenfleck, hellen Schwingen und Schwanzfedern ein ca. 1 cm breites helles „Band" von Flanke zu Flanke um die Bauchmitte hatte. Ab sofort war man dort bemüht, diese markant gezeichneten Sittiche nachzuzüchten, was wegen der dominanten Vererbung dieser Schecken auch rasch gelang. Nur stellte man leider bald fest, daß sich diese Bänderung nur sehr unbeständig vererbte und alle möglichen individuell gezeichneten Schecken herauskamen, wie bei den zuvor bekannt gewordenen Schecken auch. Da nun der Name „Banded Pieds" = „Bandschecken" aber einmal kreiert war, behielt man ihn aus Reklamegründen bei, und viele Züchter spezialisierten sich auf diese Vögel, weil sie wieder einmal etwas Neues waren. Es sind auch schöne Schecken, selbst wenn sie kein gleichmäßiges Band haben. Wie bei den Kontinentalen ist allen ein heller Nackenfleck gemeinsam, darüber hinaus aber noch ein heller Flügelbug und helle äußere Handschwingen. Bei der Mehrheit sind alle Schwingen aufgehellt, desgleichen die beiden langen Schwanzfedern. Es gibt jedoch auch Exemplare mit einzelnen dunklen Schwingen, meist Armschwingen, und mit ein oder gar zwei dunklen langen Schwanzfedern. Die helle Maske ist nie bis zur Brust herabgezogen wie bei den Kontinentalen, sondern endet am

Bild 38: Hahn, Australische Schecke Gelbgesicht-Hellblau

Vorderhals wie bei Normalvögeln. Die meisten haben auch Kehltupfen, wenngleich nicht immer in vollständiger Anzahl. Manche besitzen ganz aufgehellte Flügel. Dabei sind nicht nur die Schwingen, sondern auch die Decken aufgehellt, nur leider selten auf beiden Seiten ganz gleichmäßig. So gibt es Vögel mit einem hellen und einem dunklen Flügel, die ganz lustig, aber nicht unbedingt besonders schön

Bild 39: Hahn, Australische Schecke Grau-grün

aussehen. Unten an Brust und Bauch liegt immer ein heller Fleck in verschiedener Form und Größe. Er kann eher länglich als rund sein, mal als Band, mal als Kreuz, mal als Halbkreuz, sogar als Hakenkreuz auftreten. Die Augen ausgewachsener Australischer Schecken zeigen einen hellen Irisring wie die von Kontinentalen. Australische Schecken haben aber noch Besonderheiten, die sie nicht

mit den anderen Scheckenrassen gemeinsam haben: die Nasenwachshaut der Männchen ist häufig rosa und blau gescheckt, die Beine und Füße können bei beiden Geschlechtern bläulichgrau (Wildfarbe) und fleischfarben gescheckt sein, die Zehennägel sind teils hell teils dunkel. Schließlich können ihre Wangenflecke rein violett wie bei den Kontinentalen sein, mit Weiß durchsetzt wie bei den Rezessiven, oder sie können auch einen ganz weißen Wangenfleck auf der einen und einen violetten auf der anderen Seite haben, was recht auffallend aussieht. Was ihre Zeichnung anbetrifft, so besteht ihr größter Vorzug in der stets markanten Abgrenzung derselben zu den aufgehellten Zonen als auch von diesen zur Grundfarbe, was sie wieder mit den Rezessiven gemeinsam haben. Verwaschungen dazwischen wie bei den Kontinentalen gibt es nicht.

Gemessen an ihrem Erscheinungsjahr kamen die Australier sehr spät und auf Umwegen zu uns. 1945 kauften nach SCOBLE amerikanische Soldaten der Pazifik-Armee auf ihrem Heimweg häufig diese auffälligen Wellensittiche und brachten sie auf diese Weise in die USA. Von dort gelangten sie in den 50er Jahren nach England. Es waren wie alle australischen Wellensittiche relativ kleine Vögel, weil man dort den massigen englischen Typ nicht mag. Die Engländer erkannten jedoch rasch, daß sich diese Schecken wesentlich rascher und besser zur Typ- und Größenverbesserung eigneten als die europäischen Scheckenrassen. So spielten sie schon bald unter den Besten der britischen Schauen eine Rolle, und als die ersten zu Anfang der 60er Jahre mit leichter ,,Nachhilfe" in die BRD herüberflogen, waren die meisten davon schon recht stattliche Schauvögel, allerdings auch zu stattlichen Preisen. Nun, sie kamen hier größtenteils in die richtigen Hände, denn die deutschen Züchter hatten einiges hinzugelernt, so daß nicht zuletzt wegen der dominanten Vererbung bald sehr gute Stämme davon aufgebaut werden konnten. Wer freilich nur einen Schecken kaufte und meinte, denselben ungestraft an rasselose Wellensittiche verpaaren zu können, der erlebte das gleiche Fiasko wie unter Graugrünen und Grauen schon erwähnt.

Bild 40: Weibchen, Australische Schecke
Violett

Bild 41: Weibchen, Australische Schecke
Hellgrün

Farbe und Zeichnung vererbten dominant wie erwartet, aber der Schautyp ging schon in der 1. Generation verloren, weil er erst angezüchtet worden war. So haben wir heute viele rasselose Sittiche mit den Merkmalen australischer Schecken unter den Konsumvögeln, wo sie wegen ihrer schönen Farben ebenso beliebt wie die Rezessiven Schecken sind. Die Bezeichnung „Bandschecken" haben die Züchterverbände wegen der wenigen Exemplare, die in dieser besonderen Zeichnung fallen, abgeschafft.

Wie die anderen Schecken sollen Schauvögel möglichst symmetrisch gezeichnet sein, mit einer Farbverteilung von 50:50. Eine vollständige Kehltupfenkette wird nur bei sonstiger Gleichwertigkeit bevorzugt. Größe und Typ sind vorrangig, und darin gute Vögel bekommen wegen ein bis zwei fehlender Kehltupfen keine Abzüge, auch nicht unbedingt wegen verschiedenfarbiger Wangenflecke oder einer dunklen Schwanzfeder. Erst wenn beide langen Schwanzfedern dunkel sind, gibt es Abzüge, desgleichen wenn beide Wangenflecke weiß sind.

Nicht allein wegen Typ und Größe, sondern auch nach Farbe und Zeichnung zieht man die besten Australischen Schecken aus einem gescheckten und aus einem nicht gescheckten Partner, wobei das Geschlecht wieder keine Rolle spielt. Daraus sind 50% nicht gescheckte zu erwarten, die wegen der dominanten Vererbung der Schecken natürlich auch keine Schecken vererben können, und 50% Schecken, unter denen einige mit symmetrischer Zeichnung und guter Farbverteilung zu erwarten sind. Manche mögen sogar ein ganz gutes Band zeigen, obwohl das nicht mehr gesondert gewertet wird.

Verpaart man dagegen zwei noch so schön gezeichnete Schecken miteinander, so fallen überwiegend zu helle Schecken, z. B. zu 75% aufgehellte mit nur noch 25% Dunkelfarbanteilen. Einige davon sind sogar symmetrisch in einer ansprechenden Farbverteilung. Sie haben rein gelbe oder weiße Flügel und Schwänze und nur wenig dunkle Wellenzeichnung an Nacken und Rücken. Vor allem aber besitzen sie eine vollständig aufgehellte Unterseite, mit Ausnahme eines gleichmäßigen, farbigen Bandes in der Grundfarbe von 1–3 cm Breite an der Vorderbrust, wenige cm unterhalb der Maske. Das Band reicht von Flügelbug zu Flügelbug. Als die Australier noch unter „Bandschecken" liefen und wenig bekannt waren, glaubten manche, dies seien die gewünschten Bandschecken, was jedoch nach der vorgeschriebenen Farbaufteilung von 50:50 nicht der Fall ist. Wohl kann ein solcher Schecke, verpaart mit einem zu dunkel geratenen, wieder einige gleichmäßiger gezeichnete Vögel bringen, doch werden nach inzwischen gesammelten Erfahrungen heute selten Schecken untereinander verpaart, es sei denn von Konsumzüchtern, die möglichst viele Schecken züchten wollen. Diesen kann das durchaus empfohlen werden, denn aus

Schecke x Schecke fallen – wie übrigens auch bei den Kontinentalen – 25% Schecken mit Doppelfaktor für Gescheckt. Diese sehen bei den Australiern meist so aus wie oben beschrieben, und die schönsten zeigen auch einen farbigen Rumpf, wieder andere einen gefleckten. Vor allem aber sind sie reinerbig in Gescheckt, d. h. sie bringen auch mit einem dunklen Partner nur noch Schecken, die ihrerseits natürlich wieder nur einen Faktor für Gescheckt haben. Das ist nicht schlecht für die reine Vermehrungszucht, allerdings sind die Kontinentalen mit Doppelfaktor ohne allen Farbkontrast mit verwaschenem Gefieder und dürften deshalb schlecht Käufer finden.

Eigentlich unnötig zu erwähnen, daß die Grundfarben als solche auch bei diesen Schecken unabhängig vom Scheckungsfaktor den schon bekannten Erbgesetzen folgen, einschließlich Dunkelfaktoren. Begehrt sind Violette, die im Schautyp von diesen Schecken nicht so schwer zu züchten sind, weil gut durchgezüchtete Australier dem Einfluß des kleinen Wildtyps gegenüber nicht so anfällig sind. Sehr schön sehen auch gescheckte blaue Gelbgesichter aus, weil manche bis zu 5 Farben zeigen können: Weiß, Gelb, Blau, Grün und Schwarz (in der Zeichnung). Unabhängig von der Scheckung braucht man nur die Beispiele bei den Normal-Verpaarungen der Grundfarben anzuwenden, um sie leicht züchten zu können.

Vollständig aufgehellte Wellensittiche mit schwarzen und mit roten Augen

Gelbe und Weiße mit schwarzen Augen

Gelbe und Weiße mit schwarzen Augen gehören eigentlich zu den Kombinationsfarben, doch lasse ich sie der besseren Übersicht wegen den Schecken folgen, weil sie mit diesen nahe verwandt, eigentlich kombinierte Schecken sind. In der Mutationszucht von Tieren gibt es einige Beispiele, wonach aus der Kombination von Mutanten optisch etwas ganz anderes entsteht. Eines davon sind diese vollständig aufgehellten Wellensittiche, die aber wegen der dunklen Augen keine Albinos sind, sondern eigentlich Schecken. Aus reiner Experimentierfreude kreuzte der „Stammvater der Harlekine" af ENEHJELM† in Dänemark zu Anfang der 50er Jahre „seine" Rezessiven Schecken mit dominanten Kontinentalen. In der 1. Generation bekam er, was zu erwarten gewesen war: 50% normale, nicht gescheckte Wellensittiche und 50% Kontinentale Schecken. Wegen der rezessiven Vererbung mußten diese Kontinentalen alle spalterbig in „Harlekin" sein, um hier der Kürze halber diese populäre Bezeichnung zu gebrauchen. Die so gezüchteten Kontinentalen/harlekin wurden nun untereinander verpaart, mit einem teilweise überraschenden Ergebnis. Es gab 50% Kontinentale Schecken und 25% nicht gescheckte Vögel. Beide waren zu erwarten gewesen, doch bestanden die restlichen 25% aus vollkommen aufgehellten Tieren mit den schwarzen Augen der Harlekine, die auch als erwachsene Vögel keine hellen Irisringe bekamen und im übrigen auch hinsichtlich der hellen Haut- und Hornfarben Harlekinen glichen. Wie sich bei ihren Weiterverpaarungen zeigte, waren das genotypisch die kombinierten „Kontinentalen-Rezessiven" Schecken, doch wurde zunächst natürlich der Schwerpunkt auf die Weiterzucht solcher aufgehellten Sittiche gelegt. Die einen waren durchweg kräftig gelb ohne jede Spur von Zeichnung, sogar ihr Großgefieder (Schwingen und Schwanzfedern) gelblich überhaucht. Die Vertreter der Blaureihe waren blütenweiß. Nach Größe und Gestalt kamen sie allerdings dem Wildtyp der ersten Harlekine (Rezessive Schecken) nahe, waren also recht klein usw. Daß diese Aufgehellten eher Harlekine geblieben waren, zeigte sich auch in ihrer Weiterverpaarung untereinander, denn außer 75% wieder Aufgehellter fielen 25% Rezessive Schecken, die auch unter sich verpaart diese Scheckung rein weiter vererbten. Wie außerdem die Weiterverpaarungen der Aufgehellten ergaben, waren 25% reinerbige darunter, die ihrerseits nur noch aufgehellte Schwarzaugen brachten. Die übrigen 75% der Aufgehellten waren wieder spalterbig in Harlekin. Zusammenfassend bekam man aus aufgehellten Schwarzaugen wieder überwiegend solche,

aus Reinerbigen sogar ausschließlich Nachzucht, die wie die Eltern aussah. Gelb verhielt sich zu Weiß wie Grün zu Blau, d. h. die Gelben vererbten dominant über die Weißen, und alle aus Gelb x Weiß gezüchteten Gelben waren spalterbig in Weiß, so daß man leicht beide Farben in einem Nest haben konnte. Trotzdem sind die Schwarzaugen bis heute relativ selten geblieben, obwohl sie von Farbenzüchtern über ein paar Ausgangsvögel beider genannter

Bild 43: Hahn, Australische Schecke Opalin-Hellgrün mit einer Andeutung von Stirnflecken über dem Auge.

Scheckenrassen leicht in größerer Menge zu produzieren wären. Sie sind auch durchaus keine Schwächlinge und fruchtbar geblieben, und besonders die Gelben erfreuen sich ständiger Nachfrage. Daraus läßt sich nur schließen, daß viele Farbenzüchter sich nicht mit Erbvorgängen befassen, denn dann ließen sich diese Vögel ohne großen Aufwand gezielt züchten.

Für die Schauzüchter waren die Schwarzaugen mit wenigen Ausnahmen jahrzehntelang tabu, weil ursprünglich beide Ausgangs-Farbrassen (Kontinentale und Rezessive Schecken) schon keine einfachen Schauvögel waren, die Schwarzaugen daraus infolgedessen meist noch kleiner. Erst seit einer gewissen Sättigung des Marktes mit guten Schauvögeln der englischen Rasse in den normalen Grundfarben begann das Interesse wieder zu steigen, nun auch die Schwarzaugen in verbessertem Typ und ausreichender Größe zu züchten. Die Ausgangsposition dazu hatte sich insofern verbessert, als schon recht ordentliche Rezessive Schecken im Schautyp dafür zur Verfügung standen. Auch die Kontinentalen Schecken, die kurz vor dem Aussterben standen, waren wieder erhältlich und konnten, mit Hilfe von Graugrünen und Grauen verbessert, zur Zucht eingesetzt werden. Es befassen sich bisher allerdings nur relativ wenige Züchter damit, sonst könnten sie schon weiter sein. Zum Anreiz gibt es beim DWV seit Jahren einen Wanderpokal. Wegen der immer reinen und schönen Farben können sich die Spezialisten allein auf Typ und Größe konzentrieren. Vertreter der beiden Scheckenrassen in Graugrün und Grau, möglichst groß und formschön, sind die richtige Ausgangsbasis. Auf die negativen Folgen des doppelten Faktors in Grau braucht bei dieser Zucht nicht geachtet werden. Vögeln mit Doppelfaktor ist sogar der Vorzug zu geben, weil das Gelb und das Weiß davon nicht beeinflußt werden, im übrigen graugrüne und graue Schecken ebenfalls sehr gut aussehen und häufig unter den Siegern in diesen Klassen zu finden sind. Sobald die Schwarzaugen zu klein werden, müssen wieder Kontinentale Schecken, spalterbig in Harlekin, eingekreuzt werden, jedoch keine reinen Harlekine, da diese die Größe wieder eher negativ beeinflussen.

Lutinos – Gelbe mit roten Augen

Ihr Name wurde von dem gelben Fettfarbstoff *Lutein* abgeleitet, der die gelbe Gefiederfarbe bei Kanarienvögeln und verwandten Finkenarten bewirkt. In Sittichfedern ist Lutein nicht vorhanden, sondern Psittacin, ein ähnlicher Fettfarbstoff. Da man das Psittacin noch nicht kannte, als die ersten Lutino-Wellensittiche auftauchten, nannte man sie fälschlicherweise *Lutinos*, und es blieb dabei. Nach RUSS sollen vereinzelte Lutinos schon 1878 in deutschen Zuchten aufgetaucht sein, doch verschwanden sie wieder, weil man die geschlechtsgebundene Vererbungsweise (siehe S. 100) noch nicht kannte. Auch im australischen Busch sollen schon frühzeitig einzelne Lutinos gesichtet worden sein, was nicht so verwunderlich ist, wenn man vergleichsweise an albinotische Amseln und Spatzen bei uns denkt. Ein Lutino ist schließlich nichts anderes als ein Albino + Fettfarbe (Psittacin).

Das Geburtsjahr zielbewußter deutscher Lutinozucht ist 1930. Parallel dazu traten ab 1932 Lutinos auch in anderen europäischen Ländern und bei australischen Züchtern auf. Als echte Albinos haben sie farblose Augen, die durch den durchscheinenden Blutfarbstoff rot erscheinen. Etwas Pigment ist darin jedoch verblieben, denn erwachsene Vögel bilden einen hellen Irisring wie Normalvögel aus. Seltsamerweise sind im Gegensatz zu anderen albinotischen Tieren auch die Federn nicht ganz pigmentlos, denn manche Lutinos zeigen, wenn sie ausgefärbt sind und bei bestimmtem Lichteinfall, einen grünen Schimmer, besonders am Rumpf. Andere wiederum, vor allem ausgefärbte Hähne, haben eine schwache, aber doch wahrnehmbare Geisterzeichnung, besonders am Flügelbug. Schließlich fällt auch das Gelb in seiner Intensität unterschiedlich aus. Es hängt davon ab, welches Grün in welcher Pigmentierung die Lutinos „verdecken", d. h. wie sie ursprünglich gezüchtet worden sind. Demnach ist eine selektive Farbenzucht mit Lutinos nicht ganz so einfach wie die der gelben Schwarzaugen. Beine und Füße sind bei allen fleischfarben, die Schnäbel gelb. Die Nasenwachshäute der Hähne werden nicht blau, sondern bleiben wie bei Junghähnen blaß-rosa-violett. Dieses Merkmal haben sie mit den Rezessiven Schecken und im übrigen mit allen anderen rotäugigen Wellensittichen gemeinsam. Das gesamte Großgefieder (Schwingen und Schwanzfedern) ist weiß mit

Bild 44: Hahn, Lutino mit dottergelber Grundfarbe

einer Ausnahme: Über Australische Schecken gezüchtete, solche verdeckende Lutinos haben ein gelbes Großgefieder. Das wird nach dem internationalen Bewertungsstandard in seiner neuesten Auflage als Fehler angesehen.

Zu Beginn ihrer Zucht waren Lutinos begehrt und beliebt. Dann kam nach dem letzten Weltkrieg eine Zeit, in der die Nachfrage aus einem Grund nachließ, an den heute im Zeitalter moderner Technik keiner mehr denkt. Er galt mehr noch für die auf S. 144 besprochenen weißen Albinos: Die meisten Wohnungen hatten damals eine Ofenheizung, Kohlenherde usw., und das Nachkriegsbrennmaterial verursachte eine Menge Ruß, der sich an Wänden und Zimmerdecken niederschlug, wo er schwer zu entfernen war. Dafür schafften es die freifliegenden „Hansis" durch Umherflattern in allen Ecken, sich den Ruß ins Gefieder zu bringen, mit besonders verheerender Folge für die hellen Farben. Das gefiel niemandem, besonders nicht den Hausfrauen! Zu entfernen war der Ruß nur durch warme Schaumbäder, und das wiederum gefiel den Wellensittichen gar nicht! Heute, wo die Chemie im blitzblanken Haushalt schon umweltschädigend ist, sind wenigstens die Lutino- und Albino-Wellensittiche wieder beliebt, obwohl das nicht für jeden Naturfreund ein Trost ist! Ihre Zucht ist einfach, sofern man die geschlechtsgebundene Vererbungsweise praktisch beherrscht (siehe S. 100). Schon aus einem Lutino-Hahn bekommt man mit jedem beliebigen grünen Weibchen nur Lutino-Töchter und alle grünen Brüder sind spalterbig in Lutino usw. Eine wirklich dottergelbe Farbe ist am besten über Olivgrüne und Olivgelbe zu erzielen, wie schon auf S. 141 ausgeführt. Das geht aber nur dann, wenn man auf die Größe nicht zu achten braucht, da die Lutinos von Natur aus und wegen ihres feinen, anliegenden Gefieders keine Riesen sind. Der Schauzüchter muß andere Wege gehen, wozu die Engländer durch Herauszüchtung großer, rassiger Lutinos die Pionierarbeit geleistet haben. Größe und besonders Typ sind bei ganz aufgehellten Vögeln schon allein deshalb so wichtig, weil das Auge nicht von bunten Gefiederfarben abgelenkt wird. Dann treten die Konturen um so deutlicher heraus.

Der Anfänger sei noch einmal darauf hingewiesen, daß Lutinos alle Grünfarben „verdecken" können und was das in der Praxis bedeutet. Dazu einige praktische *Beispiele:*

Graugrün (1 Faktor)/lutino x Lutino (über Hellgrün gezüchtet)
= 25% Graugrüne, 25% Hellgrüne, 25% Lutinos Graugrün- und 25% Lutinos Hellgrün verdeckend.

Aber:
Graugrün (Doppelfaktor)/lutino x Lutino (verd. Hellgrün)
= 50% Graugrüne und 50% Lutinos Graugrün verdeckend.

Entsprechend:
Dunkelgrün/lutino x Lutino (verd. Hellgrün)
= 25% Dunkelgrüne, 25% Hellgrüne, 25% Lutinos Dunkelgrün- und 25% Lutinos Hellgrün verdeckend.

Und schließlich:
Lutino (verd. 1 Faktor Graugrün) x Lutino (verd. Hellgrün)
= 50% Lutinos Graugrün- und 50% Lutinos Hellgrün verdeckend.
Lutino (verd. Doppelfaktor Graugrün) x Lutino (verd. Hellgrün) 100% Lutinos Graugrün verdeckend.

Bei Graugrün/lutino spielt außerdem noch das Vorhanden- oder Nichtvorhandensein der 1—2 Dunkelfaktoren wie bei allen anderen Farben die ihm zukommende Rolle. Bei den Lutinos selbst kann man das zwar nicht unterscheiden, wohl aber wieder bei den aus Grün-Einkreuzungen entstandenen grünen Nachkommen. Gut erkennen lassen sich grundsätzlich Graugrün verdeckende Lutinos, und zwar an einem senfgelben Ton im gesamten Gefieder, der am Rumpf besonders deutlich ist. Da dieser Farbton nach dem neuen Standard nicht mehr bestraft wird, sollte man diese meist in Typ und Größe besonders guten Lutinos nicht ausschließlich in der Zucht verwenden. Es empfiehlt sich, sie wieder mit leuchtend gelben Lutinos (Hellgrün oder Dunkelgrün verdeckend) zu verpaaren, weil die Mehrheit der Liebhaber doch dottergelbe Lutinos vorzieht, bei sonstiger Gleichwertigkeit auch der Zuchtrichter. Wem es gelingt, Olivgrün verdeckende Lutinos in Standardqualität zu züchten (sie sind fast immer dottergelb, aber meist kleiner), sollte als Kreuzungspartner in Lutino spalterbige Hähne in Graugrün mit doppeltem Dunkelfaktor dazu wählen, mit dem durchaus möglichen Zuchtziel maximaler Größe, Typ und Farbe. Sonst gelten noch Hellgrüne als gute Kreuzungspartner für Lutinos, während Dunkelgrüne wohl die Intensität des Gelb noch besser fördern, zugleich aber auch eher einen Grünschimmer im Gefieder fördern sollen. In meiner Zucht fand ich das als Regel nicht bestätigt, d. h. diesen Schimmer produzierten auch manche Hellgrünen und nicht alle Dunkelgrünen.

Um die „Geisterzeichnung" der Hähne zu entfernen, kreuzen viele Züchter auch regelmäßig gelbe „Anflugvögel" (siehe S. 121) ein, vorzugsweise hellgelbe „Buttercups", aber auch Graugelbe. Gute gelbe Hähne, spalterbig in Lutino, die dabei mit anfallen, sind immer gefragt. Gelbe Weibchen sind von Lutino-Züchtern weniger gefragt, weil sie nicht spalterbig in Lutino sein können und sich auch das Gelb wegen seiner rezessiven Vererbung erst in der nächsten Generation auswirkt. Immerhin ist die verpönte „Geisterzeichnung" der Lutino-Hähne mit Hilfe der Gelben aus vielen erfolgreichen Stämmen fortgezüchtet worden. Nachdem die Lutinos auf diese Weise gut durchgezüchtet waren, ging eine Reihe von deutschen Züchtern inzwischen dazu über, sie unter sich zu verpaaren und nur noch gelegentlich Auskreuzungen vorzunehmen. Hierbei sollte mehr als bei anderen Farben die auf S. 81 schon erwähnte „*Yellow x Buff*"-*Theorie* angewendet werden. Die individuell unterschiedliche Gefiederstruktur ist bei Lutinos unabhängig von allen sonstigen Faktoren besonders deutlich erkennbar. Typische Yellow-Vögel sind intensiver goldgelb bei schlankerer Figur und meist auch schmaleren Köpfen. Das schadet nichts, wenn die Köpfe nur hoch genug in der Stirnauslage sind. Die Buff-Vögel sind eher strohgelb und wirken durch die gröbere Gefiederstruktur massiger, die Köpfe haben die gewünschte Breite. Beide sind heute als Schauvögel gleichberechtigt anerkannt und spalten bei der Weiterzucht untereinander überwiegend in die gleichen Typen auf. Es spielt dabei keine Rolle, welcher Partner Yellow und welcher Buff ist, ob Hahn oder Weibchen. Die außerdem in dieser Zucht fallenden *A/B-Vögel*, eine Intermediärform von beiden Typen, sind in der Vererbung etwas ungewiß, d. h. es fallen mal mehr Yellows, mal

mehr Buffs und weitere Intermediär-Vögel. Das läßt sich genetisch nicht festlegen. Dafür sind gerade die Intermediär-Vögel häufig unter den Klassensiegern auf den Schauen zu finden, weil sie die gewünschten Standardmerkmale am ehesten in sich vereinigen. Schaugruppensieger dürfte eher ein Buff-Vogel werden, weil es bei der kritischen Auswahl aus allen Klassensiegern häufig um ein wenig mehr Masse und Kopfgröße geht. Das gilt mehr noch für Bundessieger-Anwärter, die auch schon anstanden, ebenso Landessieger. Ein Vorteil bei der Lutino-Schauvogelzucht ist das Fehlen der Kehltupfen. Sie haben keine und brauchen deshalb auch nicht „frisiert" zu werden (siehe S. 158). Ihre Wangenflecke sind immer rein weiß.

Zum Schluß sollen einige Nachteile der Lutinos nicht verschwiegen werden. Sie sind vor allem Spätentwickler und noch dazu nicht übermäßig fruchtbar. Darum sollten Jungvögel weder zu früh abgegeben, noch ausgestellt, noch zur Zucht angesetzt werden. Besonders zwischen dem 3. und dem 6. Lebensmonat sind viele junge Lutinos trotz guter Abstammung nicht recht Fisch nicht Vogel. Ihre Körperproportionen sind noch nicht harmonisch, die Farbe ist fleckig. Jedoch mancher hat sich schon geärgert, der solche Jungvögel billig abgab und nach einem Jahr wiedersah, denn inzwischen waren aus einigen dieser „Entlein" „Schwäne" geworden! Ebenso lohnt es sich nicht, mit jungen Lutinos gemischte Schauen zu beschicken. Sie werden unter Altvögeln den kürzeren ziehen. Nur die Beschickung reiner Jungvogelklassen kann sich lohnen, dann jedoch nicht vor dem Herbst und je später im Jahr, desto besser. Schließlich sollten Lutinos nicht vor Vollendung des ersten Lebensjahrs zur Brut eingesetzt werden. Zu junge Hähne sind selten fruchtbar und junge Weibchen sind durch Legenot gefährdet. Die scheinbare Unfruchtbarkeit junger Hähne, die noch nicht sehr intensiv balzen, kann übrigens manchmal äußere Gründe haben: Sie werden mangels einer intensiv blauen Nasenhaut als männlicher Reizauslöser nicht von allen Weibchen als Partner akzeptiert, besonders nicht von solchen, die rotäugige Hähne nicht kennen. Abhilfe schafft die gemeinsame Aufzucht eines gemischten Schwarmes, also Lutinos zusammen mit Dunkelfarben. Dann können sich die Vögel frühzeitig aneinander gewöhnen. Weil kaum jemand nur Rotaugen hält, wird das fast immer möglich sein, und es ist auch noch aus einem anderen Grunde wichtig: Die Augen aller albinotischen Tiere sind wegen des fehlenden Pigmentschutzes lichtempfindlicher, weshalb solche Wellensittiche wild umhertoben, wenn sie durch plötzlichen Sonneneinfall oder auch Scheinwerferlicht geblendet werden. Sie beruhigen sich um so schneller, wenn Vögel mit besserem Augenschutz dabei sind, die diese Reaktion nicht zeigen.

Etwas problematisch ist die Freivolierenhaltung so zart gefärbter Sittiche in Industriegebieten mit viel Rußanfall, denn rußschwarzgescheckte Vögel mag wohl keiner so gern, und hinzu kommt das vor einer zu beschickenden Schau notwendige Seifenschaumbad. Es muß mindestens 8 Tage vor dem Versandtermin erfolgen, da der Seifenschaum das Fett aus den Federn nimmt. Die Vögel müssen Gelegenheit haben, es durch Entnahme aus der Bürzeldrüse und durch fleißiges Putzen wieder zuzuführen, sonst sehen sie auf der Schau wie Seidenhühner aus! Als Alternative bleiben die Alleinhaltung in Innenvolieren oder der Verzicht auf helle Farben.

Albinos – Weiße mit roten Augen

Albinos sind die Vertreter der Blaureihe. Sie wurden bald nach den Lutinos über Blau gezüchtet und sind ganz ohne Fettfarbanteile (Psittacin). Sie müssen daher rein weiß sein. Infolgedessen gilt für diese Vögel praktisch alles, was bereits unter Lutinos ausgeführt wurde, mit fast denselben Vor- und Nachteilen.

Ihre Zucht als Konsumvögel bietet keine weiteren Probleme, nur sind sie als solche nie sehr beliebt gewesen, schon gar nicht heute, nachdem zum Teil weiß lackierte Stubenkäfige in Mode gekommen sind. Man sieht deshalb auch nur wenige in Zoofachhandlungen, doch sollten sie für den individuellen Geschmack schon im Angebot bleiben. Sie sehen z. B. in goldfarbenen, also vermessingten Käfigen

sehr ansprechend aus. Dem ausstellungsmotivierten Züchter bieten sie als Rassevögel einen besonderen Anreiz, weil sie nicht so leicht den Standardanforderungen genügen und schwieriger als Lutinos in Spitzenqualität zu züchten sind. Aus der Blaureihe stammend, erreichen sie ebenso wie die Blauen im Verhältnis zu den Grünen nicht so leicht die gewünschte Größe und Masse. Ihr oft noch feineres Gefieder steht manchmal dem verlangten Rassetyp entgegen, weshalb sie auch längst nicht so zahlreich auf Ausstellungen vertreten sind wie Lutinos. Das wiederum zwingt ihre Züchter oft genug, in Konkurrenz mit Lutinos ausstellen zu müssen, weil bekanntlich erst ab 7 Käfigen eine Klasse für sich formiert werden kann[*]. In gemischten Klassen ist es zwar schon vorgekommen, daß Albinos vor Lutinos stehen, aber doch verhältnismäßig selten. Meist sind die Albinos benachteiligt und stehen auf den hinteren Plätzen, wenn sie überhaupt noch unter den ersten sieben placiert sind! Das kann nur durch stärkere Beschickung geändert werden. Früher wurde dies nur auf Bundesschauen in den unteren Rängen geschafft. Immerhin, die Albinos scheinen im Kommen zu sein.

Nicht verschwiegen sei ein weiteres Handicap: der starke Blauschimmer im gesamten Gefieder fast aller Blau verdeckenden Albinos. Denn ebenso, wie die Lutinos die verschiedenen Grüntöne „verdecken", ist dies bei den Albinos mit den Blautönen. Als Jungvögel kommen sie alle schlohweiß aus dem Kasten, aber je älter sie werden, um so blauer werden sie. Man kann sogar bei den Violett verdeckenden einen rosa Schimmer im Gefieder erkennen. Das sieht zwar ganz schön aus, aber als Schauvögel sind nun einmal nur rein Weiße anerkannt. Davon abweichende Farbtöne führen zu Abzügen.

Eine Ausnahme bilden die Gelbgesichter, die es auch in der albinotischen Form gibt und die auf ihre Weise hübsch wirken. Sie sind deshalb auch als Schauvögel anerkannt. Gelbge-

---

[*] Auf Bundesschauen werden sie allerdings heute grundsätzlich in getrennten Klassen ausgestellt.

sichtige Albinos kommen weiß mit gelblichen Gesichtsmasken und äußeren Schwanzfedern aus dem Kasten. Da das Gelb mangels dunkler Zeichnung ohne Abgrenzung in das Weiß übergeht, sehen sie am Anfang nicht besonders ansprechend aus. Das ändert sich jedoch beim Ausfärben, besonders bei den Mutation-II-Typen. So wie das Gelb bei den Dunkelvögeln allmählich das ganze Gefieder überhaucht, geschieht das auch bei den Albinos. Ausgefärbt erscheinen sie in einem champagnerfarbenen, genauer gesagt cremegelben Gefieder, wobei diese Farbe in guten Exemplaren ganz gleichmäßig verteilt ist. Nur die Wangenflecke und das Großgefieder bleiben weiß. Waren jedoch Dunkelblaue und Violette unter den Ausgangsvögeln, so kommt selbst bei diesen Albinos leicht ein Grünschimmer an Flanken und Rumpf ins Gefieder, der unerwünscht ist und auch nicht gut aussieht.

Ohne die „Steigbügelhilfe" der Grauen wären die Albinos niemals das geworden, was sie heute in den besten Stücken als Schauvögel sind: Groß und kräftig mit zum Teil schon üppigem, vor allem aber rein-weißen Gefieder. Das sind die Grau und nicht Blau verdeckenden Albinos, da das Grau mangels Lichtreflexion durch den Albinismus vollkommen vom Weiß verschluckt wird. Die erforderlichen Verpaarungen über Grau x Albino entsprechen genau den unter Lutinos angegebenen von Graugrün x Lutino, mit der alleinigen Ausnahme, daß in dieser Zucht sogar vorzugsweise Graue mit Doppelfaktor und überhaupt keine Blauen Verwendung finden sollten. Das erhält gleichermaßen Größe, Typ und Farbe. Auch eine Voliere nur mit Grauen und Weißen sieht sehr gut aus, weil die dezenten Farben zusammenpassen. Wem das Bild dennoch zu eintönig sein sollte, der kann Opaline, Zimt-Graue und Opalin-Zimt-Graue (siehe S. 157) dazunehmen. Sie alle haben den gleich guten Einfluß auf die Merkmale der britischen Rasse und die Farbe, wenn auch manche Züchter meinen, Zimter würden einen schmutzigen Farbton in die Albinos bringen. Ich habe das in meiner jahrelangen Zucht nicht bestätigt gefunden.

Für die Zucht gelbgesichtiger Albinos sollte

Bild 45: Weibchen, Albino mit Geisterzeichnung auf den Flügeln

man auch nur graue Gelbgesichter verwenden.

Sauberkeit, ein wetterfester Schutzanstrich und saubere Luft sind für die Volierenhaltung von Albinos Bedingung, ebenso eine Voliere mit wenig direkter Sonneneinstrahlung, da Albinos sehr empfindlich gegen grelles Licht sind.

Wellensittiche mit roten Augen und brauner Zeichnung

Von diesen teilalbinotischen Formen gibt es seltsamerweise zwei ganz verschiedene Mutationen, die unterschiedlich vererben und auch ziemlich unterschiedlich aussehen. Nach dem Datum ihres Auftretens stehen sie ebenfalls weit auseinander.

Lacewings

Wie der Name schon andeutet, traten diese Vögel erstmals in England auf, und zwar verhältnismäßig spät, nach BINKS zu Anfang der 50er Jahre aus Lutinos. In die BRD kamen sie erstmals 1961 und zwar eher durch Zufall. Ein Bremer Züchter, der u. a. mit einiger Mühe einen wertvollen Lutino-Hahn importiert hatte, war zunächst höchst unangenehm überrascht, als er in der ersten Brut von diesem Hahn einige Junge im Nest liegen hatte, die schon im Jugendgefieder ungewöhnlich markante „Geisterzeichnung" zeigten. Bevor er sie billig an Händler weitergab, konnte ich ihm sagen, daß er der erste deutsche Lacewing-Züchter sei. – Heute hat er einen bewährten Ausstellungsstamm davon.
Ich hatte meine ersten Lacewings als Teilnehmer des internationalen Wellensittich-Züchterkongresses 1959 in Harrogate, England, gesehen, sonst hätte ich auch nicht gewußt, was er da hatte! „Lacewings" heißt wörtlich übersetzt „Spitzenflügel", womit die mit zarter Klöppelspitze vergleichbare Wellenzeichnung angedeutet werden soll. Da jedoch im Deutschen „Spitzenflügel" eher spitze Flügel andeuten und man keine bessere Übersetzung fand, blieb es bei „Lacewings". Ursprünglich sollen die Lacewings durch Crossing over bei der Kreuzung von Lutinos mit Zimtern (siehe S. 145) entstanden sein. Im Experiment haben das verschiedene deutsche Züchter mit Erfolg nachvollzogen. Jedoch fallen dabei so wenige Lacewings durch die Eigenart des eher vom Zufall abhängigen Crossing-overs, daß der Nachvollzug solcher Kreuzungen nicht ratsam, vor allem nicht nötig ist, weil es inzwischen genügend gibt.

Lacewings zeigen auf gelbem Grund in der Grün- und auf weißem in der Blaureihe jene schon erwähnte, zart bräunliche Wellenzeichnung in derselben Anordnung wie Normalvögel, haben rote Augen wie *Inos* (Sammelbegriff für Lutinos und Albinos) und die gleichen hellen Hornteile, einschließlich einer rosavioletten Nasenhaut der Männchen. Desgleichen sind ihre Wangenflecke, Schwingen und Schwanzfedern weiß. Nur bei Zimt verdeckenden Lacewings – auch solche gibt es – ist das Großgefieder bräunlich angehaucht, was auf Ausstellungen nicht als Fehler angesehen wird. Die Grundfarben der Lacewings werden nicht ganz so stark, aber doch erkennbar von den Farben, Dunkelfaktoren usw. beeinflußt, aus denen sie ursprünglich gezüchtet worden sind. Bei den gelben Lacewings spielt das keine so große Rolle wie in der Lutinozucht, doch sollte man die Weißen ebenso wie Albinos vorzugsweise über Grau züchten, um eine saubere weiße Grundfarbe beizubehalten. Um so schöner hebt sich auf einer solchen die bräunliche Zeichnung ab. Bei einem Lübecker Züchter sah ich allerdings einmal über Violett gezüchtete Lacewings, deren zart rosa Überhauch sehr ansprechend mit der bräunlichen Zeichnung harmonierte. Wer nicht ausstellen möchte, hat hier noch manche Möglichkeiten. Allen anderen ist zu raten, auf ein gutes Gelb oder Weiß und saubere Zeichnung zu achten. Die meisten Schau-Lacewings werden heute über Inos gezüchtet, mit denen sie nahe verwandt sind, oder auch schon unter sich, wenn sie groß genug und von gutem Typ sind. Ihre Vererbungsweise ist auch zu Inos geschlechtsgebunden. Das sieht dann so aus:

Lacewing x Ino
= Hähne: Ino/lacewing
Weibchen: Lacewings
Aber:
Ino x Lacewing
= Hähne: Ino/lacewing
Weibchen: Ino (reinerbig)

Ino/lacewing x Ino bringt nur 25% Lacewing-Weibchen, der Rest sind Inos und nur die Hälfte der Hähne ist noch spalterbig in Lacewing. Die Ino-Weibchen aus allen diesen Verpaarun-

Bild 46: Hahn, Lacewing Weiß

Bild 47: Hahn, Lacewing Gelb

gen sind reinerbig, weil es keine spalterbigen Weibchen in einem geschlechtsgebunden vererbenden Farbschlag geben kann.

Ino/lacewing x Lacewing
= 50% Lacewings und 50% Inos in beiden Geschlechtern, alle Hähne wieder spalterbig in Lacewing.
Lacewing x Lacewing
= 100% Lacewings.

Gelb vererbt dabei wieder dominant über Weiß wie Grün über Blau. Man kann auch unbedenklich beide Farben in einem Stamm züchten oder in Verbindung mit Inos praktisch vier Farben: Lacewings in Gelb und Weiß, Lutinos und Albinos. Bei Größen- und Vitalitätsverlusten kreuzt man die gleichen Dunkelfarben wie in der Inozucht ein.

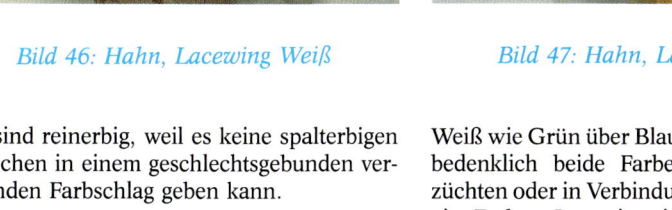

Es ist üblich, in allen Verpaarungsbeispielen den Hahn zuerst zu nennen, dann das Weibchen.

Deshalb sind die Geschlechter nicht jedesmal eigens angegeben.

Falbe

Diese überwiegend hellen Wellensittiche mit intensiv braun zu nennender Zeichnung bei roten Augen sind eine schon ältere Mutation.

Ihre Wiege stand 1930 in Deutschland, aber wenig später trat eine ähnliche Form – nicht die gleiche – auch in England auf. Die Augen der deutschen Falben zeigen bei erwachsenen Vögeln denselben hellen Irisring wie Inos, die Augen der englischen Falben sind einfarbig dunkelrot, die Engländer nennen sie „pflaumenfarbig".

In Farbe und Zeichnung gleichen beide Falb-Formen einander. Sie vererben auch beide rezessiv gegenüber allen anderen Farbschlägen. Kreuzt man die beiden Falbformen aber untereinander, bringen sie merkwürdigerweise dunkle Farben mit dunklen Augen und schwarzer Wellenzeichnung, in Grün oder Blau, je nachdem wie sie gezüchtet wurden. Es gibt also einen Rückschlag auf die Wildfarbe. Dies bedeutet, daß die entsprechenden Gene keine Allele sind, wie der Genetiker es nennt, also nicht am selben Ort auf der Chromosomenkette (Genlocus) liegen. Diese dunklen Sittiche unter sich verpaart spalten dann wieder u. a. in beide Falb-Formen auf. Inzwischen sind die englischen Falben so gut wie ausgestorben. Es waren früher einmal auch im Typ gute Vögel, doch waren sie immer schon dünn gesät. Als die Engländer damals eine Zeitlang Falbe vom Kontinent einführten und diese mit ihren Falben kreuzten, mit dem oben erwähnten, ihnen damals noch unbekannten Resultat, gaben viele Falbzüchter auf. Noch dazu kam, daß die mühsam in der 2. Generation erzielten Kontinentalen Falben kleine, unansehnliche Vögel waren. Das waren unsere Falben von Hause aus leider immer schon, und auch die paar Züchter, denen es gelungen war, einige Englische Falben zu importieren, kamen damit weder in der einen noch in der anderen Richtung weiter.

Heute gibt es wieder Züchter, die gezielte Zucht von Falben betreiben, doch es könnten mehr sein, denn es sind durchaus ansprechende Wellensittiche. Theoretisch können auch sie in allen Farben gezüchtet werden, doch sind ihre Grundfarben so blaß wie bei den Anflugvögeln, also wieder überwiegend Gelb in der Grün- und Weiß in der Blaureihe und deutlich als solche nur am Rumpf erkennbar. Diese blassen Farben sehen aber im Kontrast zu der kräftig braunen, in manchen Stücken bis ins Rötliche gehenden Zeichnung sehr gut aus. Während die Zeichnungsfarbe bei allen anderen Wellensittichen aus dem schwarzen über grau nach braunem *Eumelanin* besteht (alle diese Farbkomponenten sind darin enthalten), wird die Zeichnung der Falben aus dem andersartigen *Phäomelanin* gebildet. Unter dem Mikroskop sind dessen Pigmentkörnchen kleiner und anders geformt. Sie enthalten nur bräunlichen Farbstoff, wirken optisch anders und besonders intensiv. Außer bei diesen Wellensittichen kommen sie bei verschiedenen Prachtfinken und Mutationen des Kanarienvogels vor.

Früher wurden die Falben hauptsächlich mit gelben und weißen Anflugvögeln kombiniert, mit dem Ziel von möglichst rein Gelben und Weißen mit brauner Zeichnung, doch wurde auch das nur in wenigen Stücken erreicht. Heute ziehen die Falbzüchter Dunkelfarben in Grün und Blau, einschließlich Violett vor und beziehen wiederum Graugrüne und Graue mit einem Faktor ein, um ein Optimum an Größe und Typ zu erzielen. Alle dunklen Rumpffarben sehen zu der braunen Zeichnung gut aus. Auch die Schwingen sind bräunlich mit kräftigen braunen Säumen, die langen Schwanzfedern graublau mit braunem Schaft. Die Wangenflecke sind violett, die Kehltupfen braun und leider oft recht klein.

Allein wegen der Neigung zum unansehnlichen Typ bei geringer Größe hat es keinen Zweck, Falbe untereinander zu paaren. Ein Letalfaktor soll dabei noch hinzukommen. Man weiß aus vielen Fällen der Praxis, daß aus Falb x Falb viele Embryonen im Ei absterben und die Sterblichkeit der Jungen im Nest groß ist. Bei der Zucht über andersfarbige tritt diese Sterblichkeit jedoch nicht auf. Aus Falb x Normal oder umgekehrt fällt 100% normale

Bild 48: (oben) Hahn, Falbe Dunkelgrün

Bild 49: (rechts oben) Hahn, Falbe Hellblau. Für „Falbe" ein recht guter Vogel mit weiter Maske und guter Brustbreite. Die Zeichnung *ist sehr dunkel, aber an der blassen Farbe, den roten Augen und der rosa-violetten Nasenhaut ist der Vogel gut als Falber zu erkennen.*

Nachzucht, die sämtlich, Hähne wie Weibchen, spalterbig in Falb ist. Im allgemeinen wird die Verpaarung Normal/falb x Falb oder umgekehrt angewandt, woraus 50% Falbe und 50% Andersfarbige, spalterbig in Falb, zu erwarten sind, alle gesund, und bei entsprechendem Ausgangsmaterial sind die so gezüchteten Falben in Größe und Typ verbessert. Unter Beachtung dieser Regeln kann man auch an Falben Freude und sogar Schauerfolge haben, zumal die Konkurrenz bis jetzt gering ist. Es wäre doch schade, wenn diese Mutation mit manchen Eigenheiten aussterben würde.

Wellensittiche mit dunklen Augen und brauner Zeichnung

Zimter

Im Gegensatz zu den zuvor besprochenen Falben wird ihre zimtbraune und damit blassere Zeichnung vom Ausfall der schwarzen Komponente im Eumelanin bewirkt. Diese Mutationsform gibt es bei sehr vielen Haustieren, insbesondere Vögeln. Sie vererbt sich immer geschlechtsgebunden und kommt gelegentlich auch in Freiheit vor. 1980 sah man ein zimthellgrünes Wellensittichweibchen in einem Schwarm in New South Wales, und bei uns sieht man gelegentlich Amseln, Spatzen und Stare in dieser zimtbraunen Farbe.

Beim zimtfarbenen Wellensittich ist das Zimtbraun allein auf die Zeichnung beschränkt, einschließlich Kehltupfen und Großgefieder. Die Schwingen sind blasser graubraun mit dunkler braunen Säumen, die langen Schwanzfedern blaßblau mit braunem Schaft. Manche Hähne, jedoch nicht alle, besitzen eine eher schwarzbraune Zeichnung.

Der internationale Schönheitsstandard verlangt eine gleichmäßig zimtfarbene Zeichnung für beide Geschlechter. Früher wurden sie „Zimtflügel" genannt, bis man erkannte, daß der Zimtfaktor auch leicht verblassend auf die Grundfarbe einwirkt. Das war aber nur am Anfang so. Inzwischen hat Züchterfleiß ebenso intensiv Grundfarben wie bei Vögeln mit schwarzer Zeichnung bei den Zimtern erreicht.

In England erkannte man rasch die hervorragenden Eigenschaften der Zimter als Schauvögel. Nicht nur, daß sie sich rasch nach Größe und Typ in der gewünschten Richtung verbessern ließen, sie brachten schon von Beginn an ein besonders dichtes und weiches Gefieder mit. Dieses war bestens geeignet, die gewünschten fülligen Konturen des modernen Schautyps noch zu unterstreichen. Einziger Nachteil: Die Buff-Typen, mehr noch die „Double Buffs" (Vögel mit doppelter Federverlängerung, die durch mehrmaliges Verpaaren von Buffs untereinander entstehen) neigen

leichter als Schwarzvögel zu allzu üppigem Gefieder. Das führt vor allem zur Verblassung der Farben, läßt das Gefieder aber auch leicht unordentlich erscheinen, weil die einzelnen langen und breiten Federn nicht dicht genug anschließen, um eine glatte Gesamterscheinung zu bilden. Besonders blaß können dadurch Graugrüne und Graue aussehen, so sehr sie manchmal in Typ und Kopfform herausragen mögen. Abhilfe schafft hier allein die regelmäßige Einkreuzung der intensiven Yellow-Vögel (siehe S. 81), die bei Zimtern auch eher die gewünschte kräftige Grundfarbe zeigen. Dessenungeachtet sind die Zimter in England und seit den 60er Jahren auch bei uns auf Ausstellungen fortgesetzt zu den höchsten Ehren gelangt. Sie haben schon wiederholt Bundessieger sowie zahllose Landes- und Gruppensieger gestellt.

Für den Farbenzüchter sind Zimter ebenfalls dankbare Vögel, weil die braune Zeichnung gut zu den meisten Farben paßt. Theoretisch kann man sie in allen Farben züchten und sich darum streiten oder auch nicht, welche die schönsten sind. In der *hellgrünen* Wildfarbe bringen sie meist dieselbe Intensität wie diese, wogegen die *Hellblauen* häufig blasser sind. Ebenso fehlt dem *Dunkelgrün* bei Zimtern leicht der gewünschte Lorbeerglanz. *Dunkelblaue* sind auf Farbtiefe wieder sehr gut durchgezüchtet. *Olivgrüne* und *Mauve* gibt es aus den schon dargelegten Gründen (siehe S. 103) kaum. Zu züchten wären sie ebenso einfach wie bei den Schwarzvögeln durch die Verdoppelung des Dunkelfaktors. Besonders schön und für manche das ersehnte Zuchtziel sind die *Zimt-Violetten*, die in den besten Stücken wirklich rosa-violett zu nennen sind. Dieses Rosa paßt besonders harmonisch zu der braunen Zeichnung, und es gäbe mehr davon, wenn nicht auch Zimt-Züchter mit der mangelnden Größe der Violetten zu kämpfen hätten. Warum es bei den Farbenzüchtern für den Handel nicht mehr gibt, ist schwer zu verstehen, denn die Zucht der Zimter ist in keiner Weise schwieriger als die der Schwarzvögel, und gerade die kleineren gelten nach wie vor als besonders fruchtbar. So lassen sich Zimter auch bedenkenlos unter sich verpaaren. Sie

Bild 50: Hahn, Zimt-Graugrün

Bild 51: Hahn, Zimt-Grau

züchten dann rein weiter, wobei die Vererbung der einzelnen Farben ausnahmslos den Regeln bei den normalen Sittichen mit schwarzer Zeichnung folgt. In England gibt es Züchter, die sich ausschließlich auf Zimter spezialisiert haben.

Zimt-Graugrüne und *-Graue* sind wiederum die Asse unter den Schauvögeln, auch wenn sie nicht besonders farbenfreudig sind. Dessenungeachtet passen diese gedeckteren Farben vorzüglich zum zarten Braun der Zeich-nung, und in Typ und Größe stechen sie in vielen Fällen alle anderen Farben aus. Auf Ausstellungen jeder Größenordnung stehen sie in aller Regel vorn, nur besitzen viele dieser Supervögel einen Doppelfaktor für Graugrün oder Grau, so daß sie keine anderen Farben mehr bringen. Außerdem wird die Konkurrenz in diesen Farben immer größer, weshalb es für den Anfänger eine Überlegung wert ist, ob er nicht lieber Sittiche in diesen Farben mit nur *einem* Faktor züchten sollte, um auf diese

Weise auch Blaue, Grüne usw. zu bekommen. Diese sind noch nicht so hoch durchgezüchtet, ihre Schauklassen infolgedessen kleiner, und man hat entsprechend mehr Aussicht, unter den Klassenbesten zu sein.

Unter den graugrünen und grauen Zimtern gibt es auch die meisten Buffs und Double-Buffs, die einer besonderen Zucht- und Schauvorbereitung bedürfen. Vor dem Einsatz in die Heckbox sollte man allen besonders buffigen Hähnen wie Weibchen die Federn um die Kloake vorsichtig beschneiden, weil die Befruchtung sonst aus sozusagen technischen Gründen verhindert werden könnte. Man muß dabei nur vorsichtig zu Werke gehen, um nicht die Haut an diesen empfindlichen Körperteilen zu verletzen, anderenfalls es leicht zu Entzündungen und erst recht nicht zu einer Befruchtung kommt. – Vor einer zu beschickenden Schau müssen Buff-Zimter mehr als andere Wellensittiche mit lauwarmem Wasser gründlich eingesprüht werden. Am besten macht man das täglich bis 3 Tage vor der Schau, um ihr Gefieder zu glätten, sonst kann man sie gleich daheim lassen. Da sie sich auf der anderen Seite leichter erkälten wenn ihr dichtes Gefieder voll Wasser gesogen ist, sollte das Einsprühen am frühen Morgen in einem nicht zu kalten Raum erfolgen. Dann haben die Vögel genügend Zeit, sich durch Bewegung und Putzen zu trocknen.

Grau-, Hellflügel und *Anflugvögel* in Zimt zu züchten ist sinnlos, weil diese Kombinationen eine schwer definierbare graubraune Zeichnung und sehr blasse Farben zeigen. Sie werden den Privatliebhaber weniger ansprechen und sind deshalb auch als Schauvögel nicht mehr anerkannt. Die Kombination mit *Inos* ist nur für den Experimentator sinnvoll, weil daraus einige *Lacewings* fallen können (siehe S. 146), die man aber heute einfacher „fertig" kaufen kann. Dagegen läßt sich die Zimtzeichnung mit etwas unterschiedlicher Wirkung in alle *Scheckenrassen* einbringen, von denen die *Australischen Zimtschecken* mit Abstand die schönsten sind, weil sie gute Kontrastfarben zwischen Hell und Dunkel zeigen. Dabei hebt sich das Braun zu Gelb oder Weiß fast ebenso gut ab wie Schwarz. Bei den *Kontinentalen* ist das wegen deren Neigung zu verlaufenen Zeichnungsfarben schon weniger der Fall. Man sieht sie deshalb auch selten. *Rezessive Schecken* in Zimt haben eine bräunliche statt schwarze Tupfen- und Wellenzeichnung, sehen deshalb etwas anders, aber keineswegs häßlicher aus. Auf die Grundfarben hat der Zimtfaktor bei Schecken den gleichen leicht verblassenden Einfluß wie bei den bereits erwähnten Farbschlägen, wenn man nicht aufpaßt und auf selektivem Zuchtwege immer die intensivsten bevorzugt. Auf *Gesäumte* und *Opaline* in Verbindung mit dem Zimtfaktor komme ich in den nachfolgenden Kapiteln zu sprechen.

Zimt-Nestlinge kann man schon gleich nach dem Schlupf an ihren rötlich durchscheinenden Augen erkennen, die sich in diesem Alter kaum von den ebenso gefärbten Augen der Inos unterscheiden. Das gilt für alle zimtfarbenen Vögel und deutet an, daß ihre Augen weniger Pigment haben. Es ist aber dennoch vorhanden, denn die Augen dunkeln schon bis zum Öffnen zu Braun nach und sind bald nach dem Ausfliegen nicht von den dunklen Augen anderer Wellensittiche zu unterscheiden. Auch ein grauer Irisring bildet sich später normal aus. Beine und Füße von Zimtern sind fleischfarben, nicht bläulich-grau, und haben helle Zehennägel.

Für die Verpaarung von Zimtern mit anderen Farben, welche bei den meisten Praktikern die Regel ist, muß ihre geschlechtsgebundene Vererbungsweise beachtet werden. Wir folgen dabei den unter Lutino gegebenen Beispielen auf S. 140. Wenn man infolgedessen einen Zimt-Hahn einsetzt, bekommt man gleich in der 1. Generation Zimt-Weibchen und spalterbige Hähne usw. Wer keine oder nur wenige Zimter züchten möchte, sondern nur den Zimtfaktor einkreuzen, um eine bessere Gefiederqualität zu bekommen, der kreuzt nur einige Zimt-Weibchen ein und züchtet mit deren Töchtern weiter. Nicht oder nur in Ausnahmefällen weiterzüchten sollte man mit den spalterbigen Söhnen, die mit Weibchen ohne Zimtfaktor nur noch 25% Zimt-Weibchen bringen. Das dichtere Gefieder wird auf diese Weise auch auf einige Nicht-Zimter vererbt.

Bild 53: Hahn, Zimt-Dunkelblau

Wellensittiche mit andersartiger Zeichnung

Gesäumte-„Spangles"

Alle bisher behandelten Wellensittiche zeigten oberseits jene typische wellenförmige Zeichnung, wie sie der Wildvogel besitzt, und von der die Art ihren Namen hat. Von Farbschlag zu Farbschlag unterschied sich diese Zeichnung nur in der Farbe von Schwarz über Grau nach Braun, bis zur ganz blassen „Geisterzeichnung" (Anflugvögel). Schließlich kommt es bis zum Verschwinden der Zeichnung, teilweise bei den Schecken, ganz bei den albinotischen Formen. Unabhängig von den Grundfarben haben wir nun zwei Mutationen, bei denen die Zeichnungsanordnung eine andere

Bild 54: Hahn, Spangle Grau

Bild 55: Hahn, Spangle Violett

ist, wodurch wiederum andere farbliche Erscheinungsbilder entstehen. Die jüngste Mutation sind die „Spangles", auf gut deutsch „Gesäumte", bei denen die Zeichnung sozusagen umgekehrt verläuft. Bei der normalen Wellenzeichnung sind alle Federn vom Hals über den Rücken bis zu den Flügeldecken dunkel mit hellem Saum. Dagegen sind die gleichen Federpartien bei den Spangles hell mit dunklem Saum, wodurch natürlich ein ganz anderer Farbeffekt entsteht. Außerdem sind die stets hellen Schwingen bei dieser Spielart dunkel gesäumt, was kein anderer Wellensittich zeigt. Nur an Kopf und Nacken, wo die Zeichnung bedingt durch die geringe Federgröße sehr eng ist, gleicht sie in etwa der normalen des Wildvogels. Wo sie durch größere Federn gröber wird, überwiegt auf diese Weise die helle Farbe Gelb in der Grün- und Weiß in der Blaureihe. Dadurch ähneln die Gesäumten aus größerer Entfernung Hellflügeln, nur daß sie reiner und damit leuchtender in den Farben sind. Die Grundfarben unterseits werden von der gesäumten Zeichnung gar nicht betroffen, sind also stets intensiv analog des Farbschlages. Schon dadurch sind die Gesäumten in allen Dunkelfarben schöne Vögel mit viel Farbkontrast.

Eine weitere Eigenart dieser Mutation äußert sich in den Kehltupfen. Diese sind im Zentrum aufgehellt und wirken dadurch geteilt. Dadurch sehen sie in den besten Stücken wie Zielscheiben aus, bei vielen anderen aber leider ungleichmäßig, so daß man im allgemeinen bei den Gesäumten nicht von schönen Tupfenketten sprechen kann. Ihre mehr oder weniger violetten Wangenflecke sind verschieden stark von weißen Federn durchsetzt. Es gibt aber auch ganz weiße, die Unterschiede sind individuell. Die Schwanzfedern sind überwiegend aufgehellt ohne dunkle Säume. Manche haben einen dunklen Schaft.

Der erste „Spangle" fiel nach SCOBLE 1972 in Victoria, Australien. Wie alle australischen Neumutationen handelte es sich um kleine Vögel des Wildtyps, die auch noch nicht viel besser waren, als sie 1980 über England in die Schweiz und von dort 1981 in die BRD kamen. Durch ihre dominante Vererbungsweise war es aber nicht so schwierig, sie etwa gleichzeitig in England und Deutschland nach Typ und Größe zu verbessern, so daß sie heute schon als ganz gut durchgezüchtete Schauvögel zu betrachten sind.

In den Zoofachhandel gelangten bis jetzt noch keine, jedoch ist das nur eine Frage der Zeit. Dank bisher guter Fruchtbarkeit sanken die Preise innerhalb weniger Jahre von vier- auf dreistellige Summen, für weniger gute Vögel bereits auf zweistellige. Die Verkaufspreise haben sich jedenfalls so eingependelt, daß jeder Interessierte sich die Vögel leisten kann.

Aufgrund der dominanten Vererbung braucht man unabhängig vom Geschlecht nur einen Gesäumten, um, verpaart mit einem guten Normalvogel, gleich in der 1. Generation bis zu 50% Gesäumte in beiden Geschlechtern zu bekommen. Die Grundfarben verhalten sich dabei wie bei allen anderen Spielarten. Wieder

Bild 56: Spangle, Hahn in Normal-Dunkelgrün

sind die Graugrünen und Grauen meist am besten in Größe und Typ, was zu erwähnen eigentlich schon unnötig ist. Farblich am wirkungsvollsten sind aber die Dunkelgrünen, Dunkelblauen und Violetten, natürlich auch die Hellgrünen und Hellblauen, wenn von entsprechend intensiv-farbigem Material ausgegangen wurde. Auf der anderen Seite hat es natürlich wenig Zweck, Gesäumte in alle mehr oder weniger aufgehellten Farbschläge

Bild 57: Spangle, Hahn in Gelbgesicht-Dunkelblau

Meinung sein. Einmal, weil es heute schon genug Anglo-Amerikanismen in der deutschen Sprache gibt, zum anderen, weil es schon viele andere Zuchtvogel-Arten mit einer Säumung als Zeichnung gibt, davon allein zwei bei den Papageiartigen: Gesäumte Nymphensittiche (Nymphicus hollandicus) und dito Rosenköpfchen (Agapornis roseicollis). Bei keiner dieser Arten kam man auf die Idee, sie wegen der praktisch gleichen Zeichnung „Spangles" zu nennen, zu welcher Einsicht man hoffentlich über kurz oder lang auch beim DWV kommen wird, nach dem Motto: Allein der Name macht's nicht!

Die einzige Kombination, die sich mit Gesäumten noch als lohnend erweisen könnte, wäre die mit *Hellflügeln*, um durch die Eigenart der Säumung auf hellem Grunde die Flügel noch heller zu bekommen. Voraussetzung ist, daß die intensive Grundfarbe dadurch nicht leidet und der mühsam herausgezüchtete bessere Typ erhalten bleibt. Die Versuche in dieser Richtung sind bei Drucklegung noch nicht über das Experimentierstadium herausgekommen.

Die nicht gesäumte Hälfte der Nachzucht aus Gesäumt x Nicht-Gesäumt oder umgekehrt muß bei entsprechenden Ausgangsvögeln nicht schlechter sein. Oft ist sie sogar besser als die Gesäumten selbst, hat aber natürlich nichts mit ihnen zu tun und kann diese Eigenschaft nicht vererben.

Die Gesäumten aus einer solchen Verpaarung besitzen nur einen Faktor für Gesäumt. Der Zuchtablauf erfolgt wie bei den Australischen Schecken. Infolgedessen bringt eine Verpaarung Gesäumt x Gesäumt 25% Nicht-Gesäumte, 50% Gesäumte mit einem Faktor und 25% Gesäumte mit Doppelfaktor, die unter sich rein weitervererben, also nur noch gesäumte Jungen bringen. Werden solche an einen nicht gesäumten Partner gestellt, so fällt die Nachzucht 100% in Gesäumt aus, die jedoch nur wieder einen Faktor für Gesäumt besitzt. Zur raschen Vermehrung der Gesäumten sind solche mit Doppelfaktor also eine gute Sache, wobei sie aber nicht besonders vorteilhaft aussehen. Ihre Säumung geht stark zurück und verschwindet sogar ganz oder teilweise

einzukreuzen, weil sie ja selbst die Aufhellung oberseits schon mitbringen, infolgedessen die Kontraste verlorengehen. Darum hat der DWV in der AZ außer über Normalvögel gezüchtete Gesäumte nur noch solche in Zimt und Opalin (siehe S. 150) als Schauvögel anerkannt und im übrigen vorerst beschlossen, den original-englischen Namen Spangles für sie beizubehalten. Darüber kann man geteilter

aus den Schwingen, so daß sie auf diese Weise dem Idealbild der Hellflügel nahekommen. Das wäre an sich ja durchaus wünschenswert, ginge bei ihnen nicht auch zugleich die Grundfarbe unterseits zurück. Dort schleichen sich teilweise gelbe bzw. weiße Federn ein, welche die Farben verblassen lassen und den Kontrast im Gesamteindruck verderben. Auf diese Weise sind die Doppelt-Gesäumten keine besonders schönen Vögel, die außerdem in Größe und Typ schnell nachlassen, weil diese jüngste Mutation noch nicht lange genug auf den englischen Rassetyp durchgezüchtet ist. Außer für besondere Experimente sollte man deshalb die Finger von Doppelverpaarungen Gesäumter lassen, was im allgemeinen auch beherzigt wird. Auch aus diesem Grunde besitzen die meisten erhältlichen Gesäumten nur einen Faktor für diese Eigenschaft.

Auf den Wellensittich-Ausstellungen haben Gesäumte trotz ihrer kurzen Existenz bereits manche Lorbeeren geerntet, besonders auf der ersten internationalen Schau auf deutschem Boden im August 1985 in Karlsruhe. An der Verbesserung der Kehltupfen muß noch gearbeitet werden, nachdem die ersten Importe, bestehend aus recht kleinen Vögeln, zum Teil bessere zeigten als die inzwischen größer gezüchteten Gesäumten. Nur auf einem recht großen, runden Tupfen kann sich die helle Mitte deutlich abzeichnen. Wahrscheinlich ist das, abgesehen vom selektiven Zuchtweg, über Opaline möglich (siehe S. 158). Die Hornteile gesäumter Wellensittiche entsprechen in den Farben den Normalen, Beine und Füße ein wenig heller.

(siehe S. 158)

Bild 58: Hahn, Opalin-Hellblau

Opaline

Der erste mit Opalin-Zeichnung bekannt gewordene Wellensittich wurde 1933 auf dem Markt von Adelaide, Australien, unter frisch gefangenen Wildlingen entdeckt. Später noch mehrfach so gezeichnete Sittiche unter frei fliegenden Schwärmen in der australischen Steppe gesehen worden. Diese allein auf die Zeichnung beschränkte Mutation ist also schon sehr alt, doch war es bis zum vollendeten Schauvogel von heute ein langer Weg. Was

ist Besonderes an diesen Wellensittichen, die heute jeder Züchter kennt, die aber nicht alle lieben, obwohl sie sie brauchen? Auf einen möglichst einfachen Nenner gebracht:

An ihren Köpfen und im Nacken ist die Wellenzeichnung stark reduziert bis ganz verschwunden, so daß die Köpfe in der Grünreihe überwiegend gelb erscheinen, in der Blaureihe weiß. Hinternacken und Vorderrücken sind in der Grundfarbe, und zwar von gleicher

Intensität wie auf der Unterseite. In den besten Stücken, die auch als Schauvögel angestrebt werden, ist sie ganz rein, in weniger guten ist sie mehr oder weniger dicht von schwarzen Tupfen übersät, die nicht wellen-, sondern reihenförmig angeordnet sind. Diese farbige Rückenzone wird von den dunkler gezeichneten Flügeln eingefaßt, die auf diese Weise ein V bilden. Auf den Flügeldecken wird durch die dichter stehenden dunklen Flecke eine Art Wellenzeichnung gebildet, jedoch sind die Fleckenränder nicht gelb oder weiß (wie in Normalvögeln) eingefaßt, sondern in der Grundfarbe grün oder blau. Dadurch entsteht ein *opalisierender Effekt*, der entfernt mit dem Schimmern des Halbedelsteins Opal vergleichbar ist. Von daher bekamen diese Vögel also ihren Namen. Über die dunklen Schwingen, die sonst wie bei Normalvögeln gefärbt sind, zieht sich im hinteren Drittel quer über den Flügel eine hellere Binde, die bei geschlossenem Flügel einen blaßgrauen Federspiegel bildet. Die langen Schwanzfedern sind oft um den Schaft herum heller als bei Normalvögeln. Maske, Kehltupfen, nicht zuletzt die Intensität der Grundfarben sollen wie bei Normalvögeln sein.

Im großen und ganzen sind es also sehr schöne Vögel, nur haben sie auch ihre Schwierigkeiten, noch dazu, weil man in England und Deutschland seit ihrem Auftreten zunächst ganz verschiedene Wege beschritt. In Deutschland, wo man bis zum Populärwerden der englischen Schaurasse nach dem letzten Weltkrieg sein Hauptaugenmerk auf schöne Farben legte, war man jahrzehntelang bemüht, die unschönen dunklen Flecken aus dem Mantelgefieder fortzubekommen, und als um 1936 in Belgien die sogenannten ,,*Prachtopaline*'' auftraten, waren sie begehrte Kreuzungspartner. Dies waren überwiegend kleine Vögel von reiner Rückenfarbe, aber dafür winzigen Kehltupfen. Sie hatten leuchtendfarbige Hinterköpfe und Nacken in der Grundfarbe anstatt dem in diesen Gefiederpartien üblichen Gelb oder Weiß. Außerdem hatten sie nur über den Armschwingen (den inneren Schwingen) noch schwarze Tupfen, während vom Flügelbug abwärts und auf den großen Flügeldecken über den Handschwingen die reine, lediglich etwas blassere Grundfarbe vorherrschte. Auf diese Weise bestand die dunkle Zeichnung auf den Flügeln nur noch aus einem schmalschenkeligen ,,V'', das schon gut aussah. In den USA wurden später ähnliche Sittiche gezüchtet und auch unter dem Namen ,,Splendid Opalines'' (Prachtopaline) bekannt.

In England scherte man sich um die Zeichnung anfangs gar nicht, denn man hatte rasch erkannt, daß sich Opaline hervorragend für die Herauszüchtung großer Köpfe und Kehltupfen bei entsprechend voluminösen Körpermaßen eigneten. Manche Autoren sagen sogar, daß das Auftreten der Opalinen erst den heutigen Schauvogel möglich gemacht hat. Die selektiv immer größer herausgezüchteten Kehltupfen brachten freilich auch schwer wieder gutzumachende Nachteile mit sich, denn wenn man schwarzes Pigment an einer bestimmten Körperstelle fördert, darf man in der Tierzucht nicht erwarten, daß es an anderen Stellen zurückgeht, wo es unerwünscht ist. So gab und gibt es kaum einen englischen Opalin mit reinem Mantelgefieder, und auch die Kehltupfen vermehrten sich dort, wo sie nicht sollten. Wohl gelang es rasch, die Tupfen zu vergrößern. Aber anstatt einer Reihe von 6 großen Tupfen, ,,im gleichen Abstand eine gleichmäßige Kette bildend'', wie es so schön im Standard heißt, schoben sich die Tupfen in Doppel- und Dreierreihen nach der dachziegelförmigen Anordnung des Federwachstums übereinander. Da noch dazu Opaline im Vergleich zu Normalvögeln zu kurzen und engen Masken neigen, gab und gibt es mehrheitlich Opaline mit überwiegend schwarzen (bei Zimtern braunen) Masken unterhalb des Schnabels. Erst beim näheren Hinschauen erkennt man, daß diese Pigmenthäufung aus einer Vielzahl von übereinander liegenden Tupfen verschiedener Größe gebildet wird. Um einen solchen Vogel ,,schaufertig'' zu machen, bedarf es einer umständlichen ,,Frisur'', indem man mit Hilfe einer Pinzette vorsichtig alle überzähligen Kehltupfen auszupft, bis möglichst weit unten eine gleichmäßige Tupfenkette übrig bleibt. Das will verstanden sein und muß erst erlernt werden, denn eine plötzliche Bewegung des Vogels im ungeeigneten Moment bringt nur allzu leicht die falschen Tupfen zum Ausfall oder Löcher ins Gefieder, so daß man den Vogel gleich daheim lassen kann. Man hält den Sittich dazu in Rückenlage fest in einer Hand, Daumen und Zeigefinger an dessen Wangen, schiebt mit einer Pinzette in der anderen Hand die Tupfen auseinander und erfaßt dann die im Weg stehenden, um sie mit einem kurzen Ruck zu entfernen. Von solchen Mühen wußten die Deutschen lange nichts, als sie die ersten Opalinen in England kauften, weil auf den dortigen Ausstellungen fast nur gut frisierte zu finden sind. Erst als der Tupfensegen daheim bald wieder nachwuchs, erfuhren sie, was da auf sie zugekommen war. Die Engländer taten auf selektiv-züchterischem Wege schon deshalb dagegen nichts, weil sie Prachtopaline ablehnten und nach ihrem Standard wegen der aufgehellten Zonen am Flügelbug bestraften. Dessenungeachtet haben sich die Opaline inzwischen bei uns längst durchgesetzt und sind wegen ihrer hervorstechenden Typ-Eigenschaften aus der Schauzucht nicht mehr wegzudenken. Sie werden in allen bisher behandelten Grund- und Zeichnungsfarben gezüchtet, weshalb ich sie in diesem Buch auch ans Ende gesetzt habe, und sie haben allen diesen Farben ihren besonderen Stempel aufgedrückt. Vor allem gleichen sich normal, also wildfarbig gezeichnete Wellensittiche unabhängig von der Farbe hinsichtlich bestimmter Eigenschaften auf förderliche Weise mit den Opalinen aus, weshalb die meisten Züchter auch beide im Bestand haben. Auf Kopfform und -größe, aber auch auf die Gesamtgröße der Normalen haben die Opaline einen fördernden Einfluß, mehr noch auf die Größe der Kehltupfen. Umgekehrt können die Normalen die Farbintensität der Opalinen, die besonders bei hellen Farben manchmal zu wünschen übrig läßt, verbessern und vor allem ihre Masken, die bei den Normalvögeln meist besser sind, vergrößern und erweitern. Dazu kommt noch die notwendige Ausmerzung eines Fehlers, den wir uns in den letzten Jahren von den britischen Opalinen eingehandelt haben. Man hatte dort die Selektivzucht auf immer größere Kehltupfen soweit

Bild 59: Hahn, Opalin-Graugrün

getrieben, daß sich plötzlich auch höchst unschöne, dunkle Flecke auf der Stirn gerade sonst besonders guter Sittiche einstellten. Um mit GOETHE zu sprechen: ,,Die ich rief die Geister – werd ich nun nicht los." Bald stellte sich heraus, daß dies leider ein sehr dominierendes Merkmal war, das sich seither über fast alle Farbschläge, sogar Schecken und Gesäumte ausgebreitet hat. Die beste Methode, die häßlichen Stirnflecken, ,,Stippen" ge-

159

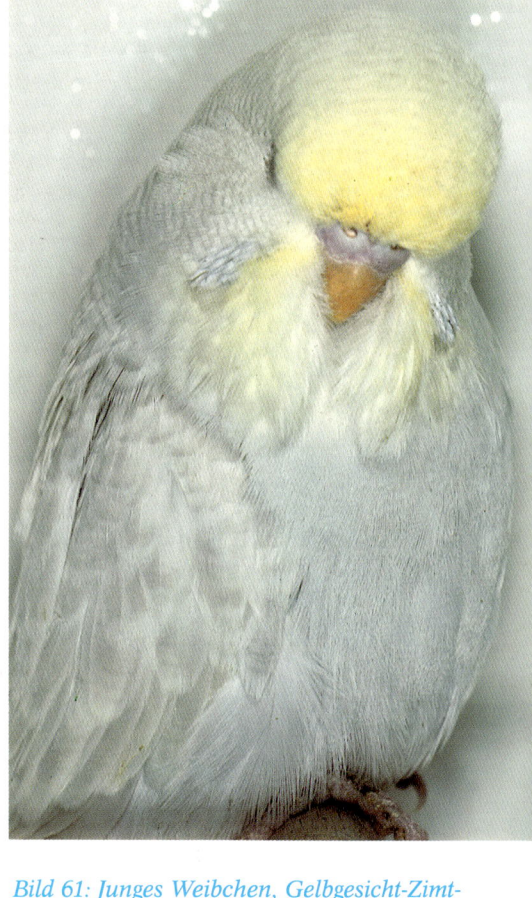

Bild 60: Hahn, Opalin-Violett

Bild 61: Junges Weibchen, Gelbgesicht-Zimt-Weiß

nannt, wieder wegzubekommen, ist wiederum die Einkreuzung Normaler, die diesen Fehler seltener haben. Inzwischen gibt es aber auch schon Normale, die diesen Fehler wieder von den Opalinen übernommen haben. Man muß also sehr aufpassen und darf auf keinen Fall zwei Vögel mit Stirnflecken miteinander verpaaren, auch wenn sie sonst noch so gut sind und ein Partner vielleicht nur eine bis über die Augen gehende Wellenzeichnung mit winzigen dunklen Flecken hat. Die Verdoppelung dieses Fehlers bringt gleich vermehrte Stirnflecke beim überwiegenden Teil des Nachwuchses.

Die Züchterverbände haben inzwischen beschlossen, die geringste Spur von Stirnflecken mit mindestens 2 Abzugspunkten auf den Ausstellungen zu bestrafen und mit bis zu 12

Punkten bei vermehrten Stirnflecken. Im übrigen darf ein sonst noch so guter Vogel mit Stirnflecken kein Klassensieger oder gar mehr werden. Nur so hofft man, diesen unschönen Fehler wieder wegzubekommen. Wir hatten ihn schon einmal zu Beginn der Schauvogelzucht in unseren Beständen und hatten ihn mit ähnlichen Methoden wieder eliminiert, bevor aufgrund der damals bestehenden Bestimmungen noch sehr viele „Engländer" eingeführt werden konnten. Durch legale Mehreinfuhren ist er nun vermehrt wieder aufgetaucht, denn für die Engländer ist es natürlich auch eine Methode, die Stirnflecken loszuwerden, indem sie damit befallene Wellensittiche verbilligt ins Ausland abgeben. Angesichts der drüben nach wie vor außerordentlich hohen Preise für gute Vögel war und ist es für Optimisten gewiß naheliegend zuzugreifen, wenn sonst gute Vögel mit Super-Köpfen wegen dunkler Stirnzeichnung verbilligt angeboten werden. Käufer entsprechender Nachzucht im Lande sollen dann sehen, wie sie damit fertigwerden. Bisher ist das noch nicht wieder geschafft worden, denn Unkenntnis schützt leider vor Strafe nicht! – Den Züchtern für den Sprechermarkt kann es an sich egal sein, ob ihre Vögel ein paar dunkle Fleckchen auf der Stirn haben. Unsauber wirkende dunkle Köpfe, bei denen man ohne Selektivzucht landet, dürften aber auch weniger Käufer finden, denn im Angebot sind natürlich heute auch viele kleine, aber farbschöne Opaline ohne englische Blutführung, weil es Opaline als solche ja schon länger gibt.

Opaline vererben geschlechtsgebunden und damit teildominant, wobei sie die Eigenschaft besitzen, sich in gemischten Beständen stärker als die Normalen zu vermehren. Schon mancher Züchter von Normalen, der ursprünglich nur einige Opaline zur Typverbesserung einkreuzen wollte, sah sich innerhalb weniger Jahre einem Stamm von 2/3 Opalinen zu 1/3 Normalen gegenüber. Das ist in der Schau-Wellensittichzucht kein Zufall, sondern es gibt eine einfache Erklärung dafür. Aus Normal x Opalin (vergl. Beispiele unter Lutino, S. 140 f.) fallen spalterbige Hähne und Opalin-Weibchen. Ein Teil der Hähne aus der F 1 Generation einer solchen Kreuzung wird besonders schön sein, noch dazu mit makelloser Zeichnung, der man die Spalterbigkeit in Opalin nicht ansieht. Auch einige der Opalin-Weibchen dürften besser, vor allem größer sein als die bisherigen Normalen eines Züchters. Nehmen wir an, der Züchter ist erst beim Aufbau eines Stammes, wobei ihm an sich die Sittiche mit Normalzeichnung am besten gefallen. Er hat aber auch gelernt, daß Typ und Größe vor Farbe und Zeichnung gehen. Also denkt er erst einmal nicht an die Spalterbigkeit und verpaart seinen besten Normal-Hahn an das beste Opalin-Weibchen. Folglich steht er in der F 2 Generation schon im Schnitt vor größeren und im Typ besseren Vögeln. Dabei sind dem Vererbungsgesetz nach aber schon 50% Opaline beiderlei Geschlechts und sicher nicht die schlechtesten. Spätestens dann muß er *reinblütige* Normal-Hähne an seine besten Opalin-Weibchen paaren, will er bevorzugt bei Normalen bleiben, und die ganze Geschichte geht wieder von vorn los. Zudem muß er wahrscheinlich für nicht gerade wenig Geld solche Hähne hinzukaufen und weiß dann auch noch nicht genau, was er hat. Andere Züchter arbeiten nämlich nach den gleichen Ideen und nicht jeder gibt sich die Mühe, Reinerbigkeit per Stammkarte zu garantieren. In anderen Worten: es gibt mehr gute Normal-Hähne, die spalterbig in Opalin sind als reinerbige! Um nicht an die „falschen" zu geraten, ist es schon sicherer, möglichst gute Normal-Weibchen zu kaufen, die allerdings nicht immer leicht zu haben sind. Ein Normal-Hahn, spalterbig in Opalin, bringt mit einem solchen Weibchen nur noch 25% Opalin-Weibchen, doch ist wieder die Hälfte der so gezüchteten Hähne spalterbig in Opalin. Man kann sie nicht von den reinerbigen unterscheiden, da das weiter vorn erwähnte „Opalisieren" mancher dieser Hähne noch keine Garantie ist, und man kann keinen dieser Hähne mit Garantie auf Reinerbigkeit weitergeben. So kommt es immer wieder vor, daß Schauzüchter, die ursprünglich einen Normal-Stamm aufbauen wollten, in wenigen Generationen bei einem Opalin-Stamm landen. Das ging schon soweit, daß wir in den 70er Jahren mehr

Opaline als Normale auf den Ausstellungen hatten. Erst das erneute und vermehrte Auftauchen der Stirnflecken hat die Opalinen wieder weniger beliebt gemacht, so daß wir ab etwa 1980 ein umgekehrtes Verhältnis haben. Dessenungeachtet sind Opaline seit ihrer Hereinnahme als Schauvögel aus England zu den höchsten Ausstellungsehren gelangt, wozu der DWV einen guten Beitrag geleistet hat. Aus den Unterschieden der Auslegung im internationalen Standard hat man das Beste gemacht, um nationalen Belangen gerecht zu werden. Zum Beispiel werden die ,,Prachtopalinen'' zwar nicht mehr als Sonderrasse anerkannt, aber vollfarbige Flügelkanten ohne schwarze Zeichnung und farbige statt gelbe oder weiße Köpfe werden nicht so hart bestraft, wenn die Vögel sonst allen Anforderungen genügen. Auf der anderen Seite wird ein zu dunkel geratener Rückenmantel – wie in England – nicht sonderlich hart bestraft, wenn die dunklen Flecken nicht eine der Normal-Zeichnung ähnliche Decke bilden. Die Opalinen haben mit ihrer heute immer notwendigen ,,Tupfen-Frisur'' und den vermehrten dunklen Stirnflecken schon genug zu kämpfen, und sie haben auf der anderen Seite so hervorragende Typ-Eigenschaften bei überwiegend dominant vererbender Größe in unsere Schauvögel-Stämme hereingebracht, daß auf sie in keinem Fall verzichtet werden kann.

Opaline neigen übrigens auch zum Buff-Typ, der sie bei vernünftiger Handhabe mit vorwärts gebracht hat. Gute Schauvorbereitung, insbesondere Einsprühen, gehören allerdings dazu, wenn diese großen, buffigen Vögel gewinnen sollen, und auch ihre Fruchtbarkeit ist nicht immer die beste. Intensiv-Vögel, die aus solchen hervorgegangen sind, werden allerdings heute schon häufiger bevorzugt. Der ,,goldene Mittelweg'' ist auch hier der richtige, allerdings nicht immer der einfachste. Dazu gehört auch die bevorzugte Verpaarung von ,,Buff'' x ,,Yellow'' und ,,Buff''-Verpaarungen untereinander nur in Ausnahmefällen. Wer hauptsächlich auf Opaline spezialisiert ist, kann sie natürlich auch miteinander verpaaren, vorausgesetzt, daß beide Partner weite und saubere Masken haben und sich entweder in allen guten Eigenschaften gleichen oder ausgleichen. Mit ,,Ausgleichen'' meine ich, daß man beispielsweise einen Partner mit sehr großen Tupfen, aber dunklem Mantel an einen Vogel mit sauberem Rücken, aber etwas kleinen Tupfen stellt, oder einen Super-Vogel mit Stirnflecken (nur solche lohnen sich noch) an einen kleineren mit ,,Prachtopalin''-Merkmalen usw. Bei sonstiger Gleichwertigkeit zählen bei der Bewertung natürlich auch Zeichnungsfehler, die sonst unter Umständen weniger hart beurteilt werden.

Opalin-Hellgrüne gibt es viele sehr gute in der BRD, während die *-Hellblauen* noch häufig an zu blasser Farbe leiden. Den *-Dunkelgrünen* geht es ähnlich wie den Normalen in dieser Farbe: In der Spitze gut, aber in der Breite könnten es mehr sein. *-Dunkelblaue* gibt es etwas mehr gute bis sehr gute, *Violette* wenige gute, hier ist noch ein rascher Einstieg in die Siegerlisten möglich. *-Olivgrüne* und *-Mauve* sind bisher so gut wie nicht vorhanden, um so mehr *-Graugrüne* und *-Graue*, die auf Schauen aller Größenordnungen seit Jahren Siegervögel stellen. *-Opalin-Grauflügel* sind ebenso wenig gute vorhanden wie Normal-Grauflügel. Dafür lassen sich für *Zimt-Opaline* zu allen den erwähnten Farben praktisch die gleichen Angaben machen, und sie werden in den gleichen Mengen gezüchtet wie Opaline mit schwarzer Zeichnung. In den entsprechend großen Klassen ist es daher schwer, unter die ersten sieben zu kommen. Die Zucht der einzelnen Farben erfolgt nach denselben Prinzipien wie unter Normal-Vögeln angegeben. Die ,,Gelbgesichter'' der Opalinen heißen logischerweise *Gelbköpfe*, weil sie überwiegend gelbe Köpfe zum sonst blauen Gefieder haben. Die Mutation-II-Vögel sind wegen des Vorhandenseins der Grundfarben auch im Rückengefieder vermehrt gelb überhaucht, so daß z.B. die *-Hellblauen* eher grün als blau aussehen können. Die *-Dunkelblauen* sind oft zweifarbig und die *-Mauven* spielen ins Olivgrüne. Alles dies gilt sowohl für Gelbköpfe mit schwarzer als auch mit zimtfarbener Zeichnung. Letztere sind im ganzen etwas heller, was wieder einen anderen Farbeffekt erzeugt. Die *Anflugvögel* in Opalin sind in allen Grundfarben

Bild 62 (oben): Hahn, Zimt-Opalin-Hellgrün   *Bild 63 (rechts oben): Hahn, Zimt-Opalin-Hellblau.*

ebenso gut wie die mit normaler „Geister-zeichnung", bei entsprechender Zuchtwahl in Typ und Größe eher noch besser, in den Far-ben noch heller, sofern die Zeichnung über-wiegend auf die Flügel beschränkt bleibt. Be-sonders gelbgraue und weißgraue Opaline

stellten schon mehrmals Gruppen- und Lan-dessieger.

Besondere Bedeutung kommt den Anflugvö-geln in Opalin in der Kombination mit *Hellflü-geln* zu, wurden daraus doch u. a. die berühmt gewordenen „*Rainbows*" = Regenbogenfarbi-

intensive Grundfarbe oberseits wie unterseits zeigen soll, ein Normal-Hellflügel dagegen nur unterseits, während seine ganze Oberseite als Kontrast dazu von einer möglichst hellen, fast gelben oder weißen Zeichnungsfarbe geprägt sein soll, dann kann die Kombination von beiden nur fast einfarbig aussehen. Dies um so mehr, wenn man bedenkt, daß auch die schwarzen Federn gewöhnlicher Opaline oberseits sämtlich von der Grundfarbe umrandet sind. Bei den Anflugvögeln ist das noch deutlicher der Fall, weil die Zeichnungsfarbe nur noch weißgrau ist. Bei den Hellflügeln ist diese noch heller und bei den Opalinen noch dazu hauptsächlich auf die Flügel beschränkt. Das Großgefieder dieser Kombination müßte fast rein gelb bzw. weiß sein, der ganze Vogel fast rein grün oder blau, auf den Flügeln etwas heller. – In der Praxis sehen Opalin-Hellflügel aber doch anders aus, für viele eine schwer zu erklärende Überraschung. Die Zeichnungsfarbe, auch die der Schwingen und zum Teil der Schwanzfedern, ist nämlich nicht weißgrau sondern bräunlich, in manchen Stücken fast wie bei Zimtern. Daher stammt der von den deutschen Erstzüchtern kreierte Name ,,Braunflügel", die anfangs glaubten oder doch hofften, eine Neumutation gezüchtet zu haben. Erst nachdem bei wiederholter Einkreuzung von Normalen und Normal-Hellflügeln niemals Sittiche in normaler, gleichzeitig aber auch bräunlicher Zeichnung fielen, kam man dahinter, daß diese Zeichnungsfarbe den Opalin-Hellflügeln vorbehalten ist. Bei der Grundfarbe treffen dagegen die Erwartungen an Opalin-Hellflügel zu. Sie sind überwiegend einfarbig, weshalb sie von manchen Engländern auch ,,*Selfs*" = Einfarbige genannt werden, und die bräunliche Flügelzeichnung hebt sich nicht sehr stark, aber doch ganz ansprechend davon ab. Wieder lassen sie sich nach bewährter Methode in allen Farben züchten, wobei die dunkleren Farben am auffallendsten sind. Auch Graugrüne und Graue sehen gut aus. Die bräunliche Zeichnung ist nicht bei allen gleich stark, in manchen Stücken ist sie eher blaßgrau zu nennen. Beide Farbtöne sind auf Ausstellungen kein Fehler.
Gelbköpfe in *Opalin-Hellflügel-Dunkelblau*,

ge in England gezüchtet, was zunächst drüben geheimzuhalten versucht wurde. In der BRD wurden etwa um die gleiche Zeit auch nach dem Geheimhaltungsprinzip ähnliche Vögel gezüchtet, die aber ,,Braunflügel" genannt wurden. Was hatte das alles zu bedeuten?
Tatsächlich sehen *Opalin-Hellflügel* anders aus als theoretisch von ,,Hellflügeln" zu erwarten gewesen wäre. Näher betrachtet ist das folgerichtig, denn wenn ein Opalin die gleiche

mehr noch in -*Violett*, können tatsächlich bis auf das Rot den Regenbogenfarben gleichen. Das ist der ganze Trick der „Rainbow"-Zucht der Engländer, hinter den man durch Farbzucht-Experimente auch in anderen Ländern kam. Ihr Name wurde beibehalten. Besonders bei Verwendung von Mutation II-Gelbköpfen geht bei diesen Vögeln der gelbe Kopf an Brust und Nacken in lichtes Grün über, zum Bauch zu und am Rumpf in dunkles Blau bis Violett, dazu zeigen sie die weißgrauen bis bräunlichen Flügel. Andere Blaufarben in Verbindung mit der Gelbkopf- und Hellflügel-Eigenschaft kann man dagegen nicht als Rainbows bezeichnen. Die Hellblauen sehen überwiegend türkisfarbig aus, die Mauven und Grauen spielen ins Olivgrüne. Doch kann man die meisten von ihnen für die Rainbowzucht weiterverwenden und man bekommt sie sowieso, da die Rainbows sich nicht rein züchten lassen. Im Kapitel über die Violetten haben wir gesehen, wie wenige im Verhältnis zu anderen Blaufarben fallen. Wir wissen auch, daß Dunkelblau nicht rein vererbt, sondern unter sich verpaart wieder in 25% Hellblaue und 25% Mauve aufspaltet und nur 50% Dunkelblaue fallen. Die Vererbung der Grundfarben bleibt immer dieselbe, also kann es bei Hellflügeln mit und ohne zusätzlichen Gelbkopf-Faktor nicht anders sein. Hinzu kommt noch, daß es beim Einsatz von Mutation I-Gelbköpfen, die manche Züchter auch noch haben und verwenden, in der 1. Generation aus Gelbkopf x Gelbkopf nur Weißköpfe gibt, mögen sie auch den YF-Faktor rein weitervererben und deshalb für diese Zucht auch brauchbar sein. Schließlich braucht man gerade in der Hellflügelzucht erst recht die Grauen, in diesem Falle am besten Opalin-Hellflügel-Graue, um Größe und Typ zu halten oder zu verbessern. Wir sehen demnach, daß sich Rainbows nicht „am Fließband" herstellen lassen. Um so größer ist die Freude, einige auf die Stange zu bringen, und die Begleitfarben sehen sämtlich auch gut aus. Opalin-Hellflügel haben allerdings nach wie vor Schwierigkeiten, auf manchen Ausstellungen die ihnen gebührende Anerkennung zu finden. Viele Züchter gebrauchen sie wohl zur

Bild 65: Weibchen, Zimt-Opalin-Graugrün

gelegentlichen Verbesserung der Normal-Hellflügel, die natürlich ebenso möglich ist wie im Verhältnis von Normalen zu Opalinen mit schwarzer Zeichnung, stellen sie aber kaum aus. Nach dem neuen Schauklassensystem konkurrieren sie aber jetzt in verschiedenen Klassen und haben deshalb die gleichen Chancen. Schwierige Fälle nur für die Zuchtrichter, die bei den Normalen außer Typ und Größe den gewünschten Farbkontrast bewer-

Bild 67: Weibchen, Opalin-Weiß mit violettem Anflug. Bei diesem in Typ und Größe guten Vogel ist die „Geisterzeichnung" stark reduziert, der gleichmäßige Farbanflug gerade noch erkennbar.

ten müssen, bei Opalinen aber die Einfarbigkeit, bei Rainbows noch dazu die Übergänge verschiedener Farben nach dem für solche geltenden Zuchtziel. Schon deshalb lohnt es sich für Fortgeschrittene, sich mit den Opalin-Hellflügeln zu befassen, auch um mehr Rainbows als bisher zu züchten. Die Nachfrage bei Einzelvogel-Liebhabern ist groß, ebenso bei Züchtern mit der Neigung zum Besonderen.

Unter den *Opalin-Schecken* haben nur die Australischen („Bandschecken") Bedeutung erlangt, weil auch sie sehr kontrastreich gefärbt sind, dazu meist von gutem Typ und befriedigender Größe. Außerdem macht es bei nur zu 50% dunklen Schecken nicht viel aus, wenn sie in ihren grünen Gefiederstellen auf dem Rücken ein paar schwarze Flecken mehr haben. Bei den Kontinentalen dagegen, die ohnehin zu verlaufener Fleckung neigen, kann die Opalinzeichnung ein noch verschwommeneres Gesamtbild bringen, weshalb sie heute kaum gezüchtet werden. Das gilt im wesentlichen auch für die *Rezessiven Schecken*, obwohl sie aus der Nähe betrachtet mit Opalinzeichnung recht hübsch aussehen. Besonders schön wirken gut gezeichnete Hähne mit nur einzelnen dunklen, auf der Rückenpartie verteilten Tupfen. Diese Tupfen sind dann nämlich entweder grün umrandet auf gelbem oder blau umrandet auf weißem Grunde. Auch ein etwas farbiger Nacken sieht bei diesen Schecken nicht schlecht aus. Bei den Weibchen, die auf dem Rücken meist größere dunkle Felder haben, kommt es wieder sehr darauf an, daß die farbigen Mantelstellen nicht zu schwarz sind. Je mehr Grün oder Blau dort vorhanden ist, um so schöner sehen sie aus. Im übrigen lohnt sich die Einkreuzung von Opalinen auch aus Gründen der Größenver-

besserung bei den *Rezessiven Schecken*. Ich möchte deshalb empfehlen, ruhig öfter möglichst gute Opaline mit den bunten Harlekinen zu paaren, und bei der Weiterzucht von den Spalterbigen sowohl die jeweils besten Normal- als auch Opalin-Vögel zu verwenden. Dann kommt man automatisch zu Rezessiven

Schecken mit beiden Zeichnungsmerkmalen. Das gilt auch für reine Farbenzüchter, die sich im wesentlichen nur auf möglichst bunte Farben zu konzentrieren brauchen, aber auch darauf achten sollten, daß die Sittiche nicht zu klein werden.

Auch bei den *Inos* kann die Opalin-Einkreuzung zur Hebung von Kopfgröße und Körpervolumen durchaus sinnvoll sein. Man sollte Opalin-Graugrüne dafür bevorzugen, um den grünen Schimmer zu vermeiden, der bei Verwendung von Opalin-Hell- und -Dunkelgrünen leicht bei den Opalin verdeckenden *Lutinos* auf den Rücken kommt. Das gilt um so mehr für Opalin-Hell- und Dunkelblaue bei den *Albinos*, für die deshalb nur Opalin-Graue und -Zimt-Graue in Frage kommen, beide am besten mit Doppelfaktor für Grau. Wer auf dem Crossing-over-Weg über Zimt-Opaline in Grün und Blau x Inos u. a. zu *Opalin-Lacewings* kommen möchte, kann auch das versuchen, nur sollte gleich dabei gesagt werden, daß diese Vögel, mag es auch große und formschöne darunter geben, in der Zeichnung überweigend nicht besonders gut sind. Meist überzieht die ganze Oberseite, also auch die Flügel, eine unregelmäßige bräunliche Fleckung, so daß die Vögel wie schlecht gescheckt aussehen. Als Schauvögel sind sie trotzdem anerkannt. – Da sehen *Opalin-Falbe*, die man auch in allen Farben züchten kann, schon besser aus, weil die braune Zeichnung bei ihnen auf die Flügel beschränkt bleibt, mit nur wenigen, schwach bräunlichen Flecken auf dem sonst gelben oder weißen Rücken. Hinzu kommt die Förderung von Typ und Größe durch die Opalinen, die Falbe ganz besonders nötig haben. Soweit man Falbe überhaupt auf Ausstellungen sieht, sind es daher Normale und Opaline zu etwa gleichen Teilen, die Opalinen allerdings häufig mit recht enger Maske.

Opalin-Gesäumte („Spangles") gibt es viele, und sie sind gleichfalls als Schauvögel anerkannt. Es war nötig, die zunächst sehr kleinen, original-australischen Spangles so schnell wie möglich an Form und Größe der britischen Schaurasse heranzubekommen. Dabei wissen wir inzwischen, wie schnell man bei der Kreuzung von Normalen mit Opalinen bei mehr Opalinen landet. Die ursprünglichen Gesäumten besaßen die normale Zeichnung, denn nur bei ihnen tritt die Säumung, die die wesentliche Schönheit dieser Wellensittiche ausmacht, markant hervor. Bei den Opalinen sollten gemäß der Theorie nur die Flügel markant dunkel gesäumt sein, wozu dann ein grüner oder blauer Rücken zu erwarten wäre. In Wirklichkeit zeigen die meisten Opalin-Gesäumten aber auf farbigem Grunde je nach Grün- oder Blaureihe eine unregelmäßige und blasse Säumung mit vielen hellen Federn ohne Saum dazwischen. Nur die Schwingen bleiben ebenso markant gesäumt wie bei den Normalen. Die Köpfe sind überwiegend hell und ähneln denen gewöhnlicher Opaline. Die Schwanzfedern sind gleichfalls aufgehellt. Züchtet man die Opalin-Gesäumten nun auch noch rein, so landet man bei solchen mit Doppelfaktor, die oberseits besten Hellflügeln gleichen, also fast rein gelb oder weiß sind. Mehr noch als bei den Normal-Gesäumten mit Doppelfaktor leidet aber auch die Grundfarbe unterseits, indem sie von gelben bzw. weißen Federn durchsetzt wird. Es sollen auf diesem Wege bereits Sittiche gezüchtet worden sein, die bis auf helle Irisringe in den Augen den gelben und weißen Schwarzaugen glichen, also rein gelb oder weiß waren. Dies ist für den experimentierenden Züchter ganz reizvoll. Wir ersehen daraus, daß es immer noch unausgeschöpfte Möglichkeiten in der Farben-Wellensittichzucht gibt, man hat dann allerdings Gelbe und Weiße, die sich nur in der Augenfarbe Rot, Schwarz, oder Schwarz mit grauem Irisring unterscheiden. Wenn dann auf einer Ausstellung mäßige oder nur künstliche Lichtverhältnisse herrschen, wie es in modernen Schauhallen heute häufig der Fall ist, sind die unterschiedlichen Augenfarben schwer zu erkennen. Dann dürften die Fragen von Laien-Besuchern kein Ende nehmen, was die vielen Klassen in der gleichen Farbe sollen. Sollte sich dann noch jemand wahllos Gelbe und Weiße aus verschiedenen Klassen kaufen, der von der Farbenzucht noch keine Ahnung hat, dann landet er zwangsläufig in deren Nachzucht bei ganz unterschiedlichen, unge-

Bild 68: Weibchen, Opalin-Hellflügel-Violett. Sie ist eine Tochter des Weibchens auf Bild 67 (Vater 1,0 Rainbow-Dunkelblau) und war das beste Weibchen ihrer Klasse auf der AZ-Bundesschau 1980 in Bremen. Durch den Violettfaktor wirkt ihre Zeichnung eher grau als braun, jedoch wird die Kontrastwirkung der Normal-Hellflügel durch den Opalinfaktor weitestgehend aufgehoben. Aus diesem Grund wäre die Bezeichnung „Einfarbige" für diese Mutantenkombination besser.

wollten Farben. Er wird dann nicht nur freundliche Worte und Gedanken für die Verkäufer finden, zumindest aber glauben, daß Wellensittich-Züchter mehr als einen Vogel haben – was ja in jedem Falle stimmt!

Auf jeden Fall haben die Gesäumten, einschließlich der Opalinen unsere Farbpalette zu einer Zeit bereichert, in der die meisten Züchter glaubten, die evolutionäre Entwicklung in Richtung auf ungewöhnlich viele Varianten sei beim Wellensittich längst abgeschlossen. Um so mehr soll man sich aber davor hüten, ganz oder teilweise aufgehellte Mutanten wahllos zu verkreuzen, um nicht bei einem schwer oder gar nicht mehr bestimmbaren „Mischmasch" zu landen.

Wellensittiche mit veränderter Gefiederstruktur

Wenn Kanarienvögel im Laufe der Domestikation durch Federwirbel und verlängerte Federn kunstvolle „Frisuren" ausgebildet haben und sogar so kleine Prachtfinken wie das Japanische Möwchen und die Zebrafinken mit Hauben und Rosetten gezüchtet wurden, war es naheliegend, daß auch der Wellensittich mit ähnlichem aufwarten würde. Im Verhältnis zu seinen vielen farblichen Veränderungen hat er allerdings erheblich länger dazu gebraucht.

Hauben

Federhauben bei Vögeln sind entweder artbedingt, wie z. B. beim Wiedehopf oder Nymphensittich, oder sie entstehen durch mutationelle Veränderungen aus Federwirbeln am Kopf. Ausnahmen davon macht lediglich das Ziergeflügel, dessen Hauben zum Teil durch Veränderungen an der Schädeldecke oder durch dort gebildete Fettpolster entstanden sind. Die ersten Wellensittiche mit Haubenbildung fielen 1952 in Kanada und wurden von dort nach England exportiert. Ob und wann sie von dort in die BRD kamen, oder ob sie hier parallel als Neumutation entstanden sind, ist ungewiß. Die ersten tauchten jedenfalls Anfang der 60er Jahre bei uns auf. Es waren anfangs sehr kleine und eine Zeitlang auch durch Verhaltens-Anomalien geschädigte Vögel, denen Kritiker keine Zukunft voraussagten. ZISWIELER in der Schweiz stellte in seiner Doktorarbeit über Haubenbildung bei Wellensittichen einen Letalfaktor von 47% fest, was bedeutet, daß 47% der befruchteten Eier entweder schon vor dem Schlupf absterben oder als geschlüpfte Junge in den ersten Lebenstagen eingehen. Schlechte Befruchtungsergebnisse pro Gelege müssen noch hinzugerechnet

werden, nicht zu vergessen jene Jungtiere, die auch bei anderen Sittichen während der Entwicklungszeit im Nistkasten an Infektionen usw. eingehen. So betrachtet ist es schon ein kleines Wunder, daß inzwischen auch die Hauben-Wellensittiche in allen gezüchteten Farben und Zeichnungsformen einen festen Platz bei den Züchtern und im Ausstellungswesen einnehmen, wo sie inzwischen sogar ihre eigenen Klassen haben. Den Letalfaktor kann man auch heute leider nicht vermeiden, so daß nach wie vor bei Hauben nicht mit vielköpfigen Bruten zu rechnen ist. Inzwischen gelang es aber durch streng selektive Maßnahmen bei der Weiterzucht, die nervlichen Schäden weitgehend auszumerzen. Es kommt zwar immer noch hin und wieder vor, daß ein Jungvogel in den ersten Wochen nach dem Ausfliegen unter geringfügigen Gleichgewichtsstörungen leidet. Sie verlieren sich jedoch meist bis er ausgewachsen ist. Auf diese Weise haben die Sittiche mit den lustigen Häubchen auch viele neue Freunde gewonnen, die sich ernsthaft auch im Schauwettbewerb mit ihnen beschäftigen und um ihre Verbesserung in Typ und Größe bemüht sind. Meine Frau Gisela z. B. hatte den Ehrgeiz, allein mit Hauben von einer Leistungsstufe in die nächste aufzusteigen, und sie hat das inzwischen auch geschafft.

Besonders lange hat man dazu gebraucht, die Vererbungsweise der Hauben zu erforschen, weil sie von der anderer Haubenvögel etwas abweicht. In England wurde in den 60er Jahren für die Hauben-Wellensittiche eigens ein Club gegründet, dessen Forschungsarbeit unter FULLILOVE wir es u. a. zu verdanken haben, daß wir jetzt über die Vererbung Bescheid wissen. Demnach vererben die Hauben auch bei Wellensittichen dominant. Jedoch fallen aus Haube x Glattkopf (Abstammung ohne Haubenbildung) in aller Regel neben gewöhnlichen Glattköpfen nur Vögel mit einem unauffälligen kleinen Federwirbel, der nicht der Vorstellung einer Haube entspricht. Dieser Federwirbel kann sogar nur aus einer einzigen querstehenden Feder am Kopf bestehen, die beim Wechsel wochenlang nicht erkennbar ist. Meist sind es jedoch mehr, die vom dachziegelförmigen Wuchs normaler Federn abweichen und als solche am besten in den ersten 8–14 Lebenstagen an den anders formierten Kielen erkennbar sind. Brechen die Kiele erst auf, so ist an manchen Tierchen keine Abweichung von der normalen Befiederung mehr erkennbar, oder sie zeigen lediglich ein paar scheinbar verlängerte Federn an Stirn oder Scheitel. Diese Vögel müssen möglichst gleich beim Beringen an Hand der Ringnummer notiert werden, denn sie allein sind in der Lage, später verpaart an einen Haubenvogel u. a. wieder Hauben zu bringen, die ganz gewöhnlichen Glattköpfe aus Haube x Glattkopf oder auch umgekehrt dagegen nicht. Als seltene Ausnahme kann es vorkommen, daß aus Haube x gewöhnlichem Glattkopf gelegentlich einzelne Haubenvögel fallen. Dies ist aber nicht die Regel.

Eine normale Haube besteht aus ca. 60 Federn und tritt in drei unterschiedlichen Formen auf, je nachdem, wie der Wirbel gebildet ist. Dieser befindet sich meist am Vorderkopf oder in der Mitte des Kopfes, in selteneren Fällen auch weiter zum Nacken hin.

Einmal kennen wir die *Spitzhaube*, die aus einem kreisförmigen Wirbel entsteht. Dadurch laufen alle betroffenen Federn in der Mitte zusammen, wo sie als ein kegelförmiges Häubchen einige Millimeter aus dem übrigen Gefieder emporragen, in den besten Stücken sogar um etwa 2 cm. Dennoch sind die Spitzhauben nicht mit denen von Nymphensittichen vergleichbar, man darf sich da keine falschen Vorstellungen machen.

Am häufigsten und inzwischen auch am besten durchgezüchtet sind die *Halbrundhauben*. Bei diesen wachsen die Federn hufeisenförmig von der Kopfmitte nach vorn, seitwärts aufwärts und auswärts, so daß dort ein gleichmäßiges Halbrund entsteht. Wie bei einem Hufeisen ist dieses nach hinten offen, d. h. dort liegen die Federn glatt an. Die besten Exemplare haben verlängerte Federn vorn bis über die halbe Nasenhaut und an den Seiten bis zum oberen Augenrand. Sie gleichen damit den beliebten Hauben der Glosterkanarien.

Die voluminösesten Hauben zeigen schließlich die *Rundhauben*, die durch einen Doppel-

Bild 69: Hahn, Haube, Australische Schecke Graugrün

Wirbel gebildet werden. Wie der Name schon andeutet, sind diese auch nach hinten zum Nacken hin durch einen aufwärts stehenden Federkranz geschlossen. Die Sittiche sehen aus, als ob sie eine Pudelmütze auf dem Kopf haben. Weil dieses Federwachstum aus zwei, meist hintereinander liegenden Wirbeln entsteht, sind diese Hauben leider nicht immer gleichmäßig, sondern manchmal geteilt. Dabei

Bild 70: Weibchen, Opalin-Grau mit Rund-
haube und Nackenmähne

entstehen dazwischen Einschnitte, die keinen so vorteilhaften Gesamteindruck machen. Es kommt auch vor, daß der hintere Wirbel bis in den Nacken oder gar zum Vorderrücken rutscht, so daß dort eine Art Nacken- oder Rückenmähne aus aufwärts wachsenden Fe-

dern gebildet wird. Das sieht auch ganz lustig aus, ist aber im internationalen Schaustandard nicht anerkannt und wird als Fehler angerechnet. Die meisten Doppelhauben fallen aus Halbrund- x Halbrundhaube, obwohl sich zur Vererbungsweise der einzelnen Haubenformen keine festen Regeln aufstellen lassen. Es können deshalb auch aus einem Spitzhauben-Paar einzelne Doppelhauben fallen, kaum dagegen aus Spitz- oder Halbrundhaube x „Haubenblütig". Haubenblütig nennen wir jene Sittiche, die als Jungvögel oder auch später noch kleine Federwirbel zeigen. Mit einem rein glattköpfigen Partner fallen niemals Doppelhauben.

Rundhauben bringen im Schnitt den meisten gehäubten Nachwuchs, unabhängig davon, ob man sie an Halbrund-, Spitzhauben oder nur an „Haubenblütige" stellt. Auf diese Weise kann man sogar mit etwas Glück alle drei Haubenformen in einem Nest liegen haben. Man sollte nur auf jeden Fall die Verpaarung Rundhaube x Rundhaube vermeiden, weil sich hier wahrscheinlich der Letalfaktor so verstärkt, daß die meisten Gelege (nicht nur Eier!) klar oder die Embryonen abgestorben sein werden. Wird doch einmal ein Junges groß, so ist die Wahrscheinlichkeit naheliegend, daß es wohl eine Doppelhaube trägt, aber verhaltensgestört ist. Bereits auf andere Weise gezüchtete Doppelhauben, so hübsch sie auch aussehen mögen, sind leider am wenigsten fruchtbar, weshalb die Spezialzüchter sich nicht einig sind, inwieweit überhaupt mit ihnen gezüchtet werden soll. Ich würde raten, sie an Glattköpfe zu stellen, die mit Hauben zwar nichts zu tun, dafür aber um so mehr Typqualitäten und Masse haben. Dazu eignen sich vorzugsweise Graugrüne und Graue mit einem Faktor und mit nicht zu üppigem, aber auch nicht zu feinem Gefieder, am besten A/B-Vögel (siehe S. 81). Die daraus gefallenen Jungen mit Federwirbeln, also die „Haubenblütigen", sollten wir dann zur Weiterzucht an Hauben stellen. Auf diese Weise kommen wir am besten zu Haubenvögeln mit mehr Typ und Größe, gutem Gefieder und in verschiedenen Farben.

Die Vererbung der Farben verhält sich wie bei allen anderen Wellensittichen. Nur ganz helle Hauben sind selten, ausgenommen bei Inos, denn selbst bei Schecken und Opalinen sind sie meist meliert. Wählen wir „Double-Buffs" als Partner, so könnten wir zwar vielleicht einzelne „Riesen-Struwwelpeter" züchten, würden aber kaum Nachwuchs davon bekommen, weil Fertilitätsmängel von beiden Seiten kämen!

Schließlich sind auch schon einzelne ganz gute Spitz- und sogar Halbrundhauben aus „Hau-

benblütig" x „Haubenblütig" gezüchtet worden, ein Zeichen, daß diese im Grunde auch als Haubenvögel zu betrachten sind und die Annahme einer dominanten Vererbung richtig ist. Wer mit wenigen Hauben zufrieden ist und dafür aber recht gesunde Vögel erhält, kann auch diesen Weg wählen. Bei der Verbesserung der Hauben ist schon viel erreicht worden, doch bleibt noch viel zu tun, um diese Vögel auch in Größe und Typ den anderen gleichzustellen. Die reinen Glattköpfe aus Hauben sind bisher selten Schauvögel, können aber als ganz gesunde „Nestjunge" an privat oder an Händler abgegeben werden.

Federfüßige Wellensittiche

In den 50er Jahren tauchten in den Zuchten von MERTES† und BISCHOFF einige Wellensittiche mit schwacher Fußbefiederung auf. An einem oder an beiden Füßen wuchsen bei ihnen einzelne kleine Federn im Bereich des Mittelfußes aus der sonst nackten Haut. Eine Zeitlang versuchten beide Züchter durch Inzucht (Rückkreuzung auf die Elternvögel und Verpaarung von Geschwistern) diese Federfüßigkeit zu festigen, um daraus vielleicht einmal Wellensittiche mit belatschten Beinen analog der Trommeltauben zu züchten, jedoch mit negativem Resultat. Die Nachzucht war zum größten Teil wieder glattfüßig, und die wenigen Tiere mit ein paar Federchen an den Füßen waren in nichts besser als die Ausgangsvögel. Dies ist der augenblickliche Stand. Es bleibt aber festzuhalten, daß befiederte Füße wie bei Tauben bei Wellensittichen auch eines Tages möglich sind.

Wellensittiche mit abartig verlängertem Gefieder – „Federputzer"

Anfang der 60er Jahre wurden in Australien zwei Wellensittiche gezüchtet, die das Aufsehen aller Vogelfreunde erregten. Sie hatten am ganzen Körper überlange Federn, die größtenteils struppig nach allen Seiten wuchsen. Zum Beispiel hingen die Kehltupfen, die ja jeweils am Ende einer Halsfeder gebildet werden, bis über die Sitzstange herab. Auch das Großgefie-

der wuchs überlang und verdreht, so daß die Vögel flugunfähig blieben. Die Gefiederfarben blieben blaß, weil die Federn keine geschlossene Decke bildeten. Trotzdem nannte der Besitzer sie stolz „Chrysanthemen" und bemühte sich, sie weiter zu züchten. Die Sittiche starben jedoch ohne erkennbaren Grund, bevor sie ein Jahr alt waren. Wenig später sind ähnliche Sittiche auch in England aufgetreten, wo sie respektlos „Feather Dusters" = Federputzer genannt wurden. Diesen Ausdruck übernahmen auch die Deutschen, nachdem diese abnormalen Wellensittiche seit Anfang der 70er Jahre gelegentlich auch in deutschen Zuchten auftraten. In keinem Fall gelang ihre Weiterzucht, und die ältesten wurden kaum mehr als ein Jahr alt. Die meisten starben be-

reits mit 5 Wochen bis 7 Monaten, so daß auch eine körperliche Anomalität mit Sicherheit anzunehmen ist. Die meisten deutschen „Federputzer" der letzten Jahre waren schon im Nest ungewöhnlich groß und entwickelten sich zunächst normal, sie hatten überwiegend sogar besonders große und breite Köpfe. Sobald jedoch die Kiele aufbrachen, wuchsen die Federn in der beschriebenen Weise immer weiter. Das Gefieder einbegriffen, erreichten manche die Größe von Nymphensittichen, glichen aber mehr Monstern als Wellensittichen. „Federputzer" bleiben ungewöhnlich lange unselbständig, so daß nur diejenigen einige Monate leben, die lange vom Hahn gefüttert werden. Sie zeigen auch später infantile Verhaltensweisen, ihre Augen bleiben schwarz, und das Geschlecht ist an der blassen Nasenhaut nur schwer erkennbar. Vielleicht haben sie einige Chromosomen zuviel, jedoch ist das noch nicht erforscht worden. Sehr oft, aber nicht immer fallen sie aus Buff x Buff-Verpaarungen, die schon deshalb nicht zu oft vorgenommen werden sollten. Auf keinen Fall hat es Sinn, mit „Federputzern" Zuchtversuche in Richtung auf „frisierte" Wellensittiche zu machen.

Modifikationen und bisher ungeklärte Farbvarianten

Halbseiter

Sie traten schon bald nach Herauszüchtung der blauen Mutation in den 20er Jahren vereinzelt in Deutschland, später auch in anderen Ländern auf und sind die einzige bisher sichere Modifikation, die der Wellensittich produziert hat. Modifikation heißt frei übersetzt: Abänderung des äußeren, jedoch im Gegensatz zur Mutation nicht vererbbaren Erscheinungsbildes. Das kann einen abartigen bis krankhaften Ursprung haben, muß es aber nicht unbedingt.

Halbseiter sind eigentlich grüne Sittiche, spalterbig in Blau, denen bei der Zellteilung im befruchteten Ei ein Teil der Erbsubstanz verlorengegangen ist. Infolgedessen erscheint die eine Körperhälfte grün, die andere dagegen blau. Das sieht schon sehr kurios aus, zumal die Teilung bei den meisten Halbseitern direkt in der Mitte der Körperlängsachse erfolgt. Gelegentlich werden diese Vögel ausgestellt, um Zuchtrichter wie Besucher zu narren, weil der Vogel im Schaukäfig mal die eine, nach rascher Wendung aber die andere Seite zeigt. Meist sind es aber recht kleine Vögel, die höchstens mit Sonderpreisen bedacht werden. Es gibt auch Halbseiter mit diagonaler Farbteilung, die nicht sonderlich schön aussehen, weil die Grün- und Blautöne sich sozusagen „beißen". Eine horizontale Querteilung gibt es dagegen nicht.

In den ersten Jahren des Auftretens von Halbseitern versuchten manche Liebhaber, sie weiterzuzüchten, wobei sie sich als Modifikationen herausstellten, die sich nicht weiter vererben. Sie vererben immer Grün und Blau getrennt wie gewöhnliche Grüne/blau. Höchstens die Neigung zu Halbseiter-Nachwuchs vererbte sich gelegentlich, und manche Halbseiter-Weibchen erwiesen sich als unfruchtbar, weil bei ihnen beide Eierstöcke verkümmert waren. Das ist verständlich, da bei Vögeln sowieso nur ein Eierstock produktiv ist.

„Hellbäuche"

In den 60er Jahren machten in der BRD, in USA und in England Wellensittiche von sich reden, die bei normaler schwarzer Wellenzeichnung oberseits eine mehr oder weniger aufgehellte Unterseite zeigten, bei grünen also eine überwiegend gelbe, bei blauen eine weiße. In der BRD sollen besonders blaue Gelbgesichter dazu geneigt haben, jedoch gelang es bisher weder die Unterseite rein aufgehellt zu bekommen noch diese Vögel konstant rein weiterzuzüchten. Höchstens die Neigung zu Aufhellungen unterseits vererbte sich in einigen Fällen. Das reichte jedoch nur von wenigen hellen Federn bis zu verwaschenen hellen Flecken, die immer noch von grünen oder blauen Federn durchsetzt waren. Alles in allem kamen keine schönen Vögel dabei heraus, sie waren dazu noch überwiegend klein und selten sehr fruchtbar.

Bedenkt man noch dazu, daß Züchter in allen drei genannten Ländern etwa 20 Jahre lang bemüht waren, aus diesen „Hellbäuchen" etwas zu machen, ohne damit weiterzukommen, so muß hier auch eine Modifikation angenommen werden, die wahrscheinlich allein auf konditionsbedingtem Farbstoffmangel beruht. Dafür gibt es auch bei anderen Vogelarten Beispiele, z. B. bei Sperlingen, doch brauchen wir gar nicht so weit zu gehen. *Kontinentale Schecken* neigen als einzige Wellensittich-Mutation dazu, im Alter immer heller zu werden, was mangels Popularität dieser Züchtung weitgehend in Vergessenheit geraten ist. Ich habe darüber in den 50er Jahren in der Zeitschrift „Die Gefiederte Welt" berichtet. Diese Ausbleichung erfolgt wahrscheinlich, weil mit zunehmendem Alter nicht mehr ausreichend Nährstoffe zu den Federzellen transportiert werden.

„Rote" Wellensittiche

Eine durch Mutation bedingte Rotfärbung des Wellensittich-Gefieders ist nicht möglich, weil keinerlei rote Fettfarbe in ihm eingelagert ist. Dennoch blieben Rote lange Zeit der Wunschtraum vieler Züchter, wobei die Italiener mit südländischem Temperament Albinos einfach in rote Anilinfarbe tauchten. So bekamen sie schöne rote Sittiche – bis zur nächsten Mauser. Die gründlicheren Deutschen experimentierten jahrelang mit der Einkreuzung von Bourkesittichen (*Neopsephotus bourkii*) und Glanzsittichen (*Neophema splendida*), um über mögliche Mischlinge das Rot in die Wellensittiche zu bringen, jedoch mit negativem Resultat. Manche Vögel paarten sich wohl und brüteten auch, die Eier waren aber stets unbefruchtet. Der Wellensittich hat nun einmal keine nahen Verwandten unter den Papageien. Darum kann auch die Mitteilung des sonst als sehr korrekt bekannten HAMPE† von 1890 über einen Mischling aus Grauköpfchen (*Agapornis cana*) x Wellensittich nur mit einem Fragezeichen angegeben werden. Noch weniger glaubwürdig erscheinen mir neuere Berichte von SCOBLE aus Australien, wonach vor einigen Jahren in New South Wales aus einem Singsittich-Hahn (*Psephotus haematonotus*), und zwar wohlgemerkt einem wildfarbigen, verpaart mit einem Lutino-Wellensittichweibchen vier cremegelbe Mischlinge mit orangefarbenem Rumpf in der Größe von Bourkesittichen gezüchtet worden sein sollen. Vorausgesetzt, daß diese Mischlingszucht tatsächlich gelang, müßte der Singsittich nach den Vererbungsregeln der bei dieser Art bekannten pastellfarbenen Mutation angehört haben oder zumindest darin spalterbig gewesen sein. Nehmen wir zugunsten des Verfassers an, daß dies der Fall war, so bleibt immer noch merkwürdig, daß angesichts der bekannten Robustheit und Langlebigkeit bei Artenmischlingen alle vier Mischlinge innerhalb eines Jahres eingegangen sein sollen?!

Weiter berichtet SCOBLE auch noch von rot gefleckten reinen Wellensittichen aus Australien. 1945 sollen bei einem Züchter in Melbourne 12 blaue Vögel mit rosa Flecken an Kopf und Körper gefallen sein. Aus diesen gefleckten Wellensittichen will besagter Züchter innerhalb weniger Jahre auf selektivem Wege einige Vögel mit ziegelroten Flecken erhalten haben. Danach soll er die Dummheit begangen haben, seinen Erfolg groß in der Tagespresse bekannt zu geben, und ein paar Nächte später soll sein gesamter Bestand einschließlich Nester und Eier gestohlen worden sein. Letzteres klingt glaubhaft und hätte leider auch bei uns passieren können, aber die „roten Flecken"?? – Ich vermute, daß es sich um *Zimt-Violette* (siehe S. 152) gehandelt hat, die tatsächlich rosa, mit etwas Phantasie auch rötliche Flecke haben können.

In den 60er Jahren hatten wir in der BRD einen vergleichsweise ähnlichen Fall: Jemand hatte in Fachzeitschriften „Rosa Wellensittiche" angeboten, weswegen sich sogar Schweizer Züchter bis nach Ostfriesland aufgemacht hatten, um diese Vögel zu erwerben. Ostfriesen-Witze gab es damals noch keine, aber es waren Zimt-Violette und Zimtviolett-Mauve, klitzekleine Vögel noch dazu. Bloß ich als damaliger DWV-Obmann bekam einige unfreundliche Worte zu hören, obwohl ich damals wie heute nichts für die – sagen wir – Gutgläubigkeit anderer Leute kann!

Glaubwürdiger klingt schon eine letzte Mitteilung von SCOBLE zum Thema, wonach eines Tages in einem Zoogeschäft in Sydney ein Albino-Hahn mit einem großen roten Fleck von einem Züchter erworben wurde. Der Mann erzielte viele Nachkommen von diesem Vogel, jedoch war keiner mit einer Spur von Rot dabei. Aus Ärger darüber ließ der Züchter den rotfleckigen Albino eines Tages fliegen. Wahrscheinlich war der rote Fleck hier nur die Folge einer möglichen Modifikation, obwohl Optimisten gerne glauben mögen, daß jetzt Nachkommen dieses Vogels schön rot gescheckt im australischen Busch umherkreuzen!

Schwarze Wellensittiche

Der britische Genetiker BROOKS hat in den 30er Jahren lange Zeit versucht, aus den inzwischen ausgestorbenen Schiefer-Vögeln und

Dunkelgrauen Schwarze zu züchten. Als er bei immerhin schon Schieferschwarzen angelangt gewesen sein soll, starb er plötzlich, sein Stamm wurde in alle Winde zerstreut, und fortan hat man von schwarzen Wellensittichen nichts mehr gehört. Ohne das Aussterben der Schiefer wäre eine solche Züchtung vielleicht möglich gewesen.

Braune Wellensittiche

In den 60er Jahren sollen etwa gleichzeitig in Schleswig-Holstein und Nürnberg Vögel von bräunlicher Grundfarbe aus Zimtgrauen gefallen sein, jedoch starben sie auch wieder aus, ohne sich entsprechend vererbt zu haben. Wahrscheinlich hat es sich hier auch nur um eine Modifikation gehandelt, und eine Mutation wäre nur möglich, wenn sich das Braun aus dem Eumelanin isolieren ließe. Das ist eines Tages nicht auszuschließen.

Ausgestorbene Mutationen

Außer den oben erwähnten englischen Schiefer gab es auch rezessiv vererbende englische Graue, die ausgestorben sind, weil die Australisch Grauen weit besser waren. Die englischen Falben sind nicht weit davon, obwohl es noch Restbestände davon geben mag. In Deutschland gab es ursprünglich zwei verschiedene Ino-Mutationen, die nach ihren Erstzüchtern BÖHM und FISCHER benannt wurden. Im Gegensatz zu den geschlechtsgebunden vererbenden FISCHER-Inos vererbten die BÖHM-Inos rezessiv. Sie sind vermutlich nur deshalb relativ bald ausgestorben, weil sich rezessiv vererbende Spielarten bekanntlich erst in der 2. Generation züchten lassen und damit nicht so schnell zu vermehren sind. Äußerlich sollen sich die beiden Mutationen nicht unterschieden haben, und die englische Schaurasse war damals noch unbekannt.

Ob der Wellensittich hinsichtlich seiner enormen Variabilität noch weitere Überraschungen bringen wird, kann nur die Zukunft lehren. In seiner nur gut 100jährigen Geschichte als ,,Hausvogel" ist er in seiner Variationsbreite unerreicht. In jüngster Zeit hat sich aber interessanterweise gezeigt, daß alle Papageien und Sittiche, die sich heute dank Erweiterung der Kenntnisse und verbesserter Methoden vermehrt in menschlicher Obhut nachzüchten lassen, nach vergleichbar ähnlichen Vererbungsregeln Farbmutationen zu entwickeln in der Lage sind.

Fachausdrücke

adult: herangewachsen, ausgewachsen.

Allele: einander entsprechende Gene eines Chromosomenpaares.

Atavismus: In Erscheinungtreten ausgestorbener (primitiver) gemeinsamer Ausgangsformen bei Arten-/Rassekreuzungen.

Brutkondition: in der körperlichen Verfassung zur Fortpflanzung.

Brutrevier: je nach Vogelart verschieden großer Raum um das Nest, der von einem Brutpaar verteidigt wird.

Buff-Typ: (engl.) grob befiederte Form ein und derselben Vogelart (vgl. Yellow-Typ).

Chlamydien: zwischen Bakterien und Viren stehender Erreger der Psittacose/Ornithose.

Crossing over: (engl.) Begriff der Vererbungslehre = Faktorenaustausch.

Domestikation: Haustierwerdung.

dominant: vorherrschend, hervortretend (Vererbungslehre).

Dunkelfaktor: Gen, das die Verdunkelung der Gefiederfarbe bewirkt.

Ektoparasiten: Äußere Schmarotzer wie Milben und Federlinge an Vögeln.

Embryo: ungeborenes Lebewesen, bei Vögeln das wachsende Junge im Ei.

Farbenvarietät: farbliche Abweichung (hier: des Gefieders).

Folgegeneration: Nachkommenschaft aus einer (bestimmten) Verpaarung, wird auch als „F1" bezeichnet, die nächste als „F2" usw.

Gefiederstruktur: Aufbau, Zusammensetzung des Gefieders.

Gen: Erbfaktor.

Genotyp: Gesamtheit der Erbfaktoren eines Lebewesens.

Gramineen: Gräser (zu denen auch die Getreidearten zählen).

Grit: Muschel-Kalkmischungen, die sowohl der Verdauung (Zerkleinerung) der Körner im Kropf als auch dem Mineralstoffhaushalt eines Vogels dienen.

Habitus: (äußere) Erscheinung.

Inos: Sammelbegriff für Lutinos und Albinos.

kontinental: (hier) auf das europäische Festland bezogen, im Gegensatz zu den Britischen Inseln.

latent: (hier) versteckt weiter vererbend.

lesbisch: weiblich-homosexuell.

letal: tödlich.

Modifikation: Nichterbliche Veränderung.

Monokultur: (hier) ausschließliche Zucht einer bestimmten Varietät oder Gruppe.

Mutation: Erbliche Abänderung einer Eigenschaft eines Lebewesens.

Pestizide: Schädlingsbekämpfungsmittel.

Phänotyp, phänotypisch: äußeres Erscheinungsbild, auf dieses bezogen.

Reproduktionsperiode: Fortpflanzungszeit.

rezessiv, Rezessivität: (hier) aus dem Sichtbild zurückweichende, versteckt weiter getragene Vererbung.

Ruderalgelände: Abbruchgelände, Ödland mit Wildpflanzenbewuchs.

Selektion, selektiv: Auswahl (hier: Zuchtmethode nach bestimmter Auswahl innerhalb des Nachwuchses einer Art oder Rasse).

stimulieren: anregen.

Spermien: männliche Samenzellen.

Stress: (engl.) starke physische und/oder psychische Belastung.

Varietät, variieren: abweichende Form, abweichen, im Erscheinungsbild schwanken.

Vegetation: Pflanzenwuchs.

Virenträger: Überträger von durch Viren hervorgerufenen Krankheiten, der selbst nicht oder nicht mehr äußerlich krank sein muß.

Yellow-Buff-Theorie: Nach dieser Theorie lassen sich Wellensittiche, unabhängig von ihrer Grundfarbe, nach ihrer Gefiederstruktur in intensiver gefärbte, schwächer befiederte, daher schlankere ,,Yellow-Vögel" und blasser gefärbte, gröber befiederte, daher stärker wirkende ,,Buff-Vögel" einteilen.

Yellow-Typ: (engl.) s.o. und vgl. unter ,,Buff-Typ".

Literaturhinweise

Bücher und Spezialarbeiten

AICHELE, D., Dr.: Was blüht denn da? Kosmos Verlag.

ARMOUR, M. D. S., Dr.: Exhibition Budgerigars. London (ohne Jahr). AZ-DKB-Einheitsstandard. Herne.

BENL, G.: Vererbung. Eine kurze Grundlage der allgemeinen Genetik. Minden (1969).

BINKS, G. S.: Best in Show. Breeding & Exhibiting Budgerigars. London (1974).

CALEY, N. W.: Budgerigars in Bush and Aviary. Sydney (1933).

ELIOTT, F. S. und E. W. BROOKS: Budgerigar Matings and Colour Expectations. Derby (1953).

ENEHJELM, C. AF.: Das Buch vom Wellensittich. Pfungstadt/Darmstadt (1957).

ENEHJELM, C. AF.: Käfige und Volieren. Stuttgart (1969).

HAMPE, H.: Die Unzertrennlichen. Pfungstadt (1957).

HEIDENREICH, M., DR.: Krankheiten der Papageienvögel, in Bielfeld, H.: Unzertrennliche Agapornis. Walsrode (1980).

IMMELMANN, K., PROF. DR.: Im unbekannten Australien. Pfungstadt/Darmstadt (1960).

IMMELMANN, K., PROF. DR.: Die australischen Plattschweifsittiche. Wittenberg (1964).

KOLAR, S., und G. A. RADTKE: Farbiger Fehlerfinder für Wellensittiche. Braunschweig (2. Aufl. 1976).

KRONBERGER, H., DR.: Haltung von Vögeln – Krankheiten der Vögel. Jena (1974).

MARSDEN, PH.: Das Wellensittich-ABC. Zürich und Stuttgart (1966).

NICOLAI, J., DR.: Vogelhaltung – Vogelpflege. Stuttgart (1965).

RADTKE, G. A.: Wellensittiche – mein Hobby. Stuttgart (11. Aufl. 1986).

RADTKE, G. A.: Farbiger Rassenatlas für Wellensittiche. Braunschweig (3. Aufl. 1974).

RADTKE, G. A.: Die Farbschläge des Wellensittichs. Minden (11. Aufl. 1985).

RADTKE, G. A.: Farbenkanarien. Minden (7. Aufl. 1984).

RADTKE, G. A.: Positurkanarien und Mischlinge. Minden (3. Aufl. 1980).

RAETHEL, S., DR.: Krankheiten der Stubenvögel. Stuttgart (1966).

RAGOTZI, B.: Freude am Wellensittich. Berlin (1959).

ROGERS, C.: Parakeet Guide. New York (1970).

RUSS, K., DR.: Der Wellensittich. Magdeburg (1897).

RUTGERS, A.: Wellensittiche pfleglich gehalten und kundig gezüchtet. Stuttgart (1972).

SABEL, K., DR.: Naturgemäße Finkenzucht. Sämereien und Wildfutterpflanzen für europäische und außereuropäische Körnerfresser. Bassum (1983).

SCOBLE, J.: The Complete Book of Budgerigars. Poole-Dorset (1982).

STEINER, H., PROF. DR.: Vererbungsstudien am Wellensittich. Zürich (1932).

SWIFT, G. S. K.: Vom Wellensittich Fabian. Zürich und Stuttgart (1965).

TAYLOR, T. B., PROF. DR., und C. WARNER: Genetics for Budgerigar Breeders. London (1961).

TAYLOR, T. G., PROF. DR.: Feeding Exhibition Budgerigars. London (1958).

ZISWILER, V., PROF. DR.: Erbgang und Manifestationsmuster des Faktors „Haube", eines Subvitalfaktors des Wellensittichs, *Melopsitta-*

cus undulatus. Archiv der Julius-Klaus-Stiftung für Vererbungsforschung, Sozialanthropologie und Rassenhygiene. 38 (1963), S. 145–165.

Zeitschriften

AZ-Nachrichten. Osterholz-Scharmbeck.
Budgerigar Bulletin. Idle, Bradford/England.
Cage & Aviary Birds. London/England.
Die Gefiederte Welt. Stuttgart.
Geflügel-Börse. Germering bei München.
Kanarienfreund. Pforzheim.
Onze Vogels. Bergen op Zoom/Holland.
Die Voliere. Hannover.
Vögel ferner Länder. Organ der Vorkriegs-AZ, Bremen.
Wellensittich-Magazin. Hannover.

Sachregister

Die **halbfetten** Seitenzahlen weisen auf Abbildungen hin.

A

A-Vogel 81
Albino 144
—, mit Geisterzeichnung **145**
Anflugvögel 122
Aspergillose 69
Aufgehellte Schwarzaugen 129
Aufgehellte Wellensittiche 138
Aufzucht 40
Aufzuchtfutter 40
Augen 94
Augenfarbe 13
Augenkrankheiten 69
Ausfliegen 50
Ausgestorbene Mutationen 177
Auskreuzen 83
Ausstellungskäfig **24, 96**
Australisch-Graue 112
Australische Schecke 135 f.
—, Gelbgesicht-Hellblau **135**
—, Graugrün **136, 171**
—, Hellgrün **137**
—, Opalin-Hellgrün **140**
—, Violett **137**

B

B-Vogel 81
Badehäuschen 18
Balz 44

Band-Schecken 135 f.
Bauchwassersucht 75 f.
Befruchtung 44, 99
Begattung 44
Beinbruch 70
Beine 95
Beleuchtung 24
Beringung **58** f.
Beringungszwang 57
Bindehautentzündung 69
Blaureihe 84
Braune Wellensittiche 177
Braunflügel 164
Britisches Plazierungssystem 90
Bronchialkatarrh 65
Brut 12
Bruthöhle 15
Brutkondition 45
Bruttrieb 14
Brutzeit 12, 14
Buchführung 57
Buff 81
Buttercups 121

C

Candiasis 69
Chromosomen 99
Coccidien 65
Crossing over 103

D

Dämmerungsleuchte 25
Dänische Schecken 130

Darmparasiten 70
Dominate Vererbung 102
Doppeleier 72
Dottersack 50
Double Buffs 150
Drehkrankheit 20
Dunkelblaue 108
Dunkelfaktoren 102
Dunkelfarben 110
Dunkelfarbstoffe 98
Dunkelgrüne 108
—, Typ I 104
—, Typ II 104
Durchfall 36

E

Eiablage 12, 44, 46
Eier 12, 48
Eier, unbefruchtete 45, 48
Eifutter 41
Eignungsprüfung 57
Eingewöhnung 74
Einzelhaltung 76
Einzelvogel 17
Embryo 48
EMA-Syndrom 69
Englische Schaurasse 85
Entfliegen 75
Erziehung 74

F

Färbung des freilebenden Wellensittichs 14
Falbe 148f.
—, Dunkelgrün **149**
—, Hellblau **149**
Falsche Klasse 117
Fanggeräte 52
Farbe 84, 94
Farbschläge 106
Farbspielarten 98
Federfüßige Wellensittiche 173
Federhauben 170
Federkleid 13

Federlinge 70
Federputzer 173f., **174**
Federrupfen 71
Fehler 90, 120
Fehlerfinder **91**
Flügel 93
Flugkäfige 20
Flugraum 25
Flugvermögen 13
Form 80
Französische Mauser 66
Freiflug 59
Freifluganlage 59
Freivoliere 27
Frisur der Kehltupfen 158
Frösche 48
Füße 95
Futter 32f.
Futterautomat 22f., **23**
Futterkalk 22, 39
Futternäpfe 20

G

Gefahren 75
Gefiederfärbung 84
Gefiederpflege 13
Gefiederstruktur 80, 170
Geisterzeichnung 121f., 143, **145**
Gelb mit Geisterzeichnung **123**
Gelbe 121
—, mit grünem Anflug 121
—, mit roten Augen 140
—, mit schwarzen Augen 138
Gelbgesicht 117, 162
Gelbgesicht-Blaue 117
—, Mutation I 98, 117
—, Mutation II 98, 117
Gelbgesicht-Mauve Mutation I **134**
Gelbgesicht-Zimt-Weiß **160**
Gelbgesichtfaktor 119
Gelbköpfe 98, 162
Genotyp 100
Gesäumte 153
Geschlechtschromosomen 99
Geschlechtsgebundene Vererbung 100
Geschlechtsmerkmal 15

Gicht 69
Glanz 33
Graue 112
Grauflügel, normale 120 f.
Grauflügel-Gelbgesicht-Hellblau **121**
Graugrüne 112
Größe 14, 93
Grünfutter 36 f.
Grünreihe 84
Grundfutter 33 f.

H

Hafer 34
Hagelschnüre 46
Halbseiter 175
Halbstandardvögel 82
Haltung 93
Hanf 35
Harlekine 104, 130 f.
Harn 65
Haube, Australische Schecke Graugrün **171**
Hauben-Wellensittiche 170 f.
—, Halbrundhaube 171
—, Rundhaube 171
—, Spitzhaube 171
Heimat 12
Heizung 24
Hellbäuche 175
Hellblaue 106
Hellflügel 124, 163
Hellflügel-Dunkelgrün **125**
Hellgrüne 106
Hellschwingen 127
Herzschlag 70
Hirse 34
Holländische Schecken 127
Hühnerleiter-Sitzstangensystem **27**

I

Innenvoliere 27
Inos 146
Inzucht 82
Irisring 13

J

Jungtiere 13
Jungvogel **46**, 50

K

Käfig 19 f., 53, 97
—, Einstreu 24
—, Standort 17
Kehltupfen 94, 158
Keimfähigkeit 33
Keimfutter 40
Kennzeichnung der Geschlechter 101
Klasse, Falsche 117
Knochenbrüche 70
Kolbenhirse 34
Kollektion 95
Kollektionskäfig 97
Kondition 86
Kontinentale Schecken 104, 127 f.
—, Graugrün **129**
—, Grau **129**
—, Gelbgesicht-Dunkelblau **129**
Kopf 93
Kot 51, 65
Kotuntersuchung 71
Krätzmilbe 71
Krallen kürzen 18
Krankheiten 61 f.
Kropfmilch 12
Kropfseuche 64

L

Lacewing 146
—, Gelb **147**
—, Weiß **147**
Lähmungen 69
Langflügel 93
Lebenserwartung 18
Lebertran 39
Lebertuberkulose 65
Legenot 39, 65

Leinsamen 36
Letalfaktor 148
Luftschlucken 84
Luftfeuchtigkeit 32, 49
Luftzirkulation 31
Lungenentzündung 65
Lutino 98, 100,140
—, mit dottergelber Grundfarbe **141**
Lutino-Federputzer 174

M

Magersucht 68
Mantel 106
Maske 94
Mauve 110
Melanine 98
Meldepflicht 57
Milben 55, 70
Milch 42, 51
Mineralien 38 f.
Mischerbig 99
Mohn 36
Mutation I, 98
Mutation II, 98
Mutationen, ausgestorbene 177

N

Nachahmungstalent 77
Nackenmähne 172
Nasenhaut 15
Nasenlöcher 15
Nestkontrolle 54
Nestmulde 31 f.
Nestunterlage 45
Nisthöhlen 12
Nistkasten **16, 21,** 31 f.
Normale 106
—, Dunkelblau 108
—, Dunkelgrün 108
—, Gelb mit grünem Anflug 121
—, Gelbgesicht-Blau 117
—, Gelbgesicht-Dunkelblau, Mutation I **118**
—, Grau **108,** 112

—, Grauflügel 120
—, Graugrün **107,** 112
—, Hellblau 106
—, Hellflügel 124 f.
—, Hellflügel-Dunkelblau **125**
—, Hellgrün 106, **107**
—, Mauve 110
—, Olivgrün 110
—, Violett 114, **115**
—, Weiß mit blauem Anflug 121
Normalvögel, Merkmale 119

O

Obst 36
Ölhaltige Sämereien 35 f.
Offene Klasse 89
Olivgrüne 110
Opaline 175 f.
—, Grau mit Rundhaube und
    Nackenmähne **172**
—, Graugrün **159**
—, Hellblau **157**
—, Hellflügel 164
—, Hellflügel-Hellgrün **166**
—, Hellflügel-Violett **169**
—, Violett **160**
—, Weiß mit violettem Anflug **167**
Ornithose 27, 62

P

Paare 95
Papageienkrankheit 57, 62
Papova-Virose 66
Parasiten 70
Partnerwahl 53
Phänotyp 100
Pilzbefall 69
Psittacin 98
Psittacose 57, 62 f.
Punkttabelle 92

Q

Quarantäne 63
Quellfutter 40

R

Rainbow 163, **164**
Reinerbig 99
Rennerkrankheit 66
Rezessive Schecke 130 f.
—, Dunkelblau **131**
—, Dunkelgrün **132**
—, Gelbgesicht-Violett **133**
—, Grau **131**
Ringe 57
Ringe, geschlossene 57
Ringe, offene 57
Rote Wellensittiche 176
Rundhauben 171, **172**

S.

Sämereien, ölhaltige 35
Salmonellen 65
Samen 33
Schädlingsbekämpfungsmittel 37
Schau-Wellensittich 85
Schaukäfige 23
Schauklasseneinteilung des DWV 87 ff.
Schaukondition 90
Schecke 98, 104, 127, 130, 135
—, Australische 135 f.
—, Dunkelblau, Rezessive **131**
—, Dunkelgrün, Rezessive **132**
—, Gelbgesicht-Dunkelblau, Kontinentale 129
—, Gelbgesicht-Hellblau, Australische **135**
—, Gelbgesicht-Violett, Rezessive **133**
—, Grau, Kontinentale 129
—, Grau, Rezessive **131**
—, Graugrün, Australische **136**
—, Graugrün, Kontinentale 129
—, Hellgrün, Australische 137

—, Holländische 127
—, Kontinentale 127, 129
—, Opalin-Hellgrün, Australische **140**
—, Rezessive 130 f.
—, Violett, Australische **137**
Schieferfarbene Wellensittiche 112
Schlupf 49
Schlupfschwierigkeiten 72
Schnabel 14, 18, 93
Schnabelschwamm **72**
Schwanz 93
Schwarzaugen 98, 138
—, Gelb 138
—, Weiß 138, **139**
Schwarze Wellensittiche 176
Sitzstangen 23
Sitzstangensystem 27
Sonnenblumenkerne 35
Soziale Gefiederpflege 13
Spangle 153 f.
—, Gelbgesicht-Dunkelblau **156**
—, Grau **154**
—, Normal-Dunkelgrün **155**
—, Violett **154**
Sprachbegabung 77
Sprechenlernen 78
Spulwürmer 70
Standard 85, 86, 90
Stirnflecken 159
Spitzhaube 171

T

Tränksäule 22
Trainingskäfig **24**
Trinken 13
Tuberkulose 69
Tumor 69
Typ 86, 93
Typ I Dunkelgrüne 104
Typ II Dunkelgrüne 104

U

Unbefruchtete Eier 45, 48

V

Verdauung 65
Verdauungsstörungen 64
Vererbung, dominante 102
—, geschlechtsgebundene 100
—, rezessive 102
Vererbungslehre 99
Verhaltensweisen 12
Verkauf 52
Verpaarungsbeispiele 147
Violette 114, **115**
Violettfaktor 116
Vitamine 38
Vogelgrit 38
Vogelhaus 29
Vogelmiere 36
Vogelmilbe 55
Voliere 25 f., 43
Vormagenmilch 12

W

Warnrufe 14
Weichfutter 40
Weiß mit Geisterzeichnung **123**
Weiße mit blauem Anflug 121
Weiße mit roten Augen 144
Weiße mit schwarzen Augen 138
Weizen 34
Wellensittich, Färbung des freilebenden 14
Wellensittich-Fehlerfinder 90
Wellensittich-Gelege **46**
Wellensittiche, aufgehellte 138
—, braune 17
—, federfüßige 173
—, mit dunklen Augen und brauner
   Zeichnung 150
—, mit roten Augen und brauner
   Zeichnung 146
—, mit verdünnter Zeichnung 120
—, rote 176
—, schwarze 176
—, wildlebende 12
Wellensittichentwicklung **46**
Wellensittichfarbe 84
Wellensittichkolonien 12
Wellensittichnistkasten 16
Wertung von Schauwellensittichen 90
Wildfarbe 106
Wildlebende Wellensittiche 12 f.
Wildtyp 14
Wurmkur 70

Y

„Yellow x Buff"-Theorie 143

Z

Zähmung 55, 74
Zehen 15
Zeichnung 95
Zimter 150 f.
—, Dunkelblau **153**
—, Grau **151**
—, Graugrün **151**
—, Opalin-Graugrün **165**
—, Opalin-Hellblau **163**
—, Opalin-Hellgrün **163**
—, Violett **152**
Zucht 43 ff., 53 ff., 80, 84, 99
Zucht nach Farbe 84
Zucht nach Form 80
Zuchtanlage 20 f., **21, 28, 29, 30**
Zuchtbatterien 20
Zuchtbuch 57
Zuchtgenehmigung 23, 57
Zuchtkäfig 20
Zuchträume 57
Zuchtstammkarte 109
Zunge 14

kosmos

Kosmos-Verlag · Postfach 640
7000 Stuttgart 1

Kosmos 1691/Ruck 110/4. 3. 88